STEPHANIE KOBLBAUER

# Unterschichtenkriminalität verbrecherischer Randgruppen und deren Verfolgung

## Zur Effizienz der frühneuzeitlichen Sicherheitspolitik im Fränkischen Reichskreis, der Reichsritterschaft Sugenheim sowie in der Reichsstadt Nürnberg

Ibykos Verlag

München (Neuhausen)
ibykos.verlag@yahoo.de

ISBN 978-3-00-051992-5

Titelbild: Henkersteg in Nürnberg,
Rückseite: Pfarrkirche von Dormitz
© Roger Schöntag

Herstellung und Vertrieb:
Books on Demand GmbH
Norderstedt

für Hildegard Rehm

*Non quia difficilia sunt, non audemus,*
*sed quia non audemus, difficilia sunt.*

LUCIUS ANNAEUS SENECA
*Epistulae morales ad Lucilium*
CIV, 26

# Inhaltsverzeichnis


**1 Aktuelle Forschungslage: Vaganten, Räuber und die Bewertung ihrer Verfolgung durch den frühneuzeitlichen Staat ... 9**

**2 Zur Unterschichtenkriminalität von Vaganten und Räubern im süddeutschen Raum ... 12**

**2.1 Deskription der vagierenden Unterschichten ... 12**

2.1.1 Begriffsklärung: „Vagabund“ ... 12

2.1.2 Quantitativer Umfang vagierender Schichten ... 13

2.1.3 Unterscheidung nach dem Grad des Vagierens ... 15

2.1.4 Differenzierung nach sozialer Herkunft, beruflicher Tätigkeit sowie nach Alter und Geschlecht ... 16

2.1.4.1 Soziale Herkunft ... 17

2.1.4.2 Berufsgruppen ... 18

2.1.4.3 Alter und Geschlecht ... 22

**2.2 Alltag auf der Straße – Der Schritt zum Gauner: Kriminalität und Bandenbildung ... 23**

2.2.1 Motive der Kriminalität ... 23

2.2.1.1 Gesellschaftliche Stigmatisierung und Marginalposition ... 23

2.2.1.2 Pauperismus ... 26

2.2.1.3 Räuberbandenbildung: Die Bande als eigenständige soziale Einheit ... 29

2.2.2 Die innere Struktur der Räuberbanden ... 30

2.2.2.1 Definitionsversuch „Bande“ ... 30

2.2.2.2 Strukturierung der Banden ... 32

2.2.2.3 Beuteverteilung ... 33

2.2.2.4 Die Gauner und ihre Sprache: Das Rotwelsch ... 33

2.2.3 Die äußere Struktur der Räuberbanden: Die Bande als Teil einer Organisation – Rückzugsorte und die „kochemer Gesellschaft“ ... 34

2.2.3.1 Arten der Bandenkriminalität ... 35

2.2.3.1.1 Vagabundentum als Delikt ... 36

2.2.3.1.2 Kleinere Eigentumsdelinquenz ... 37

2.2.3.1.3 Organisierte Verbrechen und Gewaltanwendung ... 37

2.2.3.1.4 Überfälle auf Reisende: Das Delikt des Straßenraubs ... 38

2.2.3.1.4.1 Allgemeines zum Delikt des Straßenraubs ... 38

2.2.3.1.4.2 Vorgehensweise der Straßenräuber ... 39

2.2.3.1.4.3 Postkutschenüberfälle als Sonderform des Straßenraubs ... 42

2.2.3.2 Zeiten und Orte der Überfälle ... 43

**3 Frühneuzeitliche Strafverfolgung: Maßnahmen gegen Vaganten und Gauner ... 45**

**3.1 Das Konzept der „Sozialdisziplinierung“ als Basis der Strafverfolgung ... 45**

**3.2 Kriminalitätsforschung und Quellenlage bei der Erforschung von Strafverfolgung und Kriminalität ... 46**

3.2.1 Spätes Erwachen der deutschen Kriminalitätsforschung ... 46

3.2.2 Kriminalitätsforschung und Quellenedition zur Rekonstruktion der Strafverfolgung: Fränkischer Reichskreis, Reichsritterschaft Sugenheim und Reichsstadt Nürnberg ... 51

**3.3 Verfolgung von Räubern und Gaunern in den Reichskreisen mit spezifischem Blick auf den Raum Franken ... 56**

3.3.1 Aktuelle Forschungstendenzen: Aufwertungen der Reichskreise ... 56

3.3.2 Der fränkische Reichskreis ... 58

3.3.3 Strafverfolgung im fränkischen Reichskreis ... 59

3.3.3.1 Ordnungs- und Vagantengesetzgebung als Mittel der Kriminalitätsbekämpfung ... 59

3.3.3.2 Supraterritoriale Zusammenarbeit: Kommunikation zwischen den Kreisen ... 66

3.3.3.3 Durchsetzung und Kontrolle – Konkrete Anwendung sicherheitspolitischer Maßnahmen im Reichskreis: Generalstreifen, Kreismilitär, Warntafeln, Diebslisten, Brandmarkung und Passzwang ... 68

3.3.3.3.1 Normative Konzepte und deren Realisierung ... 68

3.3.3.3.2 Streifen ... 69

3.3.3.3.3 Zigeunerstöcke ... 75

3.3.3.3.4 Passzwang, Diebslisten und Steckbriefe sowie Brandmarkung als weitere Maßnahmen gegen herrenloses Gesindel ... 76

**3.4 Sicherheitspolitik in den Reichsritterschaften am Beispiel Sugenheim ... 80**

3.4.1 Zum Verhältnis von Reichskreis und Reichsritterschaft ... 80

3.4.2 Der Prozeß „Schreiber“ in der reichsritterschaftlichen Herrschaft Sugenheim: Grundzüge und Quellenlage ... 83

3.4.2.1 Die Ermittlungsarbeit gegen Schreiber ... 84

3.4.2.2 Supraterritoriale Kommunikation der Reichsritterschaft Sugenheim ... 88

3.4.2.3 Bewertung: Zusammenarbeit der Reichsritterschaft Sugenheim mit dem Reichskreis ... 90

**3.5 Obrigkeitliche Kriminalitätsbekämpfung am Beispiel der Reichsstadt Nürnberg ... 90**

3.5.1 Die Bühne: Nürnberg zu Beginn der Frühen Neuzeit ........................... 91
3.5.1.1 Nürnberg als „freie Reichsstadt“ ................................................ 91
3.5.1.2 Zur Verfassungsstruktur der Reichstadt Nürnberg ..................... 92
3.5.2 Die Entwicklung der reichsstädtischen Strafgerichtsverfassung bis zu den *Consules et Scabini*: Die Etablierung einer neuen Schicht in der städtischen Rechtsprechung – die Nürnberger Ratsherrschaft ............. 94
3.5.3 Städtische Verfahrensarten bei der Beurteilung und Bestrafung von Räubern, Vaganten und Gaunern: Die Aufgliederung der Nürnberger Strafgerichte ........................................................................ 100
3.5.3.1 Kleinere Vergehen und deren Verhandlungen: Das niedergerichtliche Verfahren durch Bürgermeister und das Fünfergericht ........................................................................ 101
3.5.3.2 Das reichsstädtische Hochgerichtsverfahren ............................ 103
3.5.4 Urteilsgrundlagen und Strafrecht des hochgerichtlichen Verfahrens: Die *Constitutio Criminalis Carolina* .................................................. 104
3.5.5 Arten der Bestrafung ........................................................................ 106
3.5.5.1 Todesstrafe ........................................................................ 106
3.5.5.2 Leibes- und Ehrenstrafen: Auf dem Pranger ............................ 109

**3.6 Der Prozess gegen den Vaganten, Räuber und Mörder Georg Müller aus Dormitz durch die Reichsstadt Nürnberg .................................... 110**

3.6.1 Die Kriminalakten zu Georg Müller: Problematiken und Auswertung ........................................................................ 112
3.6.2 Die Ermittlungen der Reichsstadt ...................................................... 117
3.6.3 Die frühen Verhöre gegen Georg Müller alias den „dürren Georg/Jörg“ ........................................................ 119
3.6.4 Die späteren Verhöre: Die Konfrontation Georg Müllers mit den vorgebrachten Anklagepunkten ........................................................ 123
3.6.5 Die Überführungsmethoden der Nürnberger Ratsherrschaft .............. 133
3.6.5.1 Supraterritoriale Kommunikation: Die freie Reichsstadt Weißenburg und Kleinsendelbach im Bamberger Hochstift ..... 133
3.6.5.2 Die Anwendung der Folter als zentrales Merkmal des frühneuzeitlichen Inquisitionsprozesses .................................. 136
3.6.5.2.1 Die Parallelbefragung von Mittätern als Vorstufe der Folter ........................................................................ 136
3.6.5.2.2 Das Loch ........................................................................ 137
3.6.5.2.3 Die Folter ........................................................................ 139
3.6.5.2.4 Die Religiosität Georg Müllers als weitere mögliche Komponente und als Mittel der Überführung ...................... 145
3.6.6 Bewertung jener Methoden der Wahrheitsfindung ............................ 148
3.6.7 Die Delinquenz des Dormitzers Georg Müller .................................. 149

3.6.7.1 Die Arten: Eigentumsdelinquenz, Vagabundieren und Morden 149
3.6.7.2 Vagabundentum als Delikt ..... 150
3.6.7.3 Kleinere Eigentumsdelinquenz: Opfer und Beute ..... 151
3.6.7.4 Organisierte Verbrechen und Gewaltanwendung ..... 155
3.6.8 Georg Müller: Einsamer Missetäter oder Mitglied einer eingeschworenen Räuberbande? ..... 160
3.6.9 Beendigung der Ermittlungsarbeit: Urteilsfindung und Hinrichtung Georg Müllers ..... 166
3.6.9.1 Endlicher Rechtstag und Urteil ..... 166
3.6.9.2 Die Strafe: Der Tod durch das Rädern ..... 170

**4 Fazit ..... 175**

**Abkürzungsverzeichnis ..... 183**

**Literaturverzeichnis ..... 185**

**Anhang ..... 215**

# 1 Aktuelle Forschungslage: Vaganten, Räuber und die Bewertung ihrer Verfolgung durch den frühneuzeitlichen Staat

Darstellungen von Mord- und Raubfällen scheinen Menschen magnetisch anzuziehen und die Beobachtung von Darbietungen jeglicher Kriminalität wird damit zu einem tiefen, instinktgeleitetem menschlichem Bedürfnis. Mehr denn je stellen – in der heutigen wohl strukturierten und systemorientierten Gesellschaft – die Begriffe „Räuberbande" sowie „Vagabundenleben", die häufig mit romantisierenden Vorstellungen von Freiheit, Zwangslosigkeit, Abenteuerlust und Wildheit assoziiert werden, ein fesselndes Thema dar und beflügeln die Phantasie der Menschen. Auch wenn seit jeher entsprechende Lebensformen existierten, trieben Gauner in Deutschland vor allem gegen Ende der frühen Neuzeit, also im 18. und 19. Jahrhundert, ihr Unwesen und flößten ihren Mitmenschen Angst und Schrecken ein – gleichzeitig ging von ihnen bereits damals der Reiz des Geheimnisvollen und Abenteuerlichen aus.
Bekannte Fälle von Strafverfolgung dieser Formen von Kriminalität stellen hingegen eine Seltenheit dar, sodass leicht der Eindruck eines defizitären Rechtssystems jener Zeit entsteht. Häufig ist die generelle Anerkennung der frühneuzeitlichen Strafgesetzgebung eher begrenzt und die starke Kluft zwischen Norm und Rechtswirklichkeit kritisiert. Ist nun die Qualität der Verfolgung von Räubern und delinquenten Vagabunden in der Frühen Neuzeit tatsächlich als eher bedeutungslos einzustufen? Oder kann man das damalige Sicherheitssystem durchaus im Sinne einer Pionierleistung für das gegenwärtige System verstehen?
So verweisen Carsten Küther, als auch Ernst Schubert auf die scheinbare Ineffizienz des frühneuzeitlichen Territorialkonglomerats und die daraus resultierende mangelhafte Rechtsstaatlichkeit hin. Ersterer behauptet im Hinblick auf die strafrechtliche Verfolgung:

> „Die verwickelten politischen Verhältnisse Deutschlands, die Vielzahl kleinster, finanzschwacher Staaten mit eigener Kriminalgerichtsbarkeit, ungenügende organisatorische und gesetzliche Hilfsmittel, verhindern wirksame Maßnahmen. Hier stößt der absolutistische Staat an seine Grenzen [...].“[1]

Derselben Ansicht ist auch Ernst Schubert, der die Kluft zwischen Realität und Wirklichkeit absolutistischer Herrschaftsformen betont und in diesem Zusammenhang von „Ineffizienz obrigkeitlicher Maßnahmen“[2] spricht.

Um diese These einer staatlichen Unzulänglichkeit bezüglich der Strafverfolgung von Vaganten und Räubern in der Frühen Neuzeit zu überprüfen und – dies sei vorweggenommen – zu widerlegen, wurden paradigmatische regionale *Exempla* aus dem süddeutschen Raum gewählt, an denen das Gegenteil illustriert werden kann. Angesichts der territorialen Vielfalt der damaligen deutschen Gebiete soll exemplarisch nicht nur die Sicherheitspolitik der größeren Reichskreise bezüglich Vaganten und Räubern, sondern auch jene der Reichsritterschaften und Städte untersucht werden. Dazu ist es zunächst notwendig den Begriff des „Vagabunden“ sowie wesentliche Charakteristika dieser Lebensweise zu klären, um dann den Übergang zur organisierten Kriminalität in Räuberbanden skizzieren zu können. Abschließend sollen – im Hinblick auf die anfängliche Fragestellung nach der Rechtsstaatlichkeit in der frühen Neuzeit – Maßnahmen der Strafverfolgung dargestellt werden.

Die vorliegende Arbeit beleuchtet dabei nicht nur die Vorgehensweise des Fränkischen Reichskreises und der Reichsritterschaft Sugenheim im Kanton Steigerwald gegen Unterschichtenkriminalität, sondern zieht auch Parallelen zum reichsstädtischen Verfahren der Stadt Nürnberg. So soll ein Einzelfall aus dem Jahr 1593 paradigmatisch das Justiz- und

---

1 KÜTHER, Carsten: *Räuber und Gauner in Deutschland. Das organisierte Bandenwesen im 18. und 19. Jahrhundert.* Göttingen 1976, S. 148.

2 SCHUBERT, Ernst: *Arme Leute, Bettler und Gauner im Franken des 18. Jahrhunderts.* 2. Aufl. Neustadt an der Aisch 1990 (= Veröffentlichungen der Gesellschaft für Fränkische Geschichte, Reihe 9. Darstellungen aus der Fränkischen Geschichte, Band 26), S. 322.

Strafsystems der fränkischen Metropole in der Frühen Neuzeit widerspiegeln und letztlich den Kern der vorliegenden Analyse bilden.
Mit Hilfe zahlreicher Quellen zu den drei unterschiedlichen territorialen Einheiten, ist es möglich einen neuen Eindruck der Rechtswirklichkeit in der Epoche der Frühen Neuzeit zu erhalten und einen Beitrag zur Deliktgeschichte zu leisten. Dabei ist das Anliegen der Arbeit eben nicht, ein lückenloses Bild zu zeichnen, sondern Einzelfälle herauszugreifen, diese mit Maßstäben bisheriger Wertungstendenzen zu vergleichen und diese dann gegebenenfalls zu entkräften.
Schließlich soll in einem kurzen Resümee Wesentliches noch einmal aufgegriffen werden, um so das Bild der Justiz und die Auffassung von Recht und Unrecht in jener Zeit zu komplettieren und – wo nötig – zu revidieren.

# 2 Zur Unterschichtenkriminalität von Vaganten und Räubern im süddeutschen Raum

## 2.1 Deskription der vagierenden Unterschichten

### 2.1.1 Begriffsklärung: „Vagabund“

Eine erste allgemeinsprachliche, rudimentäre Begriffsklärung zu „Vagabund“ ergibt folgende Kurzdefinition mit der Grundbedeutung ‚jemand, der nicht am gleichen Ort lebt, nicht sesshaft ist‘:

> „Vagabund, [...] (unter Einfluss von frz. *vagabond* zu spätlat. *vagabundus* = umherschweifend; unstet, zu lat. *vagari* = umherschweifen, zu *vagus*; vage) (veraltend): Landstreicher, Herumtreiber: [...] er ist ein (richtiger) V[agabund] (liebt das unstete Leben, hält es nicht lange an einem Ort aus).“[3]

Dieser Definitionsversuch deutet bereits indirekt auf die mannigfachen Bedeutungen hin. So sind in der gängigen Literatur neben dem „Vagabunden“ bzw. der „Vagabundin“ auch Begrifflichkeiten wie „fahrendes Volk“ oder „Vagant“ zu finden.

So differenziert das Grimm'sche Wörterbuch zwischen „Vagabund“, welches mit der Bedeutung „landstreicher“ wiedergegeben wird bzw. in älterer Bedeutung mit „unnutzlicher umbwandrer, lantfahrer“ und „Vagant“, das allgemein ebenfalls „unstät umherstreifender mensch“ meint, aber in einem engen Sinne (ab dem 17. Jh.) auch „fahrender Student“ bzw. „Schüler“.[4] Diese letzte Bedeutung hat auch Eingang in den Fachwortschatz gefunden, so daß in Wörterbüchern zur Geschichtswissenschaft meist „Vaganten“ in der Bedeutung „umherziehende

---

[3] DUDEN, Konrad: *Duden. Deutsches Universalwörterbuch.* Herausgegeben von der Dudenredaktion. 4. Auflage. Mannheim/Leipzig/Wien/Zürich 2001, S. 1677 (die eckigen Klammern im Zitat wurden durch runde ersetzt; die Kursivierung verändert).

[4] GRIMM, Jacob/GRIMM, Wilhelm: *Deutsches Wörterbuch.* 12. Band. I. Abteilung. Leipzig 1956 [Nachdruck: München 1999 (Band 25)], S. 5-6.

Schüler, Studenten“ und „stellensuchende Kleriker“ verzeichnet ist, in der Regel aber nicht der Terminus „Vagabund“.[5]
Die Grenzen zwischen Räuber- und Vagantenleben sind dabei meist fließend, sodass die tatsächliche Lebenswelt dieser Randgruppenexistenzen sich jeder Systematik entzieht. Aufgrund der Vagheit des Vagabundenbegriffs, der sich – genau wie sein Bezeichnetes – nur schwer greifen lässt, kann bei vorliegenden Kurzdefinitionen auch lediglich von einem Versuch, einem ersten Ansatz, zur Begriffseingrenzung gesprochen werden. Die Vielschichtigkeit und die hohe Komplexität machen ihn zu einem schwer zu definierendem Forschungsbegriff, was zumeist einen Verzicht einer präzisen und monosemierenden Einordnung zur Folge hat.

### 2.1.2 Quantitativer Umfang vagierender Schichten

In der frühen Neuzeit, als die überkommene Ordnung aufgrund von neuem, aufklärerischem Gedankengut ins Wanken geriet, wurden auch die Forderungen nach säkularisierten Methoden eines rationalen und aufgeklärten Staates laut. Um die demographische Fragestellung, also den Anteil der Vagabunden an der gesamten Bevölkerung in der Frühen Neuzeit, zu beantworten, können sachliche Quellen wie Polizeiordnungen, Aufstellungen von Gerichten, Verhörprotokolle sowie auch die ersten Bevölkerungsstatistiken der frühen 90er Jahre des 18. Jahrhunderts herangezogen werden. Jedoch ist es trotz systematischer Vorgehensweise schwierig, Angaben über den exakten Prozentsatz Vagierender zu machen, da – wie bereits ausgeführt – die Begriffsdefinition von „Vagabund“ eher diffus ist und damit die Gruppe derer, die unter diesen Begriff fallen, schwer zu identifizieren.

5 FUCHS, Konrad/RAAB, Heribert: *dtv-Wörterbuch zur Geschichte*. Band 2. 7. Aufl. München 1990, S. 828. Im Mittelalter wird mit „Vagant“ oft auch ein Geistlicher mit niederen Weihen bezeichnet (siehe auch „Vagantenlieder“, z.B. *Carmina Burana*); vgl. HABERKERN, Eugen/WALLACH, Joseph Friedrich: *Hilfswörterbuch für Historiker. Mittelalter und Neuzeit*. Zweiter Teil. 4. Aufl. München 1974, S. 633.

Nichtsdestoweniger scheint das Räuber-, Vaganten- und Bettlertum gerade in jener Zeit seinen Höhepunkt zu erreichen. Und so gilt laut Schubert das 18. Jahrhundert als „eine Zeit der Bettler und Gauner".[6]
Dass die Bayerische Bevölkerungsstatistik von 1792 den Anteil der Vagierenden in den bayerischen Territorien 1750 bei 8% der Bevölkerung ansetzt und bis 1792 eine Steigerung auf ganze 10% Vagierender in der Gesamtbevölkerung verzeichnet, erstaunt daher wenig. Laut Carsten Küther gilt dies allerdings nur für Bayern, das aufgrund seiner Großräumigkeit und Geschlossenheit exakte Statistiken durch überregionale Kontroll- und Verfolgungsmaßnahmen erstellen konnte; für außerbayerische Gebiete, d.h. für die bayerischen Teile Schwabens und Frankens liegen – wegen deren territorialer Vielherrigkeit – keine exakten statistischen Angaben vor.[7]
Diese klare Prozentangabe zum Anteil der Vaganten, Bettler und Gauner an der Gesamtbevölkerung des 18. Jahrhunderts ist zwar einerseits hilfreich, aber bei ihrer Berechnung mit fragwürdigen methodischen Voraussetzungen behaftet. Wie bereits anfangs erwähnt, handelt es sich lediglich um eine mögliche Prozentangabe, da es – laut Schubert – „keine verläßlichen Quellen, auf die sich solche Berechnungen stützen ließen"[8] gibt. Ebenso wie der Begriff „Vagabund" letztlich uneindeutig bleibt, kann auch kein handfester Anteil jener Schicht an der Gesamtbevölkerung festgelegt werden. Es muss daher stets mit einer hohen Dunkelziffer gerechnet werde, doch bieten sich zu präziseren Anteilsmessungen die sogenannten Almosenrechnungen an, die Aufschluss über den Prozentsatz der wahren und damit privilegierten Armen geben.
Als regionales Beispiel dienen hier die Angaben aus den sogenannten „Armen-Cassa- Rechnungen" Erlangens, die in der Mitte des 18.

---

6 SCHUBERT 1990, S. 1.

7 Vgl. KÜTHER, Carsten: *Menschen auf der Straße. Vagierende Unterschichten in Bayern, Franken und Schwaben in der zweiten Hälfte des 18. Jahrhunderts.* Göttingen 1983 (= Kritische Studien zur Geschichtswissenschaft, Band 56), S. 20-28.

8 SCHUBERT 1990, S. 3.

Jahrhunderts eingeführt wurden. 1776 werden darin 400 Almosenberechtigte verzeichnet; bis 1783 sind es bereits 500. [9] Dieser sukzessive Anstieg der Bedürftigenschicht, vor allem im 18. Jahrhundert, gibt indirekt Aufschluss über generelle demographische Entwicklungen; so kann grundsätzlich auch mit einer Zunahme der „mobilen" Bettler und Hilfsbedürftigen gerechnet werden, was dazu führt, dass *cum grano salis* gesprochen, das Vagabundentum zu einem Alltagsphänomen wird – auch wenn die Quellenlage diesbezüglich äußerst spärlich ist.[10]

### 2.1.3 Unterscheidung nach dem Grad des Vagierens

Die weitere Charakterisierung jener Schicht legt die Frage nach dem Ausmaß des Vagierens nahe. Im *Ancien Régime* drohte stets die Gefahr, sein dürftiges Leben auf den Landstraßen oder in den Wäldern fristen zu müssen. Ständig finden wir den Abstieg sesshafter Bevölkerungsgruppen in die untere Schicht der Vagierenden. Diese fehlende Homogenität sowie die genannten, häufigen Fluktuationen zwischen den unterschiedlichen Formen des Vagabundenlebens erschweren allerdings präzise Einordnungen, sodass die moderne Methodik, die die Schicht der Vagabunden mit heutigen klar definierbaren sozialgeschichtlichen Kriterien beschreiben will, nur bedingt nützlich ist. Auch wenn der auf diese Weise definierte, moderne Vagabundenbegriff ein Stück weit an Präzision zu verlieren scheint, ist es notwendig zur Beschreibung der frühneuzeitlichen Lebensverhältnisse zwei Arten des Vagantenlebens zu differenzieren: temporäres und dauerhaftes.
Norbert Preußer spricht daher von einer „differenzierten Binnenhierarchie". [11] Erstere Ausprägung, also zeitweiliges Vagabundieren

[9] Vgl. Stadtarchiv Erlangen (StAE) 2 R, S. 300ff., nach SCHUBERT 1990, S. 5.
[10] Vgl. SCHUBERT 1990, S. 3-5.
[11] PREUẞER, Norbert: *Not macht erfinderisch. Überlebensstrategien der Armenbevölkerung in Deutschland seit 1807*. München: AG-SPAK-Publikationen 1989 (= Arbeitsgemeinschaft Sozialpolitischer Arbeitskreise: Materialien der AG SPAK, M 93), S. 124.

oder „Wandern", ist dabei zumeist auf die Suche nach einem neuen Arbeitsplatz zurückzuführen oder durch persönliche Schicksalsschläge verursacht worden, so beispielsweise durch die Vertreibungen in Folge der Vielzahl an Glaubenskriegen in dieser Zeit. Selbst wenn diese wandernde Gesellschaftsschicht sowohl auf dem Land als auch in der Stadt zum Alltag gehörte, erweisen sich bei dieser Gruppe – aufgrund ihrer fortwährenden sozialen Integration bzw. Reintegration – explizite Einordnungen und Bestimmungen als schwierig; zu groß ist die Nähe an die sesshaften Unterschichten. Der Anteil jener ephemeren Vagabunden am Landstreichertum wird dabei auf 50% geschätzt. Die restlichen 50% sind damit den sogenannten dauerhaft Vagabundierenden zuzuschreiben, der zweiten Ausprägung des Vagantenlebens. Diese gehörten häufig bestimmten Berufs- bzw. Gesellschaftsgruppen mit besonderer Neigung zu einer dauerhaft vagierenden Lebensform an. Bei diesen Gruppen fehlte meist jeglicher Bezug zu einem festen Ort und die Verbindungen zu den Sesshaften waren meist lockerer Natur, sodass sie bestenfalls nur über ein Quartier zum Überwintern verfügten.[12]

### 2.1.4 Differenzierung nach sozialer Herkunft, beruflicher Tätigkeit sowie nach Alter und Geschlecht

Fragt man nach den wesentlichen Merkmalen der Vagantenexistenzen, so sind freilich auch deren soziale Herkunft, die jeweilige berufliche Tätigkeit sowie Alter und Geschlecht zentral, um das Phänomen des Vagabundierens adäquat einordnen zu können.

---

[12] Vgl. REIF, Heinz: *Räuber, Volk und Obrigkeit. Studien zur Geschichte der Kriminalität seit dem 18. Jahrhundert*, Frankfurt am Main 1984, S. 29f.; KÜTHER 1983, S. 9; REIF, Heinz: „Vagierende Unterschichte. Vagabunden und Bandenkriminalität im Ancien Régime", in: *Beiträge zur historischen Sozialkunde* 11 (1981), S. 27-37, hier: S. 33.

### 2.1.4.1 Soziale Herkunft

Was die soziale Herkunft sowie die berufliche Tätigkeit angeht, so kann wiederum nur eine grobe Skizze gezeichnet werden. Wie erwähnt, ist die soziale Gruppe der Vagabunden von großer Heterogenität geprägt, scharfe Trennlinien existieren nicht. Doch wenn wir die große Armut und Bedürftigkeit als Hauptursache für das weit verbreitete Vagantentum ausmachen, lässt sich eine große Nähe zur gesellschaftlichen Unterschicht feststellen, sodass es sich letztlich um eine randständige, arme Bevölkerungsgruppe außerhalb des gesamten sozialen Systems handelt. Meist besaßen die Vagabundierenden nicht viel mehr als ein paar Werkzeuge sowie die zerlumpten Kleider, die sie am Leib trugen. Schubert konstatiert daher:

> „Die Erscheinungsformen von Kriminalität im 18. Jahrhundert spiegeln die große Armut in dieser Zeit wider. [...] Aufgegriffene Jauner sind zumeist Habenichtse, sie führen zum Beispiel wie der 1785 enttarnte Balthasar Kraus nur ein gefälschtes Attest, ein paar Kreuzer und ein Schnappmesser bei sich – neben der lumpigen Kleidung die ganze Habe eines Vaganten."[13]

Vagabunden waren daher seit jeher im Allgemeinen nicht sehr gut angesehen, wobei diese negative Perspektive in der Frühen Neuzeit durch den sogenannten *Liber vagatorum* noch einmal verstärkt wurde und es in gewissem Maße zu einer Abkehr von der im Mittelalter üblichen Bettel- und Armenunterstützung kam. In diesem im Jahr 1510 veröffentlichten Büchlein, übt Matthias Hütlin beißende Kritik an der sogenannten „Täusch-Kultur" der eigentlich arbeitsfähigen Bettler, die nun umherstreifen würden. Anschaulich belegt es, wie damals – durchaus mit dem Blick auf die wahrhaft Bedürftigen – das gesamte Bettel- und Vagantenwesen ins Zwielicht geriet und wenigstens der vor Ort unbekannte Bettler komplett ins Randgruppendasein verwiesen wurde. Eine Marginalisierung ins soziale Abseits jener Vagabunden, die sich die damaligen Formen der Mobilität zunutze machten und als

---

[13] SCHUBERT 1990, S. 255.

Wallfahrer, Pilger, reuige Sünder, Mönche oder arme Priester auftraten, war eine logische Konsequenz dieser kritischen Ausführungen.

### 2.1.4.2 Berufsgruppen

Eng mit der sozialen Herkunft ist die berufliche Tätigkeit der Vagabunden verbunden. So finden wir eine Überrepräsentanz an Unterschichtenberufen. Unter den Marginalexistenzen, am Rande der übrigen Gesellschaft, spielten Kriegsveteranen, Deserteure und Soldaten eine wesentliche Rolle. Als regionales Beispiel aus dem Raum Süddeutschland geben hier detaillierteste Berichte aus Gerichtsrechnungen von Moosburg und Biburg Auskunft. Besonders häufig zu finden sind hier abgedankte Soldaten und Deserteure. in Moosburg lag deren Anteil bei 28,2%, in Biburg waren es 24,1%. Meist waren diese nicht mit dem Gewicht der Versorgung einer eigenen Familie belastet und besaßen ohnehin keinen festen Wohnsitz. Einem Leben auf den Landstraßen stand damit nichts im Weg.[14]

Ein weiterer Teil der Bevölkerung, der *per se* oder potentiell zum Vagabundentum zu rechnen ist und damit auch immer eine mögliche Rekrutierungsbasis für Banditen bildete, bestand aus den als „unehrlich“ eingestuften Personen. Dazu gehörten solche, die oftmals eine eindeutige Neigung zu mobilen Lebensformen aufwiesen; zu ihnen zählten Scharfrichter, Köhler, Abdecker, Hirten, Schergen, Totengräber oder andere in rechtlicher oder sozialer Stellung marginalisierte Personen sowie spezifische „Vaganten-Berufe“ wie beispielsweise Gaukler oder Spielleute[15] – um nur ein paar Beispiele aus einer Vielzahl der dazugehörigen Tätigkeiten zu nennen. Der Begriff der „Unehrlichkeit“ beschrieb anfangs lediglich die soziale Gegebenheit einer geminderten Rechtsstellung sowie eine wirtschaftliche

[14] Vgl. KÜTHER 1983, S. 35f.

[15] Einen wichtigen Beitrag zu der Rolle der Spielleute als soziale Randgruppen leistete dabei Jürgen BRANDHORST mit seinem Aufsatz „Spielleute. Vaganten und Künstler“ in: Hergemöller, Bernd-Ulrich (Hrsg.) *Randgruppen der spätmittelalterlichen Gesellschaft.* 2. neu bearbeitete Auflage. Wahrendorf, 1994.

Sonderstellung. Unehrlichkeit war im Spätmittelalter noch keine eindeutig moralische Kategorie, doch griff diese soziale Kategorie teilweise in den rechtlichen Bereich aus, so dass die Begriffe „rechtlos“ und „unehrlich“ häufig quasi synonym verwendet wurden. Im Laufe der frühen Neuzeit wurde damit das Label der „Unehrlichkeit“ zu dem Ausgrenzungskriterium *par excellence.*[16] Insgesamt ist jener Begriff aufgrund seiner großen Heterogenität – er umfasste religiöse, rechtliche, wirtschaftliche, psychischen und freilich auch soziale Aspekte – problematisch; er umfasste aber alle oben genannten Personengruppen, die in soziale Marginalpositionen gedrängt worden waren. Auch Handwerksgesellen, die – laut Küther – „Gefallen am ungebundenen Leben“[17] gefunden hatten und wohl auch aufgrund der Krise des alten Handwerks, die für viele die Aufgabe ihrer Anstellung bedeutete,[18] speisten die Vagantenbevölkerung.[19]

Eine weitere wichtige Rekrutierungsquelle für Banditen war die Schicht der Gewerbetreibenden und Bauern, die in einem Agrarstaat wie Bayern über 80% der Gesamtbevölkerung ausmachte. Zu Anfang des 19. Jahrhunderts listet ein Kriminalist alle „ambulanten“ Berufsgruppen und Gewerbe auf, die nicht von Obrigkeiten zu dulden seien:

> „Herumziehende Zinngießer, Kesselflicker, Korbmacher, Siebflechter, Schachtel- und Kammschneider, Scherenschleifer, Sägenfeiler, Hörnerbieger, Bürstenbinder, Buchbinder, Knopfformen-Dreher, Stöckschneider und Zundermacher, Liederhändler.“[20]

---

[16] KÜTHER 1976, S. 23.

[17] KÜTHER 1976, S. 14.

[18] Schubert verweist hier auf protoindustrielle Erscheinungen in der Textilindustrie und den gleichzeitigen Verfall des Berg- und Hüttenwesens (vgl. SCHUBERT 1990, S. 66-84).

[19] Vgl. KÜTHER 1976, S. 23; S.14.

[20] PFISTER, Ludwig: *Nachtrag zu der aktenmäßige Geschichte der Räuberbanden an den beiden Ufern des Mains, im Spessart und im Odenwald.* Band II. Heidelberg 1812, S. 73-74.

Diese Berufe waren eng an eine mobile Lebensweise geknüpft, da oft eine Existenzmöglichkeit nur durch ihre ambulanten Dienstleistungen, also das Anbieten der Waren an verschiedenen Orten, gegeben war. Zugleich zeigt jene *Enumeratio* das weitgefasste Spektrum an Vagantenberufen auf, hinter denen sich wohl auch oft kriminelle Gewerbe verstecken konnten.

Der demographische Anstieg führte zu einem enormen Bevölkerungsdruck auf dem Land und hier besonders in der bäuerlichen Unterschicht; allein in der Region um Bamberg kam es zwischen der Mitte des 18. Jahrhunderts und dem Anfang des 19. Jahrhunderts zu einer Verdoppelung der Bevölkerung; wenngleich die Auswanderung – als logische Folge des Bevölkerungsdrucks – nach Übersee, Ungarn, Galizien und in das Gebiet um Posen den Löwenanteil ausmachte.[21] So kann der Bevölkerungsüberschuss auch als Ursache zur Herausbildung des Ventils „Vagantentum“, das häufig mit räuberischen Streifzügen verbunden war, gesehen werden.

Jedoch kann in manchen Fällen von einer eigenständigen Entscheidung zum Leben als Vagabund keine Rede sein und zwar vor allem dann, wenn der Betroffene direkt in jenes Milieu hineingeboren wurde. So besaßen Vagierende auch Partnerinnen, die in den Gaunergesellschaften besondere Bedeutung hatten.[22] So konstatiert Schubert: „Schon der einzelne Kriminelle brauchte die Frau, die mit ihm arbeitete: die Gesellin des Falschmünzers bringt das Geld unter die Leute, die Konkubine des Diebes ist oft auch seine Hehlerin.“[23] Den aus solchen „Gaunerbeziehungen“ entstehenden Kindern wird dabei der Status „Vagant“ von Anfang an auferlegt; diese sind damit von Herkunft und Beruf „Vagabund“. Ein sozialer Aufstieg war für diese Existenzen fast

---

21 Vgl. SCHUBERT 1990, S. 37f.

22 Küther beschreibt dabei die Wichtigkeit von Beziehungen und sozialen Kontakten zwischen den kriminellen Vagabunden. Mit Blick auf die Gaunerhochzeit beschreibt er nicht nur den Nützlichkeitsaspekt, der mit jener einherging, sondern betont zugleich die starke emotionale Bindung, die vor allem zwischen Mitgliedern von solchen sozialen Unterschichten herrschte (vgl. KÜTHER 1983, S. 77-80).

23 SCHUBERT 1990, S. 274.

unmöglich. Aufgrund ihrer schlechten rechtlichen und sozialen Stellung, die ihnen jegliches Heimatrecht verweigerte,[24] waren sie in gewisser Weise dazu verdammt über die ländlichen Straßen zu streifen. Juden und Zigeunern erging es dabei ähnlich. In Bayern wurde im Jahr 1719 ein Mandat erlassen, das Zigeuner nicht nur für vogelfrei erklärte, sondern diese bezeichnenderweise mit dem pejorativen Begriff des „Räubers" gleichsetzte. Unter absolutistischen Versuchen dieses Wandervolk zur Sesshaftigkeit zu drängen, waren jene einer ständigen Verfolgung ausgesetzt. Damit schien die wichtigste Voraussetzung zur Bildung einer vagierenden Zigeunergruppe, die spätestens hier den Vaganten zuzurechnen war, gegeben, so dass Schubert bei den Zigeunern vom „Inbegriff des fahrenden Volkes" spricht. Jener verweist, mit Blick auf heute noch bestehende Hof- und Flurnamen wie „Zigeunermühle", auch auf die Tatsache, dass vor allem der fränkische Raum als wesentlicher Aufenthaltsraum der Zigeunersozietäten galt.[25] Neben den Zigeunern speiste sich die Vagantenpopulation zu einem großen Teil auch aus den sogenannten Betteljuden. Diese verfügten oftmals nicht über die nötigen finanziellen Mittel zum Kauf eines landesherrlichen Schutzbriefes. Ein Recht auf Sesshaftigkeit blieb ihnen damit verwehrt. Erschwerend kam hinzu, dass sich in der Frühen Neuzeit die Gesellschaft als eine dezidiert „christliche" verstand – andere Kulturen und Religionen wurden daher stets mit Argwohn betrachtet. Missachtet, ausgestoßen, verfolgt und mit Klischeevorstellung vom Wucherjuden belegt, war der Schritt zum Anschluss an andere Marginalgruppen, wie Räuberbanden nicht weit.[26]

---

24 Mit der Vergabe des Heimatrechts verpflichteten sich Dörfer und Städte zur Fürsorge der Armen.

25 Vgl. SCHUBERT 1990, S. 246; KÜTHER 1976, S. 14- 26.

26 Vgl. BOEHNCKE, Heiner/SARKOWICZ, Hans: *Die deutschen Räuberbanden.* 3 Bände. Frankfurt am Main 1991, S. 15; KÜTHER 1976, S. 26-27.

#### 2.1.4.3 Alter und Geschlecht

Laut den Untersuchungen Eric Hobsbawms waren die kriminellen Vagabunden vielfach männlich und jung, also noch in arbeitsfähigem bzw. heiratsfähigem Alter. Der Grund dafür, also dass vor allem jene jüngeren Männer der Vaganten- und Bettlerschicht zuzuordnen waren, lag darin, dass auf ihnen noch nicht die Bürde der Verantwortung zur Ernährung einer Familie lag und es bei älteren, gesundheitlich angeschlagenen Frauen wahrscheinlicher war, dass sie als sogenannte „wahre Arme" anerkannt wurden und damit Armenfürsorge erhielten. Die Hobsbawm-These, dass sich die Vagabunden- und Banditenschichten aus recht jungen Männern rekrutierte, ist allerdings – zumindest für Deutschland – nicht haltbar. Das am häufigsten genannte Alter der Banditen liegt zwischen 30 und 39 Jahren; in keiner der Diebslisten wird die Grenze von 20 Jahren unterschritten. Doch – und dies spricht wiederum für Hobsbawm – bilden männliche Vagabunden den Hauptanteil der Vagantenpopulation.

Sicherlich war ein solch vagierendes Leben auf den Landstraßen bei Frauen mit mehr Unannehmlichkeiten und Problemen behaftete als bei Männern; allein der enorme soziale und moralische Druck sowie die zusätzliche physische und psychische Belastung bei Müttern dürfte wohl die Zugehörigkeit von Frauen zur die Gruppe der Vagabunden erschwert haben.[27]

Allerdings ist auf südwestdeutschen Diebslisten trotz dieser Befunde, das weibliche Geschlecht besonders häufig vertreten und auch in gerichtlichen Aufstellungen ist der Anteil der Frauen mit 40% relativ hoch[28]. Dies zeigt, dass Frauen, die – aus welchen Gründen auch immer

---

27 Vgl. KÜTHER 1983, S. 28-31; HOBSBAWM, Eric J.: *Die Banditen, Räuber als Sozialrebellen.* Aus dem Engl. von Rudolf Weys und Andreas Wirthensohn. München 2007 [Original: London 2000], S. 48.

28 Vgl. HELLER, Marina: „Kriminalitätsbekämpfung im Fränkischen Reichskreis – Grenzüberschreitende Kooperation im Strafvollzug", in: Wüst, Wolfgang/Müller, Michael (Hrsg.): *Reichskreise und Regionen im frühmodernen Europa- Horizonte und Grenzen im spatial turn. Tagung bei der Akademie des Bistums Mainz,*

– in die Schicht der Vagierenden abgesunken waren, wohl besonders weit von moralischen Werten und den Normen eines sesshaften Lebens entfernt waren. Sie befanden sich sowohl in einer sozialen als auch in einer moralischen Randstellung, was eine Reintegration in die Gesellschaft fast unmöglich machte. Außerdem war die Lebenserwartung der Vagabunden im Vergleich zu den seßhaften Bevölkerungsschichten im Durchschnitt weitaus geringer.[29]

## 2.2 Alltag auf der Straße – Der Schritt zum Gauner: Kriminalität und Bandenbildung

„Wütende Rachsucht, hämische Freude am Elend anderer, blutige Grausamkeit und ruchlose Liederlichkeit charakterisieren Erscheinungen wie de la Brosse, Hannikel, Lips Tullian und andere“[30] so beschreibt Günther Kraft die typischen Motive und Merkmale von Räuberbanden. In der Realität sahen jene Triebfedern weit nüchterner aus.

### 2.2.1 Motive der Kriminalität

#### 2.2.1.1 Gesellschaftliche Stigmatisierung und Marginalposition

Wenn beispielsweise Gustav Radbruch und Heinrich Gwinner Vaganten als die „Mittellosen und Entwurzelten, die, aus der Gesellschaft ausgestoßen, schonungslos einem ewigen Wanderleben, der

*Erbacher Hof, 3. - 5. September 2010* (= Mainzer Studien zur Neueren Geschichte, Band 29). Frankfurt am Main 2011, S. 413-443, hier: S. 416.

29 Vgl. KOPEČNÝ, Angelica: *Fahrende und Vagabunden. Ihre Geschichte, Überlebenskünste, Zeichen und Strassen.* Berlin 1980, S. 80-90; REIF 1981, S. 35.

30 KRAFT, Günther: *Historische Studien zu Schillers Schauspiel „Die Räuber“. Über eine mitteldeutsch-fränkische Räuberbande des 18. Jahrhunderts* (= Beiträge zur deutschen Klassik, Band 3). Weimar 1959, S. 8.

Landstraße, preisgegeben waren“ [31] charakterisieren, so wird hier deutlich, dass für jene Schicht eine Resozialisierung unmöglich war; sie wurden von der restlichen Gesellschaft allenfalls geduldet und häufig mit Bettlern und Dieben auf eine Ebene gestellt. Die Lage der Vaganten war äußerst prekär, zumal die obrigkeitliche Politik mit der Vergabe von teuren Handlungspatenten, die ambulante Dienstleistungen ermöglichten, äußerst restriktiv war. Dadurch wurden „auch tatsächlich lebensfähige, sinnvolle, wirtschaftlich tragbare und erträgliche Unternehmungen erschwert, zum Teil auch kriminalisiert.“[32]

Auch auf sprachlicher Ebene fand jene soziale Marginalisierung ihren Niederschlag; so benutzte beispielsweise der sulz'sche Oberamtsmann Schäffer in seinen Straflisten die Begriffe „Vagant“ und „Jauner“ synonym. Wenn auch das Unterwegssein an sich durchaus als zentrales Charakteristikum des frühneuzeitlichen und spätmittelalterlichen Menschseins angesehen werden kann,[33] scheint sich paradoxerweise genau die Sesshaftigkeit, die ja dem Vagieren diametral entgegensteht, einen wichtigen Platz im frühneuzeitlichen Wertekatalog einzunehmen. Mobilität wurde durchaus differenziert betrachtet: War eine zeitlich begrenzte Mobilität, die den Verpflichtungen des einzelnen entsprach,[34] geduldet und zum Teil sogar erwünscht, schien die dauernde Mobilität, die ständige Unbehaustheit inakzeptabel.

Diese eindeutige Korrelation zwischen Mobilität und gesellschaftlicher Marginalisierung stellt auch Hartung heraus.[35] Einmal in eine solche

---

[31] RADBRUCH, Gustav/GWINNER, Heinrich: *Geschichte des Verbrechens. Versuch einer historischen Kriminologie*. Stuttgart 1951, S. 268.

[32] KÜTHER 1983, S. 66.

[33] Selbst das Konzept der bäuerlichen Schollenbindung darf nicht ganz so starr gesehen werden, wie manche Arbeiten glaubhaft machen, was András KUBINYI in seinem Aufsatz: „Horizontale Mobilität im spätmittelalterlichen Königreich Ungarn“, in: Jaritz, Gerhard/Müller, Albert (Hrsg.) *Migration in der Feudalgesellschaft* (= Studien zur historischen Sozialwissenschaft, Band 8), Frankfurt am Main/New York 1988, S. 113-139 deutlich zeigt.

[34] Zu denken wäre hier beispielsweise an das Wallfahrtswesen.

[35] Vgl. HARTUNG, Wolfgang: „Gesellschaftliche Randgruppen im Spätmittelalter: Phänomen und Begriff“, in: Kirchgässner, Bernhard/Reuter, Fritz (Hrsg.):

Randstellung ohne tatsächliche Zukunftsperspektiven gedrängt, war der Schritt zur Kriminalität in organisierte Banden nicht weit. Daraus ergab sich, dass die Vagantenpopulation – ab dem 17. Jahrhundert – einen eigenen Gesellschaftsstatus erlangte, die „aus dem Betteln und Stehlen ein ordentliches Handwerk“[36] machte.
Vaganten wurden damit zur Hauptrekrutierungsquelle der Mitglieder von Räuberbanden.[37] Einmal in die kriminelle Schicht abgesunken, war der Weg zurück in die Gesellschaft schier unmöglich.[38]

> „[Sie übten] Raub und Diebstahl als regelrechten Beruf aus. Sie hatten die Brücken zum bürgerlichen Leben hinter sich abgebrochen. Es gibt keine Beispiele dafür, daß sich ein Räuber nach einem besonders einträglichen Beutezug zur Ruhe gesetzt und sich in die ‚offizielle‘ Gesellschaft integriert hätte.“[39]

Zu dieser ohnehin existierenden Stigmatisierung und Marginalisierung durch die Gesellschaft, die durch Verfolgungen seitens der Behörden zusätzlich verstärkt wurde, kam die Tatsache hinzu, dass oft auch andere Vagierende als Vorbilder fungierten. Die Vagierenden stilisierten sich durch die Abdrängung in eine soziale Randgruppe als eigenständige Gruppe der frühneuzeitlichen Gesellschaft; so sind laut Martin Lindner „Ausgrenzungsprozesse grundsätzlich für die Konstitution und Stabilisierung jedes soziokulturellen Systems notwendig.“[40] Zwischen den sozial Marginalisierten entstand ein Gemeinschafts-

---

*Städtische Randgruppen und Minderheiten* (= Stadt in der Geschichte, Band 13). Sigmaringen: Thorbecke 1986, S. 49-114.

36 SCHÖLL, Johann Ulrich: *Abriß des Jauner und Bettelwesens in Schwaben nach Akten und anderen sichern Quellen von dem Verfasser des Konstanzer Hanß.* Stuttgart: Erhard und Löflund 1793, S. IV.

37 Doch auch Mitglieder der sesshaften Bevölkerungsschichten wurden rekrutiert (vgl. HELLER 2011, S. 419-420).

38 Vgl. KÜTHER 1976, S. 17; RADBRUCH/GWINNER 1951, S. 268.

39 KÜTHER 1976, S. 30.

40 LINDER, Martin: „Realer oder semiotischer Bürgerkrieg? Zur Praxis der Ausgrenzung“, in: *Zeitschrift für Semiotik* 16 (1994), S. 97-103, hier: S. 97.

gefühl; die gesellschaftlichen Stigmatisierungsmaßnahen förderten so indirekt die Entstehung einer neuen sozialen Identität:

> „Randseiterdasein und Marginalität gehen also mittelbar aus abweichendem Verhalten oder abweichendem So-sein hervor, unmittelbar aus Akten der Zuweisung von Rolle und Platz (Status) in der Gesellschaft durch die Gesellschaft. Vordergründig werden diese Ausgrenzungsprozesse durch Maßnahmen, durch Sanktionen wie Strafe, Kennzeichnung, Verhaltensgebote und -verbote usw. sichtbar. Am Ende steht jedoch eine völlig neue Identität der Betroffenen. Diese Identität ist vor allem als zugeteilte Identität, darüber hinaus auch als akzeptierte Identität zu bewerten.“[41]

### 2.2.1.2 Pauperismus

Als weitere Triebfeder zum Anschluss an kriminelle Banden kann die wirtschaftliche Zwangslage gesehen werden. So konstatiert Wolfgang Hippel:

> „Die zeitweise fast epidemisch auftretenden Räuberbanden Mitteleuropas lassen sich freilich nur in den seltensten Fällen als Erscheinungsform sozialen Protests in Gestalt von ‚Sozialrebellen‘ interpretieren, viel eher waren sie das Produkt von Kriegs- und Krisenzeiten in einer „Ökonomie des Überlebens […]“.[42]

Mannigfach sind dabei die Ursachen für Armut, wobei freilich die reziproke Beziehung zwischen Armut und Arbeit der wesentliche Faktor ist. Armut kann als Folge mangelnder Arbeitsfähigkeit, mangelnder Arbeitsgelegenheit aber auch eines fehlenden Arbeitswilles gesehen werden. Mit Blick auf den behandelten Zeitraum ist die ungenügende Entwicklung von sozialen Absicherungssystemen hinzuzufügen.

Ein Blick auf die sogenannten Almosenlisten, die Angaben über die Armut in einem bestimmten Gebiet machen, gibt Aufschluss über die

---

41 HARTUNG 1986, S. 106.

42 HIPPEL, Wolfgang von: *Armut, Unterschichten, Randgruppen in der frühen Neuzeit* (= Enzyklopädie deutscher Geschichte, Band 34). München 1995, S. 35.

ungefähren Ausmaße des Pauperismus in der Bevölkerung. So wurde zwischen 1700 und 1710 eine Liste über Bettler und Almosenspenden in den Landpfarreien um Nürnberg angelegt. Laut dieser Liste bezogen zwischen 5% und 10% der Pfarreieinwohner Almosen oder waren aufs Betteln angewiesen; zudem lebten viele Handwerker von einem sprichwörtlichen Hungerlohn. Das enorme Bevölkerungswachstum führte zwangsweise zu einer Überbelegung diverser Handwerksbetriebe, was keine angemessene Entlohnung zuließ. Dies führte zu einer der extremsten Formen dörflicher Armut, in der selbst die Möglichkeit des Nahrungserwerbs auf ein Minimum reduziert wurde. Fakten bzw. Zahlen, die erschrecken und gleichzeitig den generellen Anstieg der Armut, die letztlich in kriminelle Aktivität mündet, illustrieren.[43]

Seit dem spätem 17. Jahrhundert kann man daher von einer Proletarisierung des Räubertums sprechen, wenngleich auch im Mittelalter Raub nicht als eine Edeltat angesehen wurde, so scheint die kriminelle Welt in der Frühen Neuzeit hingegen dezidiert zutiefst in Armut zu wurzeln.[44] Darauf verweist, wie bereits erwähnt, die Tatsache, dass die sozialen Unterschichten als Rekrutierungsbasis für kriminelle Banden dienten, weil diese unterprivilegierten Personen sich letztlich in einer wirtschaftlichen Zwangslage befanden und oft aus der Not heraus zu Straftätern wurden. Im Jahr 1767 konstatiert eines der Mitglieder der *Fränkischen Oeconomischen Gesellschaft*:

> „[...] ich habe [...] noch nie ein Bauern-Kind betteln oder Strassen-Rauben sehen. Wie geht es aber, wann ein Köbler 6 oder 8 Kinder hat, davon er kaum einen einzigen ein Handwerck lernen lassen kann? Sie müssen Hirten, Besenbinder, Reftrager, Soldaten fremder Herren werden, dann auch zum Dienen taugen sie nicht, weil man ihnen gar nichts hat können lernen.“[45]

---

43 Vgl. Tabelle in: SCHUBERT 1990, S. 99.

44 Für das 16. und die zweite Hälfte des 18. Jahrhunderts wirken sich hier wohl besonders die gering ausfallenden Ernten aufgrund der Klimaverschlechterung sowie die Tatsache, dass die Löhne nicht mit der Entwicklung der Preise mithalten konnten, auf die Armutsentwicklung aus.

45 Gesamlete Nachrichten 3 (1767) 97, zitiert nach SCHUBERT 1990, S. 107.

Hier wird klar, dass der Abstieg in die kriminelle Welt der Vaganten nicht freiwillig geschieht, sondern letztlich die einzige Möglichkeit zum Überleben ist. Die kriminell gefärbte Mobilität der Räuberbanden und Vaganten basiert damit – in einer Vielzahl der Fälle – nicht etwa auf Entdeckungslust, Erfahrungsgewinn oder Bildung, sondern auf aufgezwungener sozialer Entwurzelung, weshalb ab dem ausgehenden 17. Jahrhundert auch von einer „Proletarisierung des Räubers“[46] gesprochen werden kann. Dass solche kriminellen Tätigkeiten oftmals die extreme Not der jeweiligen „Jauner“ demonstrieren, zeigt allein das Beispiel des „Katzenfressers“, der jenen Namen erhielt „weil er die Katzen fängt, verzehrtet und aus den Bälgen Hauben macht.“[47]
Auch wenn Kriminalität und fahrendes Volk eng miteinander verknüpft sind, so müssen Generalisierungen als problematisch angesehen werden, da die exakten Grenzen zwischen „echten“ Kriminellen und „normalen“ Vagabunden zum Teil fließend waren.
So existierten grundverschiedene Stufen des sozialen Abstiegs: belanglosere Straftaten, wie beispielsweise kriminelles Botentum oder Hehlerei, wurden häufig als Bagatellen abgestempelt und machten eine soziale Reintegration noch möglich, während hingegen große gewaltsame Raubüberfälle, die in professionell organisierten Räuberbanden standfanden, eindeutig der kriminellen Vagantenschicht zuzuordnen sind.[48]

---

46 SCHUBERT, Ernst: *Räuber, Henker, arme Sünder. Verbrechen und Strafe im Mittelalter (Mit einem Nachwort von Thomas Vogtherr)*. Darmstadt: Wissenschaftliche Buchgesellschaft 2007, S. 275.

47 Vgl. Nürnberger Liste 1724, Nr. 97, nach SCHUBERT 1990, S. 255.

48 Vgl. KÜTHER 1976, S. 28f.

### 2.2.1.3 Räuberbandenbildung: Die Bande als eigenständige soziale Einheit

Sowohl im Altertum[49] als auch im Mittelalter traten bereits Verbrecherbanden auf, die den Handel gefährdeten und zum Teil ganze Landstriche verunsicherten.[50] Belege für organisiertes Verbrechen in Form von Bandenkriminalität gibt es schon in der Zeit der Karolinger, doch ist diese Art kriminellen Handelns nicht mit der Professionalisierung des Verbrechens in der Frühen Neuzeit vergleichbar.

Die Entstehung eines spezialisierten, professionalisierten Verbrechertums scheint dabei die Kehrseite der Medaille der hoch- und spätmittelalterlichen Blütezeit des Städtewesens zu sein.[51] So kristallisiert sich in jener Zeit organisierte Kriminalität, in der sich Missetäter, Hintermänner, Helfer und Helfershelfer für Raubüberfälle zusammenschlossen, immer mehr heraus. Waren es im Mittelalter vornehmlich Adelige, die sich zum Teil auch als Eidverbrüderungen zusammenschlossen, so kommt es ab dem 16. Jahrhundert mit der Hinwendung zu den sozial entwurzelten Unterschichten als Hauptrekrutierungsquellen der Vaganten- und Räuberpopulation zu einem augenscheinlichen Wandel.

Sind in mittelalterlicher Zeit Interdependenzen zwischen fahrendem Volk und Räuberbanden nur sehr selten, zumal vor allem spätmittelalterliche Räuber oftmals von adeligen Herren gedeckt waren und Überfälle zunächst nur den Raubrittern vorbehalten waren, so bildet ja genau diese latent kriminelle, vagierende Schicht die wesentliche Basis für das Bandenwesen des 18. Jahrhunderts.

Eric Hobsbawm, durch den der Begriff des „Sozialrebellen“ neu aufgewertet wurde, genauso wie Carsten Küthers, der jenen zum Teil

---

49 Vgl. u.a. SHAW, Brent D.: „Bandits in the Roman Empire”, in: *Past and Present* 105 (1984), S. 3-52.

50 Vgl. z.B. MCCALL, Andrew: *The Medieval Underworld*, London 1979, insbesondere S. 82-87.

51 Vgl. z.B. SCHUBERT, Ernst: „Gauner, Dirnen und Gelichter in deutschen Städten des Mittelalters“, in: Meckseper, Cord/Schraut, Elisabeth (Hrsg.): *Mentalität und Alltag im Spätmittelalter*, Göttingen 1985, S. 97- 128.

wieder aufgriff, sehen in den Räuberbanden eine Art Gegengesellschaft, die auf einem gesellschaftlichen Protest basiert. Laut Küther würden die kriminellen Räuber und Gauner „erkennbar aus einem Bewußtsein der grundsätzlichen Gegnerschaft zum Staat und zu den ‚Herrschenden'" handeln.[52] Diese positive Überhöhung der Räuber als „Sozialbanditen" wäre – zumindest für die süddeutschen Räuberbanden – nicht zutreffend. Nur in den seltensten Fällen finden wir im Selbstverständnis der Banden so etwas wie ein politisches, revolutionäres Bewusstsein vor.[53] Uwe Danker stellt jenes Konzept einer Gegengesellschaft aufgrund der Ergebnisse dreier Fallstudien in Frage und negiert auch Küthers Auffassung, dass zwischen den Unterschichten und Räuberbanden ein Band der Solidarität bestand.[54] In den meisten Fällen sind die Gründe für Raubüberfälle rein materieller Natur. So konstatiert auch Wolfgang Seidenspinner: „Aber auch dieser Mythos vom edlen Räuber hält, ebenso wie der Sozialbandit als sein geschichtswissenschaftliches Derivat, einer quellenkritischen Überprüfung an keiner Stelle stand und läßt sich letztlich auf eine literarische Fiktion [...] zurückführen."[55]

### 2.2.2 Die innere Struktur der Räuberbanden

#### 2.2.2.1 Definitionsversuch „Bande"

Laut Arnold Hermann handelt es sich bei einer Räuberbanden um einen „Verband von Verbrechern, die sich vereinigt haben, um fortgesetzt

---

[52] KÜTHER 1976, S. 146.

[53] Boehnke und Sarkowicz nennen hier nur den sogenannten Bayerischen Hiesel, der sich tatsächlich als eine Art Anwalt der entrechteten Bauern verstand und dabei gegen die damalige Obrigkeit vorging (vgl. SARKOWICZ 1991, S. 14).

[54] KÜTHER 1976, S. 56; SARKOWICZ 1991, S. 13-14; DANKER, Uwe: *Räuberbanden im Alten Reich um 1700. Ein Beitrag zur Geschichte der Kriminalität in der Frühen Neuzeit* (= Suhrkamp-Taschenbuch Wissenschaft). Frankfurt am Main: Suhrkamp 1988, S. 260.

[55] SEIDENSPINNER, Wolfgang: *Mythos Gegengesellschaft. Erkundungen in der Subkultur der Jauner.* Münster/München 1998, S. 339.

unter Anwendung von (Waffen-) Gewalt fremdes Eigentum sich anzueignen. Davon sind Diebesbanden zu unterscheiden, die zwar fremdes Eigentum entwenden, aber vor Gewaltanwendung zurückschrecken.“ [56] Hans Zulliger definiert den Bandenbegriff noch expliziter:

> „Wir verstehen darunter eine Gruppe von Leuten, die unter der Führung eines ihrer Mitglieder steht, straff organisiert ist und kriminelle, zumindest antisoziale Taten begeht.“[57]

Genauere Untersuchungen zahlreicher Banden wie beispielsweise die der „Großen Niederländischen Bande“ verdeutlichen, dass eine solche Definition zu eng ist. Der Aktionsradius jener Bande war sehr groß und umfasste von 1790-1805 den engen Raum um Mainz bis hin zum Gesamtgebiet der Rheingegenden. Dass damit eine ständige Verschiebung des festen Mitgliederkreises verbunden war, die einer allzu straffen Organisation diametral entgegensteht, ist eine logische Konsequenz.[58]
Auch das breite Spektrum an delinquenter Vorgehensweise, das in Kapitel 3.3 noch weiter ausgeführt wird, zeigt, dass eine explizite und sehr enge Definition von „Banden“ hier wenig sinnvoll ist. Der Begriff der „Bande“ bleibt daher vage und diffus; er umfasst sowohl dauerhaft zusammenarbeitende Kleingruppen als auch ein weiter gespanntes Netz an Vaganten, Dieben, Helfern und Helfershelfern. Zwar handelt es sich um eine eigenständige Form von Bandenkriminalität, doch ist diese geprägt von regelmäßigen personellen Veränderungen, Umstrukturierungen und Neubildungen. Trotz aller Heterogenität und Unterschiede, die zweifellos zwischen den verschiedenen Banden existierten, gab es in Deutschland einige bekannte Räubergruppen, die sich meist um

---

[56] ARNOLD, Hermann: *Fahrendes Volk. Randgruppen des Zigeunervolkes*. Neustadt/Weinstraße 1980, S. 303.

[57] ZULLIGER, Hans: *Horde, Bande, Gemeinschaft. Eine sozialpsychologisch-pädagogische Untersuchung*. München 1966, S. 22.

[58] Vgl. KÜTHER 1976, S. 32.

einen populären, großen Anführer formierten, wie beispielsweise der schwäbische Hannikel, der Konstanzer Hans, Friedrich Schwahn (alias der Sonnenwirtle), Damian Hessel, der sogenannte Schinderhannes und deren jeweilige Raubgenossen.[59]
Aus dem süddeutschen Raum wäre hier die sogenannte „Gürtlerische Bande“ anzuführen, die 1715 auf einer Eichstätter Diebsliste beschrieben wird. Trotz ihrer Unterschiedlichkeit lassen sich – neben dem kollektiven Charakter – einige Parallelelen ausmachen, die damit als zentrale strukturelle Merkmale frühneuzeitlicher Räuberbanden gelten können.

### 2.2.2.2 Strukturierung der Banden

Auch die Formierung entsprach keinem festen Muster. Die inneren Strukturen frühneuzeitlicher Räuberbanden, waren nicht wie die mittelalterlichen „bösen Gesellschaften“ hierarchisch, sondern eher demokratisch. Oft handelte es sich dabei über hundert Personen, die keine geschlossene Gruppe bildeten und deren Mitgliederzahl ständig schwankte. Generell waren Räuberbanden damit eher offen gehaltene Subkulturen, was nicht bedeutet, dass innerhalb dieser unterschiedliche Rollen existierten. So wählte man nur für jeweils bevorstehende Raubzüge einen Anführer, der nach Kompetenz und Qualifikation erlesen wurde. In diesen locker gefügten Gesellschaften bildeten meist drei Personen, deren Zusammenhalt durch verwandtschaftliche Beziehungen gesichert wurde, den festen Kern. Der oftmals gebrauchte Begriff des „Räuberhauptmanns“ verliert damit an Bedeutung; waren es doch vielmehr mehrere Haupträuber, die in gleichem Verhältnis nebeneinanderstanden.
Diese waren noch am ehesten förmliche Mitglieder und strenger organisiert. Gegenüber den diversen Hintermännern, die man kannte und auf die man sich bei kriminellen Taten stützen konnte, hegten sie

59 Vgl. BOEHNCKE/SARKOWICZ 1991, S. 106-453.

großes Misstrauen.[60] Eine weitere klar definierbare Rolle kam dabei dem sogenannten Baldober zu; jener kundschaftete das Gebiet und die Beute aus und gab damit das konkrete Delikt vor.

#### 2.2.2.3 Beuteverteilung

Nach jedem Beutezug wurde die Ausbeute je nach übernommener Verantwortung und Leistung verteilt. So erhielten kleinere lokale Helfer und Helfershelfer – entsprechend ihres geringeren Aufwands – meist nur einen geringen Anteil an der Beute. Bei offenen Überfällen mit Gewaltanwendung wurde allerdings nach dem Gleichheitsprinzip verteilt. So erhielt jeder Mittäter einen identischen Anteil am gemeinsamen Raub. Neben diesen beiden grundsätzlichen Prinzipien der leistungsentsprechenden Entlohnung und der paritätischen Verteilung, gab es auch weitere differenziertere Regeln zur Beuteverteilung, und zwar solche, die das Zusammenleben innerhalb der Bande durch einen von vornherein festgelegten Schlüssel, wer wie viel von der Beute erhält, sicherten.[61]

#### 2.2.2.4 Die Gauner und ihre Sprache: Das Rotwelsch

Eine der zentralen Überlebens- und Absicherungsstrategien, die gleichzeitige eine Abgrenzung von der restlichen Gesellschaft bedeutete, war die Verwendung einer eigenen, geheimen Sprache. Zur Kommunikation zwischen den einzelnen Mitgliedern wurde das sogenannte Rotwelsch oder das Jenische verwendet. Es handelt sich dabei um eine Art konspirative Sondersprache der Banditen und fahrenden Leute, die durch spezifische Ausdrücke der „normal" sprechenden Gesellschaft das Verständnis erschwerte. Jedoch kann diese Geheimsprache nicht als eine eigenständige Sprache im eigentlichen Sinne gesehen werden, denn sie verfügt weder über eine eigene Syntax

---

60 Vgl. RADBRUCH/GWINNER 1951, S. 283-239.

61 Vgl. RADBRUCH/GWINNER 1951, S. 283-284; DANKER 1988, S. 276-290.

noch eine eigene Grammatik, sondern nur der Wortschatz weicht von der Allgemeinsprache ab. Es handelt sich hierbei um ein buntgefärbtes Konglomerat aus dialektalen Ausdrücken, wobei auch häufig veraltete Wörter umgebildet wurden. So setzte sich diese Sondersprache, die freilich auch soziologisch motiviert war, vor allem aus entlehnten Ausdrücke aus dem Hebräisch-Jiddischen, deutschen Varietäten und teilweise auch aus zigeunerischen (romani) Elementen zusammen.[62] Das Wort „Kiseln“ meinte dabei ‚Beutelschneiden‘; um zu erklären, dass ein Diebstahl tagsüber ablaufen soll, verwendete man den Ausdruck „Kutegeln machen“ – um nur ein paar Beispiele von vielen zu nennen.[63]

### 2.2.3 Die äußere Struktur der Räuberbanden: Die Bande als Teil einer Organisation – Rückzugsorte und die „kochemer Gesellschaft“

Was die Retiraden der Räuberbanden angeht, so wurden insbesondere solche Orte gewählt, die sich durch Abgelegenheit, d.h. unauffindbare Schlupfwinkel und Verstecke auszeichneten. Diese Vorteile boten die sogenannten „kochemer Baies“, also insbesondere dichte Wälder, Diebeshöhlen in Berghängen, Höhlen und Löcher im freien Feld;

---

62 Vgl. WEXLER, Paul: „Languages in contact: Rotwelsch and the two Yiddishes”, in: Po-chia Hsia, Ronnie/Lehman, Hartmut (Hrsg.): *In and out of the ghetto. Jewish-gentile relations in late medieval an early modern Germany.* Cambridge 1995, S. 109-124; DAXELMÜLLER: „Das ‚Mauscheln‘”, in: Schoeps, Julius H./ Schlör, Joachim (Hrsg.): *Antisemitismus. Vorurteile und Mythen.* München/Zürich 1995, S. 143-152.

63 Vgl. *Rotwellsche Grammatik, oder Sprachkunst, Das ist: Anweisung wie man diese Sprache in wenigen Stunden erlernen, reden und verstehen möge. Absonderlich denenjenigen zum Nutzen und Vortheil, die sich auf Reisen, in Wirthshäusern und andern Gesellschaften befinden, das daselbst einschleichende Spitzbuben-Gesindel, die sich dieser Sprache befleißigen, zu erkennen, um ihnen ihren diebischen Anschlägen dadurch zu entgehen. Nebst einige historische Nachahmungen, durch welche ein Anfänger desto eher zur Vollkommenheit gelangen kann.* Frankfurt am Mayn 1755; HIPPEL 1995, S. 33; WEXLER 1995, S. 116-123; DAXELMÜLLER 1995, S. 143-152.

zudem bestimmte Gasthäuser und Herbergen sowie abgelegene Behausungen wie alte Schmieden, Ziegeleien oder Schäferhütten. Auch auf Jahrmärkten, Kirchweihen und bei Messen fand man ebenfalls zusammen und nutzte diese als geheime Treffpunkte.[64] Die Unterkunftmöglichkeit der Bandenmitglieder in bestimmten ausgewählten Wirtshäusern verweist dabei auf die Notwendigkeit einer „regelrechte[n] räuberische[n] ‚Infrastruktur'"[65] aus Hehlern, Wirten, Helfern und Helfershelfern, die als zentrale Voraussetzung für die eigentlichen kriminellen Tätigkeiten galten.

So existierte ein weitgespanntes soziales Netz, das quasi als Außenring der eigentlichen Räuberbanden fungierte. Mitglieder dieses Rings wurden im Rotwelschen als sogenannte „kochemer" Leute bezeichnet. Der Begriff beschreibt dabei die Vertrautheit jener Gesellschaftsmitglieder mit den Praktiken der Räuber. Sie waren damit eingeweiht in die Pläne der Räuber, auch wenn ihre Delinquenz keine „hauptberufliche" meinte. So kooperierten neben Wirten auch Besitzer von Herbergen, Nachtwächter, Bettler, Hirten, Gerichtsdiener und randständige Juden.[66]

### 2.2.3.1 Arten der Bandenkriminalität

Im Folgenden sei zunächst eine Darstellung nach der Art der begangenen, kriminellen Taten der Räuber und deren Banden, die sich in zahlreichen Quellen widerspiegeln, vorgenommen. Hierbei stellt sich daran anschließend die Frage nach einer möglichen Auflistung und Systematisierung der sehr heterogenen Straftatbestände. Erfasst man die Vielzahl der Straftaten, wird deutlich, dass sich diese graduell nach der Schwere des Delikts gliedern lassen: Vom „einfachen" Vagabundieren bis hin zum schweren Verbrechen mit zum Teil tödlichen Ausgang.

---

64 Vgl. SCHUBERT 1990, S. 266-270.

65 KÜTHER 1976, S. 60.

66 Vgl. DANKER 1988, S. 308-326; KÜTHER 1976, S. 60-73; SCHUBERT 1990, S. 267-270; SCHUBERT 2007, S. 287-288.

#### 2.2.3.1.1 Vagabundentum als Delikt

Grundsätzlich galt seit dem *Liber Vagatorum* bereits die nomadische, vagierende Lebensweise an sich als Verbrechen. So war es keine Seltenheit, dass in diversen Edikten, Ordnungen und Patenten gegen Vagabundentum, die Begriffe „Gauner“ bzw. „Räuber“ und „Vagabund“ synonym gebraucht wurden. 1746 beschreibt ein Poenal-Patent den idealtypischen Vagabunden und Gauner:

> „[…] unter dem Nahmen der Jauner aber alle diejenigen mit begriffen sind, so nirgends einen gewissen Aufenthalt, oder beständiges häusliches Wesen, auch keine glaubwürdige neue Pässe von ihrer Obrigkeit und ordentliche Nahrung und Gewerb haben, noch suchen, und womit sie sich ehrlich ernähren, nicht darthun können.“[67]

Doch das ständige Leben als Verfolgter, mit der Angst eingesperrt und hingerichtet zu werden, sowie die Suche nach geeigneten Überfallsopfern, die letztlich die eigene Existenz sicherten, waren zentral für jeden Räuber und bedingten zugleich die vagierende Lebensweise in Form eines ständigen Wechsel des Aufenthaltsortes.[68]

---

67 „Des löblichen fränkischen Kreises erneuertes und geschärftes poenal-Patent wider das Diebs-, Zigeuner herrenloses und anders Bettelgesind (Nürnberg 7. November 1746)“, in: Heffner, Philipp Franz (Hrsg.): *Sammlung der hochfürstlich-wirzburgischen Landesverordnungen, welche in geist- und weltlichen Justiz, Landgerichts-, criminal-, Polizey-, cameral-, Jagd-, Forst- und andern Sachen […] verkündet worden sind. Sammlung der Hochfürstlich-Würzburgischen Landes-Verordnungen, welche in geist- und weltlichen, Justiz-, Landgerichts-, peinlichen-, Polizey-, Kameral-, Jagd-, Forst- und andern Sachen von 1771 mit 1800 ergangen sind.* Zweiter Theil: anfangend von Zeit der glorwürdigsten Regierung seiner hochfürstlichen Gnaden Herrn Friderich Karl hochseligen Andenkens. Würzburg: Sartorius 1776, S. 468-478, hier: S. 469.

68 Trotzdem bleibt bei den meisten Banden der Wirkungsradius eher begrenzt. Jede Bande verfügt über ein weitgehend abgestecktes Territorium in dem Überfälle auf Reisende, Privathäuser etc. getätigt wurden (vgl. KÜTHER 1976, hierzu Karte, Zwischenseite, 16-17).

#### 2.2.3.1.2 Kleinere Eigentumsdelinquenz

Meist kam es zu Kleinkriminalität, wie dem Stehlen von Nahrungsmitteln, darunter vor allem Fleisch, Brot, Malz, Obst von Bäumen und Vieh; aber auch Textilien wurden häufig entwendet. Diese kriminellen Tätigkeiten, die als Überlebensgrundlage galten, sind dabei Indikatoren für die große Armut der damaligen Zeit. All diese Kleindiebstähle hatten ihren Wert. In Rothenburg verdächtigt der dort ansässige Rat im Jahr 1692 Bauernkinder und Knechte, nachts Schafe, Obst und Bienen, gestohlen zu haben. Ein Müller aus Windsbach, der lediglich Milch und Kartoffeln entwendete, wurde deshalb 1764 hingerichtet.[69]

#### 2.2.3.1.3 Organisierte Verbrechen und Gewaltanwendung

Diese kleineren Eigentumsdelinquenzen, die meist nachts stattfanden und die den Löwenanteil der Stradftaten ausmachte, geben uns indirekt Aufschluss über die gesellschaftliche Struktur der damaligen Zeit. Ergänzt wurden sie durch elaboriertere Formen von Eigentumsdelikten. Professionelle Diebe, die als Meister auf bestimmten Gebieten galten,[70] tätigten – mit Hilfe von nachgemachten Schlüsseln, Dietrichen – Einbrüche in Gasthäuser, Privathäuser und Kirchen. Dazu kamen Diebstähle auf Märkten und Beutelschneiderei. Neben diesen „milden“ Formen von Kriminalität, war auch größere Gewaltkriminalität anzutreffen. Diese geschah nicht zufällig, also im Affekt oder aus Notwehr, sondern war ein „vorprogrammiertes Element der Tat“.[71] So schienen Messerstechereien, teilweise mit schweren Verletzungen verbunden, für manche Angehörige von Diebesbanden als Selbstverständlichkeit, ja

[69] Vgl. SCHUBERT 1990, S. 256f.

[70] Die sogenannten Achproschen als professionelle Räuber blickten dabei mit Verachtung auf die einfachen, kleinkriminellen Marktdiebe und Beutelschneider herab (vgl. SCHUBERT 1990, S. 260).

[71] DANKER 1988, S. 213.

selbst vor Tötungen[72] durch rohe Gewaltanwendung schreckte man nicht zurück.[73].
Gegen Schuberts Behauptung, dass „sich Gewaltkriminalität in ihren Erscheinungsformen, in der Brutalität ihrer Begleiterscheinungen im 18. Jahrhundert in Grenzen hielt“[74] spricht das Vorgehen der sogenannten „Gürtlerische Bande“, die 1715 auf einer Eichstätter Liste charakterisiert wird. Die 20 bis 40 Angehörigen jener Räuberbande, darunter auch einige Frauen, gingen – im Raum südlich von Nürnberg – besonders aggressiv gegen ihre Opfer vor. Sie sprengten Häuser auf und unter harten Torturen wurden die Überfallenen so lange gefoltert, bis sie ihre Wertsachen preisgaben. Dabei kam es auch zu brutalen Tötungen.[75] Die Vormoderne schien dabei geprägt von einer hohen Bereitschaft zur Gewaltsamkeit. Es handelt sich laut Huizinga um eine von ungezähmter Leidenschaft, Streitsucht und Rachedurst geprägten Epoche, in der das Leben eines jeden Menschen unmittelbar bedroht war.[76] Trotzdem sind die gewaltsamen Aktionen jener Bande nicht zu überschätzen oder gar zur generalisieren, da gewaltlose friedfertige Kleinkriminalität überwog.

#### 2.2.3.1.4 Überfälle auf Reisende: Das Delikt des Straßenraubs

##### 2.2.3.1.4.1 Allgemeines zum Delikt des Straßenraubs

Auch wenn das Delikt des Einbruchs und die genannte Kleinkriminalität als charakteristisch für die Bandenkriminalität gelten

---

72 DANKER 1988, S. 207-237; SCHUBERT 1990, S. 254-261.

73 Schubert verweist zwar auf einige räuberische Einbrüche im Raum Franken, die mit Ermordungen einhergingen, doch betont er zugleich, dass von Generalisierungen abgesehen werden muss und jene Morde als rare Einzelfälle, besonders betont wurden (vgl. SCHUBERT 1990, S. 261).

74 SCHUBERT 1990, S. 261.

75 Vgl. KÜTHER 1976, S. 38; Karte, Zwischenseite, 16-17.

76 Vgl. HUIZINGA, Johan: *Herbst des Mittelalters. Studien über Lebens- und Geistesformen des 14. und 15. Jahrhunderts in Frankreich und in den Niederlanden.* 11. Auflage. Stuttgart 1975, S. 10 sowie 18f.

können, so sind bei der Betrachtung der Vorgehensweise der Banden auch Überfälle auf Reisende nicht zu vernachlässigen. Generell lässt sich der Raub vom Einbruch dahingehend differenzieren, dass ersterer meist mit einem gewaltsamen Vorgehen verbunden und in der Regel nicht von vornherein geplant war. Schöll charakterisiert deshalb die Räuber als einen „wilde[n] Auswuchs der Einbrecher."[77]
Straßenraub, der ja seit 1495 mit dem ewigen Landfrieden ausdrücklich verboten war, wurde zu einer wesentlichen „Einnahmequelle" der Banden. Zwar war jenes Delikt in den großflächig entwickelten Staaten wie beispielsweise Kursachsen zu gefährlich geworden und deshalb selten, doch auf den süddeutschen Landstraßen, die eher unübersichtlich waren, standen Überfälle auf Reisende, Kaufleute, Fuhrleute und Boten, aufgrund der dort herrschenden territorialen Vielherrigkeit, an der Tagesordnung. Die offene Landstraße wurde damit zur Gefahr für jeden Reisenden, unabhängig davon, ob er zu Fuß, zu Pferd oder per Postkutsche unterwegs war. Der Straßenraub war zumeist mit Gewaltanwendung verbunden. Das wesentliche Tätigkeits- bzw. Operationsfeld vieler Räuberbanden lag also auf dem Land. [78]
Bettenhäuser beschreibt daher: „Unsicher und höchst gefährdet waren der abgelegene Hof, das kleine Dorf und die offene Landstraße, während die Stadt demgegenüber eine relative Sicherheit bot." [79]

### 2.2.3.1.4.2 Vorgehensweise der Straßenräuber

Das Reisen vor allem in dörflich strukturierten Gegenden war unsicher, zumal die Räuber auch nicht vor Überfällen auf Übernachtungsgäste in Wirtshäusern zurückschreckten. Selbst geschätzte und hoch angesehene Wirtshäuser waren vor Dieben, die sich auf Gasthöfe spezialisiert hatten, nicht sicher. Dies bezeugt ein Diebstahl, der sich im würz-

---

77 SCHÖLL 1793, S. 81.

78 Vgl. SCHUBERT 1990, S. 264f.

79 BETTENHÄUSER, Hermann: „Räuber- und Gaunerbanden in Hessen. Ein Beitrag zum Versuch einer historischen Kriminologie Hessens", in: *Zeitschrift des Vereins für hessische Geschichte und Landeskunde,* 75/76 (1964) S. 275-348, hier: S. 292.

burgischen Schwanen ereignete; hier wurde sogar kostbarer Schmuck unbemerkt entwendet.[80]
Häufiger als mit jenen Wirtshausdiebstählen waren Reisende mit dem Straßenraub konfrontiert. Dieser schien auf ländlichen Wegen so alltäglich zu sein, dass die Reisenden ihn einfach als Teil des Unterwegsseins hinnahmen und die meisten der Delikte deshalb nicht einmal aktenkundig wurden. Für viele Fuhrleute, Krämer und Viehhändler gehörte der Überfall zum Berufsrisiko.[81] So konstatiert man in Mandaten jener Zeit, dass „das Rauben und Stehlen sonderlich auf dem Land dermassen überhand [nehme], daß weder die Reisende[n] auf der Straßen noch die zumahlen bemittelt[en] Unterthanen in ihren Häussern mehr sicher seyn können."[82]
Die Landstraßen in Franken waren nicht mehr sicher, die Furcht Überfallen zu werden, wurde quasi als ein fester Bestandteil einer jeden Wanderung oder Reise eingeplant. Ein Schulmeister aus Nürnberg mahnte eine Reisegruppe von Adeligen: „Fällt euch ein Räuber an, so wehret Euch nur wacker und bohrt ihn durch und durch, den Ertz-Coujon und Racker."[83]
Die Vorgehensweise bei solchen Raubüberfällen war dabei unterschiedlich. In den meisten Fällen positionierten sich die Banden an einem günstig gelegenen Ort und warteten auf Vorüberziehende. Je nach Größe der zu überfallenden Gruppe bzw. dem Ausmaß des Vorhabens schwankten die Teilnehmerzahlen von fünf bis über zehn Räubern. Vor einem solchen Überfall kalkulierte man dabei die entsprechende Teilnehmerzahl, „weil [...] wenn man bei einem Angriff auf 5, 6 oder 7 Mann rechnet und einer davon fortgeschickt, den man

80 Vgl. StAB Rep. B 68, Nr. 940. Steckbrief, nach SCHUBERT 1990, S. 265.
81 Vgl. SCHUBERT 1990, S. 264-266.
82 Ansbacher Mandat vom 15.I. 1724, zitiert nach SCHUBERT 1990, S. 265; vgl. auch HELLER, Marina: *Unterschichtenkriminalität und Hochgericht in der reichsritterschaftlichen Herrschaft Sugenheim im Kanton Steigerwald zu Beginn des 18. Jahrhunderts. Prozess und Hinrichtung des Vaganten Johann Jacob Schreiber 1722*. Erlangen: Universität Erlangen 2004 [Magisterarbeit], S. 94.
83 KRAFT 1959, S. 45; vgl. auch Zitat bei SCHUBERT 1990, S. 265.

dabei nothwendig brauchte, schon die Sache nicht ausgeführt werden kann."[84]

Die Bande, die sich um Hans Pfeuff Jecklin, welcher im Jahr 1588 in Würzburg hingerichtet wurde, gruppierte, erbeutete einen großen Teil ihres Kontingents an Diebesgut durch Überfälle auf Hausierer, Krämer und andere Landfahrer. Diese Überfälle auf die im Mittelfränkischen Reisenden erfolgten dabei zumeist nach einem festen Muster: zunächst wurden die zu Fuß Reisenden durch eine Gesprächsverwicklung abgelenkt, um ihnen dann – unter Ausstoß des populären Räuberrufs „Geld oder Blut" – eine Waffe vor den Bauch zu halten und die Beute, meist in Form von Geld, einzufordern.[85]

Auch die Bande des Schinderhannes, der zahlreiche Hunsrücker Juden zum Opfer fielen, konzentrierte sich vorwiegend auf das Delikt des Straßenraubs. Jene hielt das Risiko insofern relativ niedrig, als dass sie im Vergleich zu den Überfallenen, die sich oftmals auf dem Weg zum Markt befanden, eindeutig in der Überzahl war bzw. Überfallorte ausgewählt worden waren, in denen die Opfer leicht zu bezwingen waren, wie z.B. an einem sogenannten „Zwangsweg", einem engen Weg, der auf beiden Seiten durch die natürliche Beschaffenheit des umliegenden Gebiets begrenzt war: auf der einen Seite Befand sich ein Bach, auf der anderen ein hoher Fels.[86]

---

[84] BRILL, Carl Friedrich: *Aktenmäßige Nachrichten von dem Raubgesindel in den Maingegenden, dem Odenwald und den angrenzenden Ländern besonders in Bezug auf die in Darmstadt in Untersuchungshaft befindlichen Glieder desselben.* Erste Abtheilung. Darmstadt 1814, S. 150f.

[85] Vgl. FOERSTER, Roland-Götz: *Herrschaftsverständnis und Regierungsstruktur in Brandenburg-Ansbach 1648-1703. Ein Beitrag zur Geschichte des Territorialstaates im Zeitalter des Absolutismus.* Ansbach: Historischer Verein für Mittelfranken 1975. (= Mittelfränkische Studien, Band 2), S. 250.

[86] Vgl. BECKER, B. [Johann Nikolaus, Pseudonym: Apollonius von Beilstein]: *Aktenmäßige Geschichte der Räuberbanden an den beyden Ufern des Rheins.* Erster Theil: Geschichte der Moselbande und der Bande des Schinderhannes. Cöln: Keil 1804 [Nachdruck: Leipzig: Zentralantiquariat der Deutschen Demokratischen Republik 1972], S. 24-25.

#### 2.2.3.1.4.3 Postkutschenüberfälle als Sonderform des Straßenraubs

Doch verübten die Räuberbanden nicht nur Übergriffe auf zu Fuß Reisende, sondern auch auf die Insassen von Postkutschen. In Deutschland scheint die zweite Hälfte des 18. Jahrhunderts die Hochphase jener Form von Kriminalität gewesen zu sein: 1784: Postraub bei Göttingen, 1785 Postraub bei Coburg, 1786: Postraub bei Kaiserslautern und bei Schmalkalden, 1787: Postraub bei Aschaffenburg und Marburg – um nur ein paar aktenkundige Beispiele von vielen zu nennen. Ähnliches zeigen auch die Ausführungen des Kulmbacher Justizrats Lange, der 1783 ein Sammelwerk, das alle 26 Postkutschenüberfälle zwischen 1771 und 1787 im Raum beinhaltete,[87] veröffentlichte.[88]

In mittelfränkischen Gebieten konnten Reisende nicht einmal in Großstadtnähe ihres Hab und Guts sicher sein. 1723 überfiel eine Bande von räuberischen Landstreunern und Ortsansässigen eine Postkutsche, die sich auf dem Weg nach Hamburg befand.[89]

Solche Postkutschenüberfälle waren zumeist äußerst lukrativ; fast immer waren es ja mehrere Kutschenreisende, die zeitgleich überfallen werden konnten und die erfahrungsgemäß mehr besaßen, als zu Fuß umherwandernde Fuhrleute oder Boten. Im Jahr 1700 erbeutete eine Bande von Räubern, welche bei Gottmannsdorf die Schwäbisch-Haller Postkutsche abfing, 1700 fl. – eine beträchtliche Summe zur damaligen Zeit.[90]

Zwei Jahre nach jenem Überfall ereignete sich ein lautloser, unauffälliger Postraub bei Sparneck. So gesteht 1773 ein Mitglied der Bande, nachts den auf der Kutsche befindlichen Kasten unbemerkt

---

87 Vgl. KÜTHER 1976, Karte, Zwischenseite 16/17; LANGE, Friedrich Christian: *Actenmäßige Nachricht von einer grossen Post=Raeuber=Bande und allen seit 20 Jahren vorgefallenen Post=Raubereyen.* Culmbach 1793.

88 Der größte Teil der Überfälle ereignete sich dabei im Fränkischen, Schwäbischen, Oberrheinischen und Schwäbischen Reichskreis.

89 Vgl. SCHUBERT 1990, S. 265-266.

90 Vgl. PFISTER 1812, S. 203.

während der Reise entfernt zu haben.[91] Auffälliger ging einer der populärsten Postraube vonstatten, der sich im Jahr 1774 ereignete, in der Nacht vom 4. auf den 5. August. Zwischen Langenfeld und Possenheim, in einem Gebiet, das für Überfälle günstig war, lauerte eine sechsköpfige Räuberbande einem Kutschenwagen auf, der nach Frankfurt unterwegs war. Sie waren bewaffnet und schlugen die drei Passagiere sowie den Conducteur und den Postillion brutal zusammen und fesselten diese. Die 5 Opfer wurden dann ihrer Wertgegenstände beraubt und man sprengte die Kisten, die sich auf der Kutsche befanden, um auf diese Weise besser an die darin befindlichen 3000 fl. zu kommen. Am Tag nach der Meldung des Überfalls begann die Befragung der Tatzeugen, doch die zahlreichen Bemühungen, der Räuber habhaft zu werden, blieben ohne Resultat: die Räuberbande konnte nicht gefasst werden.[92]

#### 2.2.3.2 Zeiten und Orte der Überfälle

Räuberbanden hielten sich bevorzugt dort auf, wo es einerseits viel zu holen gab, sie sich aber andererseits gut verstecken konnten. Aufgrund der Gefahr des Entdecktwerdens konnten lediglich simplere Einbrüche in frei stehende, oftmals leere Häuser tagsüber getätigt werden. So mussten Ansässige insbesondere bei Dunkelheit mit kriminellen Akten rechnen.[93] Mit den in Kapitel 3.4 genannten Waldgebieten als einem der bevorzugten Rückzugs- und Aufenthaltsorten von Räuberbanden, wird zugleich die Gefahr, die mit dem Durchqueren solcher Gebiete verbunden ist, deutlich. Praktisch bedeutete dies, dass auch Überfälle auf Reisende vor allem nachts und auf Hauptstraßen, die durch Waldgebiete führten, stattfanden. Insbesondere auch in Grenzgebieten und in Gebirgen, dort vor allem in Schluchten, musste mit Überfällen

---

91 Vgl. StAB Rep. C 18 (Collectaneen Beer), Nr. 3, nach SCHUBERT 1990, S. 266.

92 Vgl. StAN Rep 137, Nr. 453 und StAN Rep 138/II, Nr. 474, nach SCHUBERT 1990, S. 266; vgl. Heller 2011, S. 426.

93 Vgl. DANKER 1988, S. 220-221.

gerechnet werden. Nicht selten verlangten die Räuber lediglich eine Art Steuer, damit sie die Reisenden passieren ließen.[94]
Diese große Angst überfallen zu werden, spiegelt sich auch in der Literatur und der plastischen Kunst wider und wird dort zu einem der vorherrschenden Motive. Ein Augsburger Holzschnitt, der erstmals 1539 in einer Ausgabe von Petrarcas Trostspiegel erschien, zeigt denn auch einen Reisenden, der im Wald von Räubern erstochen wird (vgl. Anhang, Abbildung 1).
Aber auch die zahlreichen Strafverfolgungsarten, wie beispielsweise spezifische Verordnungen, sowie die Existenz des sogenannten Geleitschutzes, zeugen von dem großen Handlungsbedarf gegen kriminelle Vagabunden und Räuberbanden.

[94] Vgl. SCHUBERT 1990, S. 267-269.

# 3 Frühneuzeitliche Strafverfolgung: Maßnahmen gegen Vaganten und Gauner

Vielfältig waren die Möglichkeiten der frühneuzeitlichen Strafverfolgung. Bei nahezu allen Formen von Strafjustiz, die in jener Zeit gegen das fahrende Volk, Vaganten, Zigeuner und Diebesbanden, kurz die gesamte vagierende Unterschicht, erlassen wurden, lag der Fokus vor allem auf Warnung, Abschreckung und Vergeltung.

## 3.1 Das Konzept der „Sozialdisziplinierung“ als Basis der Strafverfolgung

Gerhard Oestreich (1910-1978), Historiker aus Marburg und Mitbegründer der „Frühen Neuzeit“ als eigener Disziplin [95] sah im frühneuzeitlichen Konzept der „Sozialdisziplinierung“ den Kern des Problems des absolutistischen Europa. Der Staatsbildungsprozess wurde durch die Kreation neuer Herrschaftsapparate und die gleichzeitige Abschaffung traditioneller Freiheiten abgebaut; dies wurde durch die bewusste „Disziplinierung auf allen Gebieten des öffentlichen Lebens“[96] durch den Staat erreicht. Durch die Regulierung möglichst aller Bereiche der Lebenswelt der Untertanen sollen aufklärerische Ideale wie Vernunft, Sitte und „Moral“ durchgesetzt werden. Aufgrund von normativen Quellen wie Patenten oder Gerichtsordnungen lassen sich die *pressure-groups* leichter fassen als die Disziplinierten. Doch bemüht sich die Kriminalitätsforschung auch die Widersacher der Strafverfolger sowie deren Alltag und Lebenswelt

---

[95] Zur Biographie Oestreichs, siehe BRUCH, Rüdiger vom/MÜLLER, Rainer A.: *Historikerlexikon. Von der Antike bis zur Gegenwart.* München 1991, S. 225f.; BAUMGART, Peter: „Gerhard Oestreich zum Gedächtnis“, in: *Zeitschrift für Historische Forschung* 5/2 (1978), S. 129-138.

[96] OESTREICH, Gerhard: „Reichsverfassung und europäisches Staatensystem 1648-1789“, in: Oestreich, Gerhard: *Geist und Gestalt des frühmodernen Staates. Ausgewählte Aufsätze.* Berlin 1969, S. 236-252.

genauer zu erforschen und zu analysieren. Dirk Blasius[97] und Martin Scheutz[98] haben dies in ihren Werken zur Alltagskriminalität geschafft. Bis sich die deutsche bzw. deutschsprachige Kriminalitätsforschung etablieren konnte, dauerte es jedoch noch einige Zeit.

## 3.2 Kriminalitätsforschung und Quellenlage bei der Erforschung von Strafverfolgung und Kriminalität

### 3.2.1 Spätes Erwachen der deutschen Kriminalitätsforschung

Bevor die Etablierung der Kriminalitätsforschung in den deutschen Landen dargestellt werden kann, ist zunächst zu klären, was der Begriff der „Kriminalität" oder des „Kriminellen" in diesem Zusammenhang beschreibt.
Grundsätzlich ist ja – in unserem heutigen Verständnis – jedes Verhalten als kriminell zu bezeichnen, das gegen die vorhandenen Gesetze verstößt und gegen das fest umrissene, fixierte Sanktionsmaßnahmen, vorgeschrieben sind, die wiederum von staatlichen Institutionen exekutiert werden.[99] Diese legalistische Definition von Kriminalität, die generell Rechtsverletzungen von strafrechtlichen Tatbeständen beschreibt, ist für den untersuchten Zeitraum der Frühen Neuzeit wenn, dann nur modifiziert anwendbar. Zwar gab es im Zuge

---

[97] Vgl. BLASIUS, Dirk: *Kriminalität und Alltag. Zur Konfliktgeschichte des Alltagslebens im 19. Jahrhundert.* Göttingen 1978.

[98] Vgl. SCHEUTZ, Martin: *Alltag und Kriminalität. Disziplinierungsversuche im steirisch-österreichischen Grenzgebiet im 18. Jahrhundert.* München/Wien 2001.

[99] Einige Definitionsversuche und deren Problematik werden beispielsweise erörtert bei: SACK, Fritz: „Probleme der Kriminalsoziologie", in: König, René (Hrsg.): *Handbuch der empirischen Sozialforschung*, Band 2. Stuttgart 1969, S. 961-1099, hier: S. 979-983; SACK, Fritz: „Probleme der Kriminalsoziologie", in: König, René (Hrsg.): *Handbuch der empirischen Sozialforschung*. Band 12. Stuttgart 1978, S. 192-492, hier: S. 273-278 oder SPIERENBURG, Pieter: „Evaluation of the conditions an main problems relating to the contribution of historical research to the understanding of crime and criminal justice", in: Council of Europe (Hrsg.): *Historical research on crime and criminal justice*. Strasbourg 1985, S. 51-95, hier: S. 64.

der Aufklärungsbewegung im 18. Jahrhundert bereits Tendenzen zu einheitlichen Rechtskodifikationen, doch war der Staat in jener Zeit alles andere als ein moderner Rechtsstaat – vielmehr handelte es sich hierbei um einen Gesetzesstaat. Oftmals sanktionierte man aber auch ohne feste Gesetzesgrundlagen.[100] Außerdem trat „Deutschland" damals als ein multiterritorialer Staat mit über 300 reichsständischen und knapp 1500 reichsritterschaftlichen Herrschaften auf und stellte daher keine verfassungsrechtliche Einheit dar.

Nichtsdestoweniger soll die in der Definition von „Kriminalität" genannte Bindung an eine Institution hier nicht aufgegeben werden; lediglich an die Stelle des Staates rücken in der Frühen Neuzeit dafür kleinere staatsähnliche Gruppierungen und Gebilde. Laut einer bis heute gültigen Definition der „historischen Kriminalitätsforschung" von Gerd Schwerhoff, wird Kriminalität begriffen als „abweichendes Verhalten in der Vergangenheit im Spannungsfeld von Normen, Instanzen und Medien sozialer Kontrolle einerseits, von gesellschaftlichen Handlungsdeterminanten andererseits. Umgekehrt wird Kriminalität auch als zentraler Indikator für die Erforschung von gesamtgesellschaftlichen Zuständen und historischem Wandel eingesetzt."[101]

Die Erforschung der Geschichte der Kriminalität galt noch bis in 1980er Jahre als stiefmütterlich behandeltes Feld in der historischen Forschung in Deutschland:

> „In Germany, modern crime and criminal justice history had a late start. In the 1970s and the early 1980s, when crime and criminal justice history had already become a significant feature of historical writing in Western Europe

---

[100] Vgl. SPIERENBURG 1985, S. 67.

[101] SCHWERHOFF, Gerd: „Devianz in der alteuropäischen Gesellschaft. Umrisse einer historischen Kriminalitätsforschung", in: *Zeitschrift für historische Forschung* 19 (1992), S. 385-414, hier: S. 387.

> and in Northern America, very few pioneers among German historians had ventured into the area."[102]

Erst der Historiker Schwerhoff, der einen seiner Forschungsschwerpunkte auf die Geschichte der Kriminalität legte, vermittelt schließlich die zentralen Theorien, Fragestellungen und Methoden der modernen historischen Kriminalitätsforschung.[103] Mit ihm wurde die Geschichte der Kriminalität in Deutschland zu einem festen Bestandteil des sozialgeschichtlichen Kanons. Zwar hatte Dirk Blasius bereits 10 Jahre vor Schwerhoff einen Überblicksartikel zur Thematik der Kriminalgeschichte verfasst, doch jener konnte lediglich auf einschlägige französische bzw. angelsächsische[104] Werke rekurrieren.[105] Auch die

---

102 REINKE, Herbert: „Crime and criminal justice history in Germany. A report on recent trends", in: *Crime, Histoire & Sociétés/Crime, History & Society* 13/1 (2009), S. 117-137 (online: http://chs.revues.org/698, letzter Zugriff 30.06.2013).

103 Vgl. dazu u.a. SCHWERHOFF, Gerd: *Historische Kriminalitätsforschung.* Frankfurt am Main/New York 2011; SCHWERHOFF, Gerd: *Köln im Kreuzverhör. Kriminalität, Herrschaft und Gesellschaft in einer frühneuzeitlichen Stadt.* Bonn/Berlin 1991 [Diss., Bielefeld 1989]; SCHWERHOFF, Gerd: *Aktenkundig und gerichtsnotorisch. Einführung in die historische Kriminalitätsforschung.* Tübingen 1999.

104 Vgl. einschlägige angelsächsische Literatur zur Thematik der Kriminalitätsforschung: CLIVE, Emsley/ KNAFLA, Louis A.: *Crime history and histories of crime. Studies in the historiography of crime and criminal justice in modern History.* Westport (Conneticut) 1996; THOMPSON, Edward P.: *Whigs and hunters. The origin of the black act.* London 1975; HAY, Douglas: „Property, authority and the criminal law", in: Hay, Douglas/Linebaugh, Peter/Rule, John, G./Thompson, Edward P./Winslow, Cal (Hrsg.): *Albion's fatal tree. Crime and society in eighteenth-century England.* London 1975, S. 17-63; BEATTIE, John M.: *Crime and the courts in England 1660-1800.* Oxford 1986; SHARPE, James Anthony: *Crime in early modern England*, 1550-1750. London 1990.
Besonders hervorzuheben ist hier außerdem das internationale Forschungsprojekt Großbritanniens und Frankreichs zur Kriminalitätsgeschichte *Crime, Histoire et Société. Crime, History and Society.* Es handelt sich um eine bilinguale Zeitschrift, die Aufsätze zur Kriminalität veröffentlicht. Ein Teil der Aufsätze (Ausgaben von 1997-2009) ist dabei online (URL: http://chs.revues.org/index1024.html) als Volltext abrufbar.

zwei anderen Wegbereiter der Kriminalitätsforschung, nämlich Carsten Küther[106] und Alf Lüdtke,[107] kommen in ihren Schriftwerken nicht umhin auf frankophone oder englische Literatur zu verweisen. Bis vor wenigen Jahrzehnten war es die Rechtsgeschichte, die die Auswertung von Verhör- und Gerichtsprotokollen, Edikten und Patenten sowie Strafbüchern und Verbrechensregistern monopolisierte. Als eigenständige Forschungsdisziplin wurde die Kriminalitätsgeschichte in Deutschland erst relativ spät etabliert, wie auch Herbert Reinke konstatiert:

> „Since its late start in the mid-1970s, research into the history of crime and criminal justice in Germany has rapidly expanded. The history of early modem crime and criminal justice, and the later development of police in particular, have stimulated increasing interest among German scholars. [...] A late start sometimes has substantial advantages. Large sections of German crime and criminal justice history now operate on an understanding that claims about control, conflicts, justice and so forth, are part of cultural and social processes."[108]

Nach diesen Initialzündungen kam es in den 1990er Jahren zu einer Vielzahl von Publikationen, die oft ein besonderes Interesse für das

[105] Vgl. u.a. BLASIUS, Dirk: *Bürgerliche Gesellschaft und Kriminalität. Zur Sozialgeschichte Preußens im Vormärz.* Göttingen 1976; BLASIUS 1978 und BLASIUS, Dirk: „Kriminologie und Geschichtswissenschaft. Bilanz und Perspektiven interdisziplinärer Forschung“, in: *Historische Zeitschrift* 233 (1981), S. 615-627.

[106] Vgl. KÜTHER 1976 und KÜTHER 1983.

[107] Vgl. LÜDTKE, Alf. (Hrsg.): *„Sicherheit“ und „Wohlfahrt“. Polizei, Gesellschaft und Herrschaft im 19. und 20. Jahrhundert.* Frankfurt am Main, 1992; LÜDTKE, Alf/REINKE, Herbert: „Crime, Police, and the ‚Good Order‘: Germany”, in: Emsley, Clive/Knafla, Louis A. (Hrsg.): *Crime history and histories of crime. Studies in the historiography of crime and criminal justice in Modern History.* Westwood 1996, S. 109-137; LÜDTKE, Alf/FÜRMETZ, Gerhard (Hrsg.): *Denunzianten in der Neuzeit. Politische Teilnahme oder Selbstüberwachung* (= Sozialwissenschaftliche Informationen, Band 27). Seelze 1998.

[108] REINKE 2009, S. 130.

Verhältnis von Alltag und Kriminalität sowie für Unterschichten und Randgruppen hegten.[109]

Zudem wegweisend ist eine Fallstudie von Schwerhoff, die die Kölner Herrschaftspraxis, soziale Beziehungen und auch mentale Dispositionen der Handelnden untersucht, vor allem in Hinblick auf die enorme Zahl devianter Verhaltensweisen sowie die darauffolgenden Sanktionsmaßnahmen. [110] Dabei kommt Schwerhoff zu dem Schluss, dass Kriminalität lediglich eine Art Produkt aus den in der Frühen Neuzeit aufkommenden Normen und Kontrollinstanzen sei, die jedes normabweichende Verhalten als „kriminell“ einstuften. Kriminalität wird somit „als das Ergebnis orientierender Normen und selektierender Instanzen sozialer Kontrolle freigelegt.“[111]

Neben Städten wie Köln als Forschungsfeld frühneuzeitlicher Kriminalität hat sich eine Reihe von Historikern auch den kriminellen dörflichen bzw. ländlichen Strukturen gewidmet.[112] Obschon – wie Joachim Eibach feststellt – die Verhörprotokolle der Dörfer weniger zahlreich sind.[113] Regina Schultes Studie zur Kriminalität in oberbayerischen Dörfern beschränkt sich dabei längst nicht auf diesen Mikrokosmos; so setzt ihr Beitrag einerseits die sozialhistorische Debatte fort, verweist aber zugleich auf den Wandel in der Historiographie und gibt Einblicke in die spezifische kriminelle Welt der Frauen. Diese geschlechterhistorische Darstellung kann als Parade-

---

[109] Vgl. u.a. DÜLMEN, Richard van (Hrsg.): *Verbrechen, Strafen und soziale Kontrolle* (Studien zur historischen Kulturforschung, Band 3) Frankfurt am Main 1990; BLAUERT, Andreas/SCHWERHOFF, Gerd (Hrsg.): *Mit den Waffen der Justiz. Zur Kriminalitätsgeschichte des Spätmittelalters und der Frühen Neuzeit.* Frankfurt am Main 1993; KÜTHER 1983.

[110] SCHWERHOFF 1991, S. 395-397.

[111] SCHWERHOFF 1991, S. 397.

[112] Vgl. u.a. SCHULTE, Regina: *Das Dorf im Verhör. Brandstifter, Kindsmörderinnen und Wilderer vor den Schranken des bürgerlichen Gerichts: Oberbayern 1848-1910.* Reinbeck bei Hamburg 1989; FRANK, Michael: *Dörfliche Gesellschaft und Kriminalität. Das Fallbeispiel Lippe 1650-1800.* Paderborn/München 1995.

[113] EIBACH, Joachim: „Kriminalitätsgeschichte zwischen Sozialgeschichte und Historischer Kulturforschung“, in: *Historische Zeitschrift* 263 (1996), S. 681- 715; hier S. 702.

beispiel für die enge Verquickung von Kriminalitätsgeschichte und Gender Studies in den 90er Jahren gelten,[114] die laut Schwerhoff „nicht nur zahlreiche Berührungspunkte, sondern geradezu eine gemeinsame Schnittmenge“[115] besäß. Michael Frank beleuchtet in seinem Beispiel „Lippe“ nicht nur die dörfliche Kriminalität, sondern skizziert in einer sozialgeschichtlich-quantitativen Methode den gesellschaftlichen Wandel.[116]

Aufgrund dieser Verknüpfung krimineller und soziostruktureller Faktoren und dem leichten Zugang zu den subjektiven Sichtweisen der Zeitgenossen durch die Analyse von Gerichtsakten,[117] kennzeichnet Schwerhoff die kriminalhistorische Arbeit als „Seitentrieb einer Sozialgeschichte.“[118]

### 3.2.2 Kriminalitätsforschung und Quellenedition zur Rekonstruktion der Strafverfolgung: Fränkischer Reichskreis, Reichsritterschaft Sugenheim und Reichsstadt Nürnberg

Im Jahre 2010 lieferte Karl Härter, der sich mit frühneuzeitlichen territorialen Gebilden jenseits von Dörfern und Städten befasst hat, eine neue Perspektive für die Erforschung der Kriminal- und Rechtsgeschichte, nämlich die Kriminalität und deren Verfolgung im Reichskreis, ein Aspekt, der nicht zuletzt durch den von Wolfgang

---

114 Es kam hier zu einer Reihe von Publikationen, welche sich mit weiblicher Kriminalität auseinandersetzten; vgl. u.a. ULBRICHT, Otto: *Von Huren und Rabenmüttern. Weibliche Kriminalität in der Frühen Neuzeit*. Köln/Weimar/Wien 1995; NIEDERSTÄTTER, Alois/SCHEFFKNECHT, Wolfgang (Hrsg.): *Hexe oder Hausfrau. Das Bild der Frau in der Geschichte Voralbergs*. Sigmaringendorf 1991.

115 SCHWERHOFF 1992, S. 409.

116 Vgl. EIBACH 1996, S. 703f.; FRANK 1995.

117 SCHWERHOFF, Gerd: „Kriminalitätsgeschichte im deutschen Sprachraum. Zum Profil eines verspäteten Forschungszweiges“, in: Andreas Blauert et. al. (Hrsg.): *Kriminalitätsgeschichte: Beiträge zur Sozial- und Kulturgeschichte der Vormoderne* (= Konflikte und Kultur-Historische Perspektiven, Band 1) Konstanz 2000, S. 21-67, hier: S. 29.

118 SCHWERHOFF 2000, S. 27.

Wüst und Michael Müller editierten Sammelband wieder in den Fokus der historischen Forschung gerückt wurde.[119]

Die Studien, welche sich speziell mit Nürnberg befassen, sind wesentlich älterer Provenienz. Richtungsweisend waren hier die beiden Studien von Hermann Knapp. Während er in ersterer den genauen Ablauf des Rechtsverfahrens und dessen Entwicklungsetappen, von der Einführung der Tortur bis zur Etablierung der *Carolina* beleuchtet, galt in seiner zweiten Studie, in welcher er nach Formen des Verbrechens und der Strafe forschte, sein Augenmerk der Strafrechtswirklichkeit.[120]

Neben theoretisch-methodischen Impulsen sind es vor allem Tatsachenberichte, die sich weitgehend aus Polizei- und Gerichtsakten sowie aus zeitgenössischen Berichten speisen, auf welche sich die erste Welle kriminalitätshistorischer Forschung in den 1990er Jahren bezog. Die Entstehung der schriftlich fixierten Gerichtsakten ist eng geknüpft an die Etablierung des Inquisitionsprozesses ab dem 13. Jahrhundert, denn erst die Zielsetzung einer materiellen Wahrheit durch eine obrigkeitliche Verbrecherverfolgung führte zur Notwendigkeit der Veränderung im Prozessverfahren. Dominierten zuvor „Mündlichkeit" und „Öffentlichkeit"[121] als Prozessmaximen, so wurden im Zuge der Inquisition systematische Ermittlungsverfahren mit spezialisierten Beamten, Richtern, strukturierten Zeugenbefragungen und Verhöre (bei denen zum Teil gefoltert wurde) sowie deren Verschriftlichung eingesetzt. Bereits im Mittelalter entstanden in Nürnberg mit den

---

119 Vgl. HÄRTER, Karl: „Die Reichskreise als transterritoriale Ordnungs- und Rechtsräume: Ordnungsnormen, Sicherheitspolitik und Strafverfolgung", in: Wüst, Wolfgang/Müller, Michael (Hrsg.): *Reichskreise und Regionen im frühmodernen Europa – Horizonte und Grenzen im spatial turn. Tagung bei der Akademie des Bistums Mainz, Erbacher Hof, 3. - 5. September 2010* (= Mainzer Studien zur Neueren Geschichte, Band 29) Frankfurt am Main 2011, S. 211-249.

120 Vgl. KNAPP, Hermann: „Das alte Nürnberger Kriminalrecht bis zur Einführung der Karolina. Nach Ratsurkunden erläutert", in: *Zeitschrift für die gesamte Strafrechtswissenschaft* 12 (1892), S. 200-276, 473-552; KNAPP, Hermann: *Das Alte Nürnberger Kriminalrecht. Nach Rats-Urkunden erläutert*. Berlin 1896.

121 Vgl. WESENER, Gunter: „Prozessmaximen", in: Erler, Adalbert/Kaufmann, Ekkehard (Hrsg.): *Handwörterbuch der deutschen Rechtsgeschichte*. 5 Bände. Berlin 1971-1998, hier: Band 4, S. 55-62.

sogenannten Achtbücher oder Proskriptionslisten, auf welche man Verdächtige, die man vor Gericht geladen hatte und die trotzdem nicht erschienen waren, schrieb.[122]
Wurden die genannte Quellengattung der Gerichtsakten anfänglich eher gering geschätzt, so erlebten sie nach und nach eine gewisse Konjunktur.[123] Dies erklärt sich daraus, dass sie fungieren nicht nur als wertvolle Quellen der gängigen Prozess- und Strafpraxis fungieren, sondern gleichzeitig Aufschluss über Beziehungsgeflechte, Migrationsbewegungen und Arbeitsverhältnisse der Angeklagten geben.[124] Zudem kommt ihnen aufgrund der Beschreibung spezifischer Kleidung, Kultur und dialektaler Färbung der Verdächtigten sowie den Zeugenaussagen und Verhörprotokollen das besonders wertvolle Etikett des „Ego-Dokuments" zu; diese Wortneuschöpfung begründet Winfried Schulze mit der Tatsache, dass durch gerichtliche Aussagen und Verhöre im Strafverfolgungsprozess, nicht nur gewöhnliche Autobiographien entstehen, sondern unfreiwillig wertvolle Selbstzeugnisse.[125]
Somit stellen solche Gerichts- und Verhörprotokolle auch eine unerlässliche Quelle für die Analyse der Strafverfolgung der fränkischen Reichsritterschaft Sugenheim, sowie der Reichsstadt Nürnberg dar. Neben solchen Auflistungen von Verbrecherverfolgung in Gerichts- und Amtsbücher stellen für Nürnberg auch die Ratsverlässe, proto-

[122] Deren Einträge lassen sich wiederum differenzieren in die Acht, welche flüchtige Angeklagte betraf, die Stadtverweisung sowie die Haftuhrfehde; ein Schwur, der von freigelassenen Gefangene geleistet wird. Vgl. hierzu SCHWERHOFF 1999, S. 28-30.

[123] Vgl. u..a SCHEUTZ, Martin: „Gerichtsakten", in: Pauer, Josef/Scheutz, Martin/ Winkelbauer, Thomas (Hrsg.): *Quellenkunde der Habsburgermonarchie (16.-18. Jahrhundert). Ein exemplarisches Handbuch.* Wien/München 2004, S. 561-571.

[124] Vgl. SIMON-MUSCHEID, Katharina/SIMON, Christian (1996): „Zur Lektüre von Gerichtsquellen: Fiktionale Realität oder Alltag in Gerichtsquellen", in: Rippmann, Dorothea/Simon-Muscheid, Katharina/Simon, Christian (Hrsg.): *Arbeit, Liebe, Streit. Texte zur Geschichte des Geschlechterverhältnisses und des Alltags. 15.-18. Jahrhundert.* Liestal, S. 17-39; hier: S. 27-35.

[125] Vgl. SCHULZE, Winfried (Hrsg.): *Ego-Dokumente. Annäherungen an den Menschen in der Geschichte* (= Selbstzeugnisse der Neuzeit. Quellen und Darstellungen zur Sozial- und Erfahrungsgeschichte, Band 2). Berlin 1996.

kollartige Aufzeichnungen der Ratssitzungen samt den verordneten Erlässen, wichtige Zeugnisse dar, denn auch sie spiegeln den Strafvollzug in der ehemaligen Reichsstadt wider. Dazu kommen städtische Malefizbücher sowie die halbamtlichen Darstellungen des Meisters Franz, einem Henker aus Nürnberg.[126] Ebenso sind die Gauner- und Diebslisten von Bedeutung. Dies sind Steckbriefsammlungen, die Aufschluss über Registrierung, Identifizierung und Fahndung geben und sich insbesondere für die Untersuchung der Strafverfolgung im fränkischen Reichskreis als unverzichtbar erweisen, da deren Verteilung auch Aufschluss über supraterritoriale Zusammenarbeit und Migrationsbewegungen geben kann.

Man findet derartige Zusammenstellungen zwar bereits im Mittelalter,[127] sie setzen sich als gedruckte Quellen aber vor allem im 17. und 18. Jahrhundert durch. Eine der umfangreichsten Sammlungen solcher Steckbriefe wurde für den Raum Südwestdeutschland durch die Historiker Andreas Blauert und Eva Wiebel besorgt. Insgesamt 13.000 Personenbeschreibungen, die in über 100 Listen zwischen 1692 und 1812 gesammelt wurden, fanden dabei Eingang in ihr Werk.[128]

Solche Quellen sind zweifelsohne ein Gravitationszentrum der Erforschung frühneuzeitlicher Kriminalität, aber das Spektrum der Quellen für die vorliegende Arbeit ist damit noch nicht erschöpft. Zwar war es ein Hauptanliegen der historischen Kriminalitätsforschung die konkrete Strafverfolgungs- und Verbrechenspraxis gegenüber den theoretischen Normen und Regelungen aufzuwerten, jedoch wäre gemäß der sogenannten Etikettierungstheorie (*labeling-approach*

---

[126] Vgl. SCHMIDT, Franz (Hrsg.): *Das Tagebuch des Meister Franz. Scharfrichter zu Nürnberg* (Nachdruck der Buchausgabe von 1801. Kommentar von Jürgen Carl Jacobs und Heinz Rölleke). Dortmund 1980.

[127] Vgl. u.a. GROEBNER, Valentin: *Der Schein der Person. Steckbrief. Ausweis und Kontrolle im Mittelalter*. München 2004.

[128] BLAUERT, Andreas/WIEBEL, Eva (Hrsg.): *Gauner- und Diebslisten. Registrieren, Identifizieren und Fahnden im 18. Jahrhundert. Mit einem Repertorium gedruckter südwestdeutscher, schweizerischer und österreichischer Listen sowie einem Faksimile der Schäffer'schen oder Sulzer Liste von 1784* (= Studien zur Policey und Policeywissenschaft). Frankfurt am Main 2001.

*theory*) ein solcher Praxisbezug nicht möglich, da Verbrechen und deren Bestrafung nicht ohne die zugehörigen Normen, Regeln und Patente zu verstehen ist.

> „[Laut dem Gründer jenes *approach* schaffen] gesellschaftliche Gruppen abweichendes Verhalten dadurch […], dass sie Regeln aufstellen, deren Verletzung abweichendes Verhalten konstituiert, und dass sie diese Regeln auf bestimmte Menschen anwenden, die sie zu Außenseitern abstempeln. Von diesem Standpunkt aus ist abweichendes Verhalten keine Qualität der Handlung, die eine Person begeht, sondern vielmehr eine Konsequenz der Anwendung von Regeln durch andere und der Sanktionen gegenüber einem ‚Missetäter'."[129]

So stellen auch theoretische Konstrukte, deren konkrete Implementierung oftmals offen bleibt, wie beispielsweise polizeiliche Mandate und Ordnungen, obrigkeitliche Edikte und Mandate, generelle Rechtstexte und Strafgesetze sowie juristische Abhandlungen, Prozessordnungen und vor allem die für den Reichskreis zentralen Poenal-Patente eine grundlegende Quelle für die Erforschung der Kriminalität dar. Das riesige Quellenkorpus der Policeyordnungen ist dabei in den letzten Jahren intensiv von der Forschung bearbeitet und neu aufgezeichnet worden. Insbesondere für die vorderen Reichskreise wurden durch Wolfgang Wüst mit seiner Reihe „Die ‚gute' Policey im Reichskreis" entscheidende Impulse gesetzt und damit eine Aufwertung der Betrachtung frühneuzeitlicher Normensetzung erreicht, die uns letztlich über strafrechtliche Verstöße aufklärt und Einblicke in Verfahren und Maßnahmen gegen Vagabunden und Gauner geben kann.[130]

---

[129] BECKER, Howard Saul: *Außenseiter. Zur Soziologie abweichenden Verhaltens.* Frankfurt am Main 1981, S. 8.

[130] Vgl. WÜST, Wolfgang (Hrsg. ): *Die „gute" Policey im Reichskreis. Zur frühmodernen Normensetzung in den Kernregionen des Alten Reiches.* 5 Bände. Berlin 2001-2011.

## 3.3 Verfolgung von Räubern und Gaunern in den Reichskreisen mit spezifischem Blick auf den Raum Franken

### 3.3.1 Aktuelle Forschungstendenzen: Aufwertungen der Reichskreise

Mit der Aufwertung des Alten Reichs in den letzten Jahrzehnten ging auch ein historischer Perspektivenwechsel bezüglich der Reichskreise und deren Bedeutung für das Reich einher. Als Pionier jener Neubewertung kann der Historiker Winfried Dotzauer gelten, der mit seiner Darstellung der deutschen Reichskreise großen Einfluss für die weitere Forschung brachte, so dass in den letzten Jahren nicht nur eine Karte der Reichskreise in den Weltatlas von Friedrich Putzger[131] aufgenommen wurde, sondern auch im „Gebhardt – Handbuch der Deutschen Geschichte" eine komplett neue Sichtweise auf das Reich nach 1648 zu Tage tritt;[132] die Reichskreise verabschieden sich damit aus der scheinbaren Vergessenheit und werden durchweg positiv bewertet.

Vorformen der Reichskreise existierten bereits im Hochmittelalter; man versuchte hier die Schwäche und Unzulänglichkeit der königlichen Gewalt hinsichtlich des Landfriedensschutzes durch die Einteilung des Gesamtreichs in kleinere Partien zu kompensieren.[133]

Hauptzweck jener Kreise war dabei seit jeher die Realisierung der Beschlüsse des Reichstags durch die einzelnen Kreise, die Vollstreckung der Urteile des Reichskammergerichts sowie die Wahl der Beisitzer, die Erhaltung und ggf. Durchsetzung des Reichs- bzw. Landfriedens sowie die Münzaufsicht. So führte man auch im

[131] Vgl. PUTZGER, Friedrich Wilhelm/BRUCKMÜLLER, Ernst: *Historischer Weltatlas*. 103. Auflage. Berlin 2002, S. 114.

[132] Vgl. BURKHARDT, Johannes: *Vollendung und Neuorientierung des frühmodernen Reichs 1648-1763* (= Gebhardt. Handbuch der deutschen Geschichte, Band 11). 10. Auflage. Stuttgart 2006.

[133] Vgl. DOTZAUER, Winfried. *Die Deutschen Reichskreise (1383-1806): Geschichte und Aktenedition*, Stuttgart 1998, S. 23.

Westfälischen Frieden von 1648 die Redintegration der einzelnen Kreise als eine Notwendigkeit auf, da dies zur Wahrung des öffentlichen Friedens beitragen sollte. [134] Dabei ist stets zu berücksichtigen, dass die verschiedenen Reichskreise sehr unterschiedliche Ausprägungen annahmen: [135] Die Kreise Österreich und Burgund konnten kein Eigengewicht entwickeln[136] und der Ober- und Niedersächsische Kreis war bereits um 1680 weitgehend erloschen,[137] doch vor allem der Fränkische Kreis – neben dem Schwäbischen – expandierte und wuchs im 18. Jahrhundert über „die Stellung eines provinzähnlichen Teils des Reichs“[138] weit hinaus.

Es kamen neue Aufgaben in den Domänen Wirtschaft, Militär-, Steuer- und Policeywesen hinzu und so konnten sich letztlich sechs Kreise, die im Süden und Westen des Reichs gelegen waren, zu festen Instanzen und Grundpfeilern für die Maschinerie „Reich“ behaupten. [139] Der fränkische Reichskreis – auf dem hier der Hauptfokus liegen soll –

---

[134] „Ut etiam pax publica tanto melius conservari possit redintegrentur circuli, et statim ac undecumque turbarum vel mortuum aliqua initia apparent, observentur ea quae in constitutionibus imperii de pacis publicae executione et conservatione disposita sunt.“ Instrumenta Pacis Westphalicae (IPO), Art. XVII, § 8, zitiert nach DOTZAUER 1989, S. 33; vgl. auch DOTZAUER 1998, S. 67.

[135] Die im Jahre 1500 unter Maximilian I. institutionalisierten 6 Reichskreise wurde 1512 auf 10 erweitert und waren bis 1806 konstitutive Einheiten des Heiligen Römischen Reiches Deutscher Nation: Österreichischer Kreis, Burgundischer Kreis, Kurrheinischer Kreis, Fränkischer Kreis, Bayerischer Kreis, Schwäbischer Kreis, Oberrheinischer Kreis, Niederrheinisch-Westfälischer Kreis, Obersächsischer Kreis, Niedersächsische Kreis. Nicht Teil dieser Kreisordnung waren Böhmen, Mähren, Schlesien, die Lausitzer Gebiete sowie die Reichsritterschaften (vgl. PUTZGER 2002, S. 114).

[136] Vgl. DOTZAUER, Winfried: *Die deutschen Reichskreise in der Verfassung des alten Reiches und ihr Eigenleben (1500-1806)*. Darmstadt 1989, S. 47-54, 58-65.

[137] DOTZAUER 1989, S. 105-130, 305-314.

[138] SICKEN, Bernhard: „Der Fränkische Kreis im Zeitalter der Aufklärung – Institution des Reichs oder staatenbündischer Zusammenschluß?“, in: Hartmann, Peter Claus (Hrsg.): *Regionen in der Frühen Neuzeit. Reichskreise im deutschen Raum, Provinzen in Frankreich, Regionen unter polnischer Oberhoheit. Ein Vergleich ihrer Strukturen, Funktionen und ihrer Bedeutung* (= Zeitschrift für historische Forschung, Beiheft 17). Berlin 1994, S. 41-77, hier: S. 62.

[139] Vgl. SICKEN 1994, S. 62f.; HELLER 2011, S. 114.

etablierte sich zu einer der zentralen Institutionen der Reichsexekutive.[140]

### 3.3.2 Der fränkische Reichskreis

Der fränkische Reichskreis war ein Konglomerat aus einer Vielzahl an Territorien, die alles andere als homogen waren. Er umfasste die weltlichen Fürstentümer Brandenburg-Ansbach, Brandenburg-Bayreuth, die geistlichen Fürstentümer Eichstätt, Würzburg, Bamberg und den Deutschen Orden, die Teilungslande der Henneberger, Schleusingen, Römhild und Schmalkalden, Löwenstein-Wertheim und Hohenlohe-Waldenheim sowie die Graf- und Herrschaften Hohenlohe-Neuenstein, Wertheim, Castell, Rieneck und – neben weiteren kleineren Ständen des Reichs – die Städte Nürnberg, Rothenburg, Wertheim, Schweinfurt und Weißenburg. Damit entsprach der Kreis ungefähr den drei heutigen Regierungsbezirken Ober-, Unter- und Mittelfranken ohne die Region um Aschaffenburg und den Großteil des Spessarts; jedoch war das Gebiet bei weitem kein *territorium clausum*[141] und mit zahlreichen unterschiedlich großen und auch sonst sehr heterogenen

---

140 Vgl. SCHMID, Alois: „Der fränkische Reichskreis. Grundzüge seiner Geschichte – Struktur – Aspekte seiner Tätigkeit“ in: Wüst, Wolfgang (Hrsg.): *Reichskreis und Territorium: Die Herrschaft über die Herrschaft? Supraterritoriale Tendenzen in Politik, Wirtschaft und Gesellschaft. Ein Vergleich süddeutscher Reichskreise* (= Augsburger Beitrage zur Landesgeschichte Bayerisch Schwabens, Band 7). Stuttgart 2000, S. 235-250.

141 SICKEN 1994, S. 61-63. Eine äußerst ausführliche Darstellung der Topographie Frankens mitsamt zahlreicher Städte und anderer Einrichtungen bietet BUNDSCHUH, Johann Kaspar: *Geographisches Statistisch-Topographisches Lexikon von Franken oder vollständige alphabetische Beschreibung aller im ganzen Fränkischen Kreis liegenden Städte, Klöster, Schlösser, Dörfer, Flekken, Höfe, Berge, Thäler, Flüsse, Seen, merkwürdiger Gegenden u.s.w.: mit genauer Anzeige von deren Ursprung, ehemaligen und jezigen Besizern, Lage, Anzahl und Nahrung der Einwohner, Manufakturen, Fabriken, Viehstand, merkwürdigen Gebäuden, neuen Anstalten, vornehmsten Merkwürdigkeiten* [et]c. [et]c.; Ulm 1799 (online: http://www.mdz-nbn-resolving.de/urn/resolver.pl?urn=urn:nbn:de:bvb:12-bsb10721956-9, letzter Zugriff am 30.06.2013).

Reichsritterschaften durchsetzt.[142] Jeder Stand verfügte dabei über eine Stimme auf den Reichskreistagen, die im fränkischen Raum zwischen 1517 und 1791 regelmäßig stattfanden.[143]

### 3.3.3 Strafverfolgung im fränkischen Reichskreis

#### 3.3.3.1 Ordnungs- und Vagantengesetzgebung als Mittel der Kriminalitätsbekämpfung

Mit Blick auf die zentrale Stellung des Konzepts der „Sozialdisziplinierung“ in der Frühen Neuzeit kann der Einfluss der sogenannten „guten Policey“ kaum überschätzt werden. Normativ wurde jene zumeist mit den Policeyordnungen[144] in eine konkrete Form der Ordnungsgesetzgebung bzw. Strafjustiz umgesetzt. Im Hinblick auf die von der obersten Instanz geforderte „Sozialdisziplinierung“ wurden die Reichskreise damit zu einem der wichtigsten Instrumente für deren Durchsetzung, da sie sich zu rechtlichen „Zwischenräumen“[145] im sehr diffusen und äußerst komplexen Rechtsraum entwickeln konnten. Ein Problem, das nicht zu leugnen ist, ist die Tatsache, dass die Reichskreise keine einheitliche Verfassung und keine allgemein gültigen Normen für die politische Ordnung generell kannten; man berief sich nicht nur auf Anweisungen und Reichsgesetze von „Oben“, sondern auch auf althergebrachte Gewohnheiten und Traditionsbestände. Die Reichskreise – insbesondere der fränkische Kreis – entwickelten sich damit zu staatsähnlichen, transterritorialen Ordnungs- und Rechtsräumen, die nicht nur der übergeordneten Instanz „Reich“, sondern auch den lokalen Akteuren und den einzelnen Kreisständen

---

[142] Siehe hierzu: HOFMANN, Hanns Hubert: *Historischer Atlas von Bayern. Mittel- und Oberfranken am Ende des Alten Reichs* (1792). München 1954a.

[143] Vgl. SCHMID 2000, S. 240f.

[144] Diese Policeyordnungen beschäftigen sich neben der Bekämpfung von Vagantentum, Räuber- und Bettelwesen vor allem mit Religionsangelegenheiten, Ehe und Familie, Sexualität, Vergnügungen, Erziehungswesen und Kultur.

[145] HÄRTER 2011, S. 212.

eine kompromissfähige und effektive Sicherheitspolitik boten. So treten die Gesetzgebungsaktivitäten der Reichsstände fast gleichzeitig mit der der Kreise auf; wobei die Kreise meist früher agierten; sodass Härter der „Kreisgesetzgebung einen katalytischen Effekt auf die Normsetzungen der Landesherrschaften“[146] zuschreibt; zugleich beeinflusste aber auch die Gesetzgebung der lokalen Akteure die Kreisgesetzgebung und so kann – zumindest hinsichtlich der Vagantengesetzgebung – von einem reziproken Prozess zwischen Kreis und Partikulargewalten gesprochen werden.[147]

Die Bedeutung des fränkischen Kreises für die Sicherheitspolitik des Reichs soll im Folgenden vor allen Dingen im Hinblick auf die strafrechtliche Verfolgung untersucht werden. DAS Postulat „Sozialdisziplinierung“ findet hier vor allem im Feld der oben genannten „guten Policey“ ihren Niederschlag. Vor dem Hintergrund der Strafverfolgung rücken damit generelle strafrechtliche Normen, Policey- und Ordnungsgesetzgebung und deren Umsetzung sowie Exekutionsorgane im Bereich der Strafverfolgungsmaßnahmen gegen Gauner, Räuber und Vaganten in den Fokus der Betrachtung.

Bereits von Zeitgenossen wurde den Reichskreisen das Etikett „Rechts- und Ordnungsraum“ verliehen und eine transterritoriale Gesetzgebungskompetenz zugebilligt; so sah man in ihrer Verantwortlichkeit für die Durchsetzung der „guten Policey“ die Basis für deren Existenz als eigenen Rechtsraum: „woraus folget/daß die Creyse in Policey wie in andern Dingen/Gesetze zu geben/berechtigt sind; Daher häuffige Policey-Gesetze zu finden/die diesselben aus eigener Bewegniß gemachet haben.“[148]

---

[146] HÄRTER, Karl: „Reichskreise als transterritoriale Ordnung und Rechtsräume: Ordnungsnormen, Sicherheitspolitik und Strafverfolgung,“ in: Wüst, Wolfgang/ Müller, Michael (Hrsg.): *Reichskreise und Regionen im frühmodernen Europa – Horizonte und Grenzen im spatial turn. Tagung bei der Akademie des Bistums Mainz, Erbacher Hof, 3. - 5. September 2010* (= Mainzer Studien zur Neueren Geschichte, Band 29). Frankfurt am Main 2011, S. 211-250, hier: S. 223.

[147] Vgl. HÄRTER 2011, S. 212, 223.

[148] GÜNDERRODE, Johann Maximilian von: *Gründliche Untersuchung von dem Ursprung/Fortgang und heutigem Zustand des Teutschen Creyß-Wesens. Wobey*

Übernahm man im Fränkischen schon im 16. Jahrhundert zentrale Bestimmungen der Reichsexekutionsordnung von 1555, in welcher die Erhaltung des ewigen Landfriedens, das Fehdeverbot sowie die Verfolgung umherziehender Söldner, die als Gartknechte bezeichnet wurden – in der Policeyordnung des Reichskreises von 1572 ist zu lesen, dass den „gartierenden vnd vmbstreunenden landsknechten, vnd anderm herrenlos gesind, das gartiern in dem gantzen kraiß“[149] verboten ist –, so erfuhr die obrigkeitliche Bekämpfung der Landfahrer durch die Reichskreise insbesondere im 18. Jahrhundert noch einen Aufwärtstrend. Dieser gibt indirekt Auskunft über den Anstieg der Kriminalität, die Sicherheitsproblematik und den daraus resultierenden Handlungsbedarf.

Schon gegen Ende des 17. Jahrhunderts wurden dabei – im Dienste der *securitas publicae* – zunehmend spezifischere Einzelgesetze, die man als Patente, Mandate, Verordnungen oder Edikte bezeichnete, von den zentralen Reichskreisen erlassen. Die Kreistage wurden damit zu einem zentralen Forum politischer Kooperation.[150] Meist wurden hier Themen wie Migration, Seuchen und mobile Randgruppen, wie Vaganten und Räuberbanden, behandelt. Von den Einzelständen, die bereits im Vorhinein über aktuelle Sicherheitsprobleme kommunizierten, initiiert, kam es auf der Ebene des gesamten Reichkreises auf der Kreisversammlung zu konkreten Vorschlägen einer Normgebung. [151]

Zwar kam es auf den Kreistagen oder Versammlungen der einzelnen Stände des Fränkischen Reichskreises oft nicht zum inhaltlichen Konsens und bestimmte Themen wurden daher verschleppt, jedoch war man sich hinsichtlich der Verfolgung von Straftätern meist einig.

*von denen Creyß-Tägen u. den Haupt-Materien/die auf denselben pfelgen vorzukommen, ausführlich gehandelt wird.* Gießen/Frankfurt am Main 1738, S. 268, 232f.

149 WÜST, Wolfgang: *Die „gute Policey“ im Reichskreis. Zur frühmodernen Normensetzung in den Kernregionen des Alten Reiches.* Band 2: Der Fränkische Reichskreis. Berlin 2003, S. 838.

150 Eine Übersicht über die Kreisversammlungen des Fränkischen Kreises bietet DOTZAUER 1989, S. 347-351.

151 Vgl. HÄRTER 2011, S. 218.

Wollte man nämlich effizient und rasch gegen etwaige Landfriedensbrecher und Störenfriede vorgehen, war es – aufgrund der rechtlichen und territorialen Zersplitterung des fränkischen Raums – unumgänglich die Bedrohung der öffentlichen Sicherheit in Zusammenarbeit anzugehen. Auf dem Gebiet der Gefahrenbekämpfung kooperierte man daher äußerst schnell und effektiv; was auch auf eine größere Regelmäßigkeit der Zusammenkünfte und auf eine höhere Verständigungsbereitschaft zurückzuführen ist.[152]
Diese überterritoriale Zusammenarbeit, vornehmlich in der Domäne der Bestimmungen gegen Dieb- und Raubgesindel, nimmt vor allem in den letzten Jahrzehnten des 18. Jahrhunderts zu, sodass man hier fast von einer „korporativen Staatlichkeit“[153] sprechen kann. So verweist Sicken auch auf den sprachlichen Niederschlag dieses überregionalen, staatenbündischen, kooperativen Moments und den Zusammenhalt der Fränkischen Stände und Fürsten untereinander:

> „Formulierungen wie ‚Kreispatent‘ oder ‚Kreisverordnung‘, die unzweideutig die Verbindlichkeit für die ‚fränkischen Kreislande‘ betonen, verweisen auf die Ausbildung überterritorialer Gemeinsamkeiten, die sprachlich insbesondere in der Abgrenzung gegenüber Dritten faßbar wurden.“[154]

Was die Kreisgesetzgebung anging, so orientierte man sich oftmals an der Instanz „Reich“ und legitimierte die Existenz bestimmter Paragraphen indem man sich beispielsweise auf die reichsgültige „Peinliche Halsgerichtsordnung“ oder verschiedene Reichspoliceyordnungen des 16. Jahrhunderts berief.[155] Die Idee „Reich“ hatte hier insofern also noch wenig an Strahlkraft verloren und so schien die Homogenisierung des Rechtsraums ein Trend der Zeit zu sein. Denn auch die äußerlich unabhängigen Reichsritterschaften übernahmen – wenn auch nur nach

---

[152] Vgl. SICKEN 1994, S. 64f.; HÄRTER 2011, S. 218.
[153] Vgl. HOFMANN, Hanns Hubert: „Reichsidee und Staatspolitik. Die vorderen Reichskreise im 18. Jahrhundert“, in: *Zeitschrift für bayerische Landesgeschichte* 33 (1970), S. 969-989, hier: S. 982.
[154] SICKEN 1994, S. 76.
[155] HÄRTER 2011, S. 220.

ordentlicher Prüfung und eigenem Beschluss – große Teile der Bestimmungen aus den Kreismandaten.
Den oben angeführten Aufwärtstrend in der Gesetzgebung der Kreise in der Mitte des 17. Jahrhunderts bezeugen die Ausführungen des schwäbischen Beamten Schöll, der sich bezüglich der Erlasse gegen kriminelle Landstreicher, folgendermaßen äußerte: „Manche Zeitperioden waren daran so fruchtbar, daß beynahe kein Jahr verging, wo nicht eines oder mehrere erschienen.“ [156]
Die Auswertung der Grafik von Karl Härter (vgl. Anhang, Abbildung 2) zeigt dabei, dass auch für den fränkischen Raum eine Zunahme der Vagantengesetzgebung der Reichsstädte, Territorien und Reichskreise,[157] die um 1640 einsetzt und um 1720 ihren Höhepunkt erreicht, zu finden ist.
Eine Vielzahl der Erlasse, obrigkeitlichen Mandate und Normen der Reichskreise gegen Vaganten- und Gaunertum, die zu einem großen Teil auch in die spezifischen Mandate der Einzelstände integriert wurden, waren immer wieder erneuert und häufig verschärft worden. Die Normgesetzgebung der Reichskreise setzte dabei zunächst im Schwäbischen Reichskreis, der in dieser Domäne als Pionier gilt, ein und führte dann zum Erlass und der Verschärfung diverser Policeyordnungen in weiteren Reichskreisen. Inhalt dieser Ordnungen, die zur öffentlichen Sicherheit beitragen sollten, bildeten hauptsächlich Beschreibungen über die Vorgehensweise gegen ortsfremde Bettler, die

---

[156] PFISTER 1812, Nachtrag, S. 73-74.

[157] Wolfgang Wüst illustriert die wichtige Funktion der Reichskreise im Hinblick auf die moderne Staatsbildung. So stellen diese supraterritorialen Konstrukte gleichermaßen eine Schnittstelle zwischen dem Reich und seinen Einzelgliedern dar, da sie – entgegen zahlreicher Forschermeinungen, die das Alte Reich als wackeliges Konstrukt sehen – stets regionale, aber auch reichskonforme Aspekte beachten (vgl. WÜST, Wolfgang: „Entscheidungsnot und Konsenssuche – zur Arbeit frühmoderner Kreiskonvente in Schwaben, Franken und Bayern“, in: Wüst, Wolfgang/Müller, Michael (Hrsg.): *Reichskreise und Regionen im frühmodernen Europa- Horizonte und Grenzen im spatial turn. Tagung bei der Akademie des Bistums Mainz, Erbacher Hof, 3. - 5. September 2010* (= Mainzer Studien zur Neueren Geschichte, Band 29). Frankfurt am Main: 2011, S. 319-340, hier: S. 319-325).

keinen Pass besaßen. Wobei es grundsätzliche regionale Unterschiede gab: In Franken wurden die Verbrechen weit weniger geahndet als beispielsweise in Kurbayern oder im schwäbischen Raum. Als regionales fränkisches Fallbeispiel lässt sich die Ordnung des Fränkischen Reichskreis‘ von 1572 anführen:

> „Des loeblichen Frenckischen Reichskraiß verainte vnd verglichne Policeyordnung etlicher Puncten vnd Artickeln welche weilund hochloeblichster gedechtnuß vnd die jetzig Roem. Kay. May. vnsere aller genedigste Herren auff etlichen zu Augspurg vnd andern orten gehaltnen Reichstagen einem jeden Stand vñ Glied des Roemischen Reichs in seinen Oberkaiten vnd Gepieten des vnd anderswegen fuersehung zuthon vnd darueber zu halten ernstlich befolhen haben. Abgehandelt zu Nuermberg den 12. Maij Anno 72.“[158]

Der 11. Punkt jener Ordnung behandelt das Problem der „Gartierende landtsknecht vnd herreloß gesind belangend“. Auch hier durchzieht sich ein generell diskriminierender Grundtenor, der von einer eher diffusen Vorstellung von Vagabunden ausgeht, die zugleich als Kriminelle gesehen werden; Maßnahmen richteten sich damit nicht nur gegen Vagabunden, die tatsächlich einer kriminelle Tat überführt wurden, sondern gegen die Schicht der Fahrenden im Allgemeinen; im genannten Punkt wird daher schon das herumstreifende Leben auf den fränkischen Landstraßen untersagt. Um jenen Erlass auch in die Realität umsetzen zu können, sollten die Edikte und Mandate vor allem an den fränkischen Grenzen verteilt werden.[159]

Diese territorienübergreifenden Maßnahmen innerhalb des fränkischen Kreises sah man in dieser Region „mit seiner verschachtelten Territorienwelt“[160] als notwendig an; bereits im zehnten Paragraph der behandelten Ordnung werden sie angesprochen:

---

[158] WÜST 2003, S. 827.
[159] Vgl. KÜTHER 1976, S. 125.
[160] SCHUBERT 1990, S. 285.

> „Derowegen soll ein jeder stand dises kraiß hinfüro, in seinen obrigkaiten vnd gepieten diese erkündigung, durch derer geordnete befelchhabere, fürnemen lassen.“[161]

In der Zeit ab 1680 kam es außerdem zu weiteren Verfeinerungen und Anpassung der allgemeinen Normen. So differenzierte man beispielsweise die verfolgte Gruppe, die Delikte, die Sicherheitsmaßnahmen, die Sanktionen und auch weitere Mittel zur Durchsetzung der Normen weiter aus. Der Dreißigjährige Krieg dürfte hier keine unwesentliche Rolle gespielt haben, da sich neben der Ausdifferenzierung auch eine Verschiebung der Legitimation der Gesetze gegen die Landstreicher finden läßt.

Es geht nun um den Schutz und die Sicherheit der Untertanen und deren Eigentum, das man wohl durch die immer größer werdende Zahl von Migranten und gesellschaftlichen Randgruppen bedroht sah. Auch der fränkische Kreis veränderte und differenzierte seine Gesetzgebung und nahm die Vaganten als stärkere Bedrohung für die öffentlich Sicherheit, das Eigentum der Untertanen, aber auch für ökonomische Tätigkeiten, wie den Handel, wahr: Man sah die „Unsicherheit der Strassen, auch Zerütt- und Hinderung der Commercien“[162] bedroht. Dazu kam ein aufkommendes Gefühl einer räumlichen Inklusion bzw. einer Exklusion der Kreisfremden; man sprach beispielsweise von den Zugehörigen des Kreises als „einheimische Unterthaanen und in Fränkischen Landen geboren“[163], führte den Zwang einen gültigen Pass mit sich zu führen ein und grenzte sich damit explizit von herrenlosem

---

161 WÜST 2003, S. 837.

162 „Des Hochlöblichen Fränckischen Cräyses Ergangenes Edict vom 25.4/16.5.1699. Die Bardbrüder/Zügeuner und ander Herren-loses Gesindel betreffend (Signatum Nürnberg bey annoch versammelten allgemeinen Fränckischen Craiß-Convent)“, in: LEUCHT, Christian Leonhard (Hrsg.): *Europäische Staats-Cantzley*. Band 4 (1700), S. 263-226.

163 „Des Löblichen Fränkischen Kreyses verneuert- und geschärfftes Poenal-Patent, wider Das Diebs- Rauberisch- Zigeuner- Jaunerisch- Herren-loses und anderes Bettel-Gesindt: Anno 1732, vom 15.5.1732“, in: LEUCHT, Christian Leonhard (Hrsg.): *Europäische Staats-Cantzley*. Band 60 (1732), S. 664; Patent des Fränkischen Kreises vom 4.5.1711 [Nürnberg 1711].

Gesindeln und anderern Umherziehenden, die kreisfremd waren, ab.[164] Daher folgte man der generellen Tendenz einer ständigen „Schärfung" der Drohungen und Maßnahmen gegen das umherstreifende Gesindel. Neben einer sehr kurzfristig bemessenen Abzugsfrist, die zumeist mit Brandmarkung verbunden war, erweiterte ein Kreismandat von 1702 (12, VI) die Bestrafung dahingehend, als dass den „Tätern" bei erneutem Betreten Frankens „mit Staupbesen oder anderen Leibs- und Lebensstrafen" angedroht wurde. Das am 15. Dezember 1710 erschienene Poenal-Patent des Fränkischen Kreises legte dann eine Frist von einem Monat fest; so lange hatte der ertappte Vagant Zeit, das Gebiet zu verlassen. Ging er jenen Forderungen nicht nach, konnte er „ohne ferneren Prozeß" aufgehängt werden. Drei Jahre später verschärfte man jene Bestimmung, indem man die Abzugsfrist auf nur acht Tage herabsetzte.[165]

Dass die Stände vor einer solch rapiden und scharfen Veränderung in der Strafverfolgung zurückschreckten, zeigen Defizite in der tatsächlichen Umsetzung auf. So taucht in einem Nebenartikel der Bamberger Publikation von 1710, 15. XII. eine Einschränkung auf: Jedem, der bezeugen konnte, nichts von dem Edikt gewusst zu haben, blieb die Todesstrafe erspart. Unwissenheit schützte also hier vor der Strafe. Eine Bestimmung, die durchaus auf die mangelnde Durchsetzbarkeit und die Ohnmacht der Gesetzgeber verwies.[166]

#### 3.3.3.2 Supraterritoriale Zusammenarbeit: Kommunikation zwischen den Kreisen

Der mangelnden Durchsetzung sollte durch eine solidarische Bestimmung der vier vorderen Reichskreise entgegengewirkt werden, die sich darüber im Klaren waren, dass bei der Verfolgung der Räuber und Vaganten in der Vergangenheit nicht der nötige „rigor der

[164] HÄRTER 2011, S. 221-226.
[165] Vgl. SCHUBERT 1990, S. 286.
[166] Vgl. SCHUBERT 1990, S. 287.

Straffen“ angewendet worden war.[167] In den Vagantengesetzgebungen der wichtigsten Kreise lassen sich bereits dieselben grundsätzlichen Normen finden, doch sollte eine gemeinsame Kreisassoziation eine weitere Ausweitung des Handlungsfeldes bewirken.[168] So erging 1714 ein gemeinsamer Beschluss der vorderen Reichskreise, der die Vorgehensweise gegen Zigeuner, Bettler und herrenloses Gesindel behandelte, wodurch das überregionale Moment des Vagierens deutlich wird.[169] Auch hier waren die Drohungen scharf und entsprachen in keinster Weise unserem modernen Verständnis von gerechter, humaner und angemessener Strafe. Man beschloss hier, „daß alle ergriffene Zigeuner und Jauner ohne einige Gnad und Nachsehen, sine strepitu Judicii und ohne einigen weiteren Proceß, bloß umb ihres verspotteten Lebenswandels und bezeigten Ungehorsambs halber mit dem Schwert [...] hingerichtet“ werden sollten. Kinder unter 18 Jahren sowie Frauen sollen „mit Ruten ausgehauen, gebrandmarkt und des Landes auf ewig verwiesen oder in die Zucht- und Arbeitshäuser auf ewig verbannt werden.“[170]

Im Hinblick auf die eher undurchsichtigen Raumstrukturen des Alten Reichs, erhielten die vorderen Reichskreise eine zentrale Rolle bezüglich der Bekämpfung des Vagantentums, da sie als grenzübergreifende Systeme eine „Ordnungs- und Sicherheitspolitik ermöglichten.“[171]

Jene qualitative und quantitative Veränderung bezüglich der Erlasse zur Bekämpfung von fahrendem Volk und Bettlern, zeigt das starke staatliche Interesse an jenem Thema. Daher ist auch hier die Frage der tatsächlichen Wirksamkeit und Durchführung zentral.

---

167 Vgl. SCHUBERT 1990, S. 287.

168 Vgl. HÄRTER 2011, S. 221.

169 Eine solche supraterritoriale Zusammenarbeit und Kommunikation zwischen den einzelnen Reichskreisen wurde bereits von der Reichsexekutionsordnung des Jahres 1555 vorgesehen (vgl. HELLER 2011, S. 431).

170 SCHUBERT 1990, S. 288.

171 HÄRTER 2011, S. 212; vgl. SCHUBERT 1990, S. 284- 286; HÄRTER 2011, S. 211-230.

### 3.3.3.3 Durchsetzung und Kontrolle – Konkrete Anwendung sicherheitspolitischer Maßnahmen im Reichskreis: Generalstreifen, Kreismilitär, Warntafeln, Diebslisten, Brandmarkung und Passzwang

#### 3.3.3.3.1 Normative Konzepte und deren Realisierung

Die Existenz von Gesetzen, normativen Konzepten und Richtlinien wirft gleichzeitig die Frage nach deren Realisierung auf, so dass die gegenwärtige Forschung analysiert, ob und inwieweit die obrigkeitliche Normgesetzgebung, insbesondere der Erlass von Policeyordnungen, einen grundlegenden Wandel in der Mentalitätsgeschichte von der Frühen Neuzeit bis heute eingeleitet hat, oder diesen zumindest beschleunigte.[172] Den genannten Wandel analysierten Norbert Elias und Max Weber bereits zu Beginn des 20. Jahrhunderts. Während letzterer die Veränderung der Geisteshaltung, nämlich eine wachsende „Rationalisierung" menschlicher Verhaltensweisen, auf die protestantische Ethik zurückführt, [173] hält Elias den Einfluss der Religion für unerheblich. Ihm zufolge habe eine Zunahme der Kontrolle des

[172] Vgl. hier u.a. SCHMIDT, Heinrich Richard: „Die Christianisierung des Sozialverhaltens als permanente Reformation. Aus der Praxis reformierter Sittengerichte während der frühen Neuzeit", in: Blickle, Peter/Kunisch, Johannes (Hrsg.): *Kommunalisierung und Christianisierung. Voraussetzungen und Folgen der Reformation 1400-1600*. Berlin 1989, S. 113-153; hier: S. 133-117 sowie die Forschungsübersicht bei ROECK, Bernd: *Lebenswelt und Kultur des Bürgertums in der frühen Neuzeit* (= Enzyklopädie Deutscher Geschichte). München 1989, S. 101-106.

[173] Vgl. WEBER, Max: *Die protestantische Ethik und der Geist des Kapitalismus* (hrsg. von Johannes Winckelmann) (= Die protestantische Ethik, Band 1). 5. Auflage. Gütersloh 1979 [Original: 1905], S. 139f.

menschlichen Affekts, als Prozess der Zivilisation, [174] zu dieser veränderten Verhaltensweise geführt.[175]
All jene Erklärungen soziokultureller und mentalitätsgeschichtlicher Entwicklungen vereinnahmen Stichworte wie soziale Kontrolle, Zivilisation, Rationalisierung oder Sozialdisziplinierung und scheinen – laut Schmidt – in den letzten Jahren „Konjunktur“[176] zu haben.
Die vorliegende Arbeit, die sich im Wesentlichen auf die Poenal-Patente der Reichskreise stützt, lässt keine eindeutigen Ergebnisse bezüglich obrigkeitlicher, also reichskreislicher Patente und deren Auswirkungen auf die Mentalität sowie Verhaltensweisen der Menschen zu, da eine solche generelle Veränderung der sozialen Moral- und Mentalitätsstruktur die Auswertung „massenhafter, serieller Quellen, die über einen möglichst langen Zeitraum strukturell vergleichbar bleiben“ [177] bedürfte. Insbesondere vor dem Hintergrund der großen Heterogenität der Poenal-Patente, deren Struktur sich im Zeitablauf immer mehr veränderte, kann es nicht das Anliegen des vorliegenden Beitrags sein diesen Aspekt zu beleuchten. Vielmehr soll es hier um die tatsächlich ausgeführten Maßnahmen gegen Räuber, Vaganten und Gauner gehen; es ist also zu untersuchen, welche Umsetzung die sicherheitspolitischen Poenal-Patente des Fränkischen Kreises im Alltag des Reichskreislebens fanden.

#### 3.3.3.3.2 Streifen

Als erste konkrete Maßnahme gegen die Vaganten und zur Sicherung des Landfriedens dienten ab dem 17. Jahrhundert die sogenannten

---

[174] Vgl. ELIAS, Norbert: *Über den Prozess der Zivilisation. Soziogenetische und psychogenetische Untersuchungen.* Band 2: Wandlungen der Gesellschaft: Entwurf zu einer Theorie der Zivilisation. 17. Auflage. Frankfurt am Main 1992, S. 312-318.

[175] Durch jenen Prozess der immer größer werdenden Affektkontrolle wäre es dazu gekommen, dass Formen öffentlicher Verrichtungen des Menschen „hinter die Kulisse des gesellschaftlichen Lebens verdrängt und mit Schamgefühlen belegt“ worden seien (ELIAS 1992, Band 2, S. 312).

[176] SCHMIDT 1989, S. 114.

[177] ROECK 1989, S. 106.

Streifen gegen das fahrende Volk. Auch hier befand man grenzüberschreitende Maßnahmen als eine Notwendigkeit in der Bekämpfung des herumziehenden kriminellen Volks und hielt diese Ansicht in den jeweiligen Patenten fest. Bei den Streifen zur Erfassung von Dieben und Vaganten befürchtete man stets eine Verletzung der Immunität des jeweiligen Territoriums; wurde nämlich von einer Herrschaft ein Hoheitsrecht durchgesetzt, konnte das – zu einem späteren Zeitpunkt – juristische Konsequenzen haben. Daher unterstreicht die Fränkische Kreisversammlung von 1713, dass es erforderlich sei, den „öfters zu befahren habenden Jurisdictions-Collisionen durch welche der täglichen Erfahrnus nach viel heilsame Schlüsse und anstalten unvollzogen verbleiben und ins Stecken gerathen“ entgegenzuwirken. Daher sollen Patrouillen und grenzüberschreitenden Streifen durchgeführt werden, „ohne daß es jemanden zum Praejudiz, Praerogativ oder Vortheil in Gerechtsamen wie die Nahmen haben können weder für jetzo weder fürs künfftig gereichen oder allegirt werden möge.“[178]
Rekrutiert wurden die Verfolger aus Gemeindemitgliedern, sogenannten „Ausschüssern“ und dem Militär.[179] Zunächst wurden nur einzelne Partikularstreifen,[180] die sich auf ein bestimmtes Territorium konzentrierten oder höchstens noch ein Nachbarterritorium betrafen, durchgeführt. Erst mit der intensiver werdenden Vagantengesetzgebung erkannte man schließlich die Ineffizienz der bisherigen partikularen Streifen, da Vaganten, die die Flucht in ein angrenzendes Territorium

[178] „Patent des Fränkischen Kreises vom 15.9.1713“, in: LEUCHT, Christian Leonhart (Hrsg.): *Europäische Staats-Cantzley*, Band 22 (1714), S. 331-436.

[179] Eine Aufwertung der Kreisarmeen erfolgte durch PLASSMAN, Max: „‚Buntscheckigkeit‘ als historiographische Kategorie: Kreistruppen in der Beurteilung der Nachwelt“, in: Wüst, Wolfgang/Müller, Michael (Hrsg.): *Reichskreise und Regionen im frühmodernen Europa – Horizonte und Grenzen im spatial turn.* Frankfurt am Main 2011, S. 369-382. Jener sieht das bisherige Etikett der Ineffizienz der Kreistruppen als Konsequenz eines fehlerhaften Vergleichsmaßstabs und betont zugleich die nicht nur militärgeschichtliche Qualität der Kreistruppen.

[180] Diese wurden bereits seit dem Reichsabschied von 1566 zur Wahrung des allgemeinen Landfriedens vorgesehen.

ergriffen hatten, nicht verfolgt werden durften. Daher wurden in den 1690er Jahren sogenannte Generalstreifen angeordnet, die in allen Territorien simultan erfolgen sollten. Die Koordination dieser Generalstreifen innerhalb der Kreise erfolgte durch den jeweiligen Reichskreis, auch wenn diese – von einigen Ausnahmen abgesehen[181] – keine zentralen, eigenständigen Exekutionsbehörden besaßen. So ordnete der Fränkische Reichskreis im Jahr 1699 eine „General-Streiff auf einmahl in allen Fränkischen Herrschaften und Aemtern" gegen herrenloses Gesindel an.[182] Zur Verständigung über die einzelnen Territorien hinaus wurden also auch hier überterritoriale Patrouillen und Streifen, die für Sicherheit auf den Wegen und Straßen zu sorgen hatten, angeordnet, deren Durchführung auf den Kreiskonventen behandelt wurde.

Wege zur Bekämpfung des umherstreuenden Gauner- und Räubergesindels waren dort ein Dauerthema; so äußerten sich die verschiedenen Stände 1775 in einem Propendum bezüglich der Ausrottung des Streunergesindels – ein Beispiel von vielen. Die Würzburger Seite bewertet dabei die bereits 1770 angeordneten Generalstreifen als ein adäquates Mittel zur Erhaltung der Sicherheit; die ständigen Patrouillen durch das Korps der Husaren sein „ein ganz angemessenes Mittel", freilich nur, wenn diese „mit der nöthigen behutsamkeit veranstaltet"[183] werden.

Weniger positiv gegenüber jener Maßnahme zeigt sich Brandenburg-Ansbach: Die Generalstreifen seien „mehr kostbar als nützlich und öfters gar vergeblich", zumals das umherstreunde Gesindel „von dem

---

[181] Härter nennt hier den Kreisleutnant im Ober- und Kurrheinische Kreis, die Kreismilizen und das Kreismilitär sowie die Zuchthäuser Ravensburg und Buchloe im Schwäbischen Reichskreis (vgl. HÄRTER 2011, S. 230).

[182] „Edikt des Fränkischen Kreises vom 25.4/16.5.1699", in: LEUCHT, Christian Leonhart (Hrsg.): *Europäische Staats-Cantzley*, Band 4 (1700), S. 265.

[183] StA Bamberg, GAB Kreisakten Nr. 3256 (Das Zigeunerproblem im Fränkischen Kreis): „Vota ad Propendum VIImum die ausrottung des Raubers und Diebs gesindel betr." vom 12.6.1775, zitiert nach HELLER 2011, S. 426.

veranstalteten Streif voraus Wind bekommt, und bey zeiten sich aus dem Staube machet."[184]

Die Grafschaft Castell sieht einige Defizite in der bisherigen Vorgehensweise und pocht auf Verbesserungen; sie würde es bejahen „wann dieses böse Gesindel durch öfters wechselweises unvermuthetetes Streifen in einen ganzen District des Landes ohne Rücksicht der Herrschaften, doch ihren Lands Gerechtsamen unabbrüchig, [...] aufgetrieben, und ihre Versammlungs-Orte durch öftere und schnelle Visitirung verdächtigen Ortschaften und Herbergen ausfindig gemacht, [...] werden könnten."[185]

Auch auf Bamberger Seite ist man eher kritisch und stellt fest, dass die tatsächliche Realisierung der an den Kreiskonventen angeordneten Streifen äußerst fehlerhaft ist. Dies sei der Grund weshalb „das gemein gefährliche HandWerk der Diebs- und Räuber-Pursche[n] bis zur Verunsicherung der offenen Strassen und so gar in Absicht auf Postwägen, und felleisen-Reuter getrieben wird." Einzig und allein geheime Generalstreifen seien ein adäquates Mittel zur Kriminalitätsbekämpfung im Fränkischen. Um solche allgemeinen Streifen durchführen zu können, soll das Gebiet dreigeteilt werden; zur sogenannten „Obern Seite" gehören Bayreuth und Bamberg, sowie „die fordern Henneberg. hhl. Stände, als Meinigen, und Coburg wegen Römhild, Hildburghaußen wegen Behrungen, Weimar wegen KaltenNordheim und Thurnau.", zur „mitlern Seite" zählten Würzburg, Erbach, Schwarzenberg, Castell, Limpburg-Speckfeld, der Deutsche Orden, Wertheim, Windsheim und Schweinfurt. Die „untere Seite" setzte sich zusammen aus Eichstätt, Ansbach, Ellingen, Nürnberg, Rothenburg, Weißenburg, die Häuser Hohenlohe-Waldenburg und Neuenstein und Limpurg-Gaildorf.

---

[184] StA Bamberg, GAB Kreisakten Nr. 3256 (Das Zigeunerproblem im Fränkischen Kreis): „Vota ad Propendum VIImum die ausrottung des Raubers und Diebs gesindel betr." vom 12.6.1775, zitiert nach HELLER 2011, S. 427.

[185] StA Bamberg, GAB Kreisakten Nr. 3256 (Das Zigeunerproblem im Fränkischen Kreis): „Vota ad Propendum VIImum die ausrottung des Raubers und Diebs gesindel betr." vom 12.6.1775, zitiert nach HELLER 2011, S. 427.

Dieser Trend zur Einteilung der Gebiete in verschiedene „Seiten“, um so angeordnete Streifen besser durchführen zu können, zeigt die generelle Tendez der Systematisierung der Strafverfolgung auf. Davon zeugt auch die Absicht einer systematischen Verfolgung durch Kooperation; Ansbach, Würzburg und Bamberg sollten nämlich „vor allem mit einander in Benehmung tretten, und sich in der geheimen Bestimmung eines gewisen Tags zum allgemeinen Streif vereinbaren.“[186] Auf diese Art und Weise entwickelte sich nach und nach ein polizeiähnliches Sicherheitssystem und es wurden Streifen aus aktuellen Anlässen initiiert; permanente Patrouillen und Streifen, die sich teilweise aus der Kreismiliz, den Kreisleutnants, den Husarenverbänden oder dem Kreismilitär zusammensetzten, sowie gemischte Streifen, deren Mitglieder sich aus verschiedenen Truppen des Kreismilitärs oder der Stände zusammensetzten, die zum Teil durch kleinere Verbände der Untertanenschaft wie Landmiliz oder Centmannschaften erweitert wurden. So konnten sich auch eine Vielzahl an verschiedenen räumlichen Streifen herauskristallisieren: Viele territoriale Streifen, die parallel abliefen und auf einen Kreisstand begrenzt blieben sowie koordinierte Generalstreifen auf dem gesamten Reichskreisgebiet, für die man dienstpflichtige Untertanen und Militär diverser Kreisstände einzog.[187]

Das überregionale Moment innerhalb des fränkischen Territorialgebiets wird erweitert durch die supraterritoriale Kooperation mit den anderen Reichskreisen, da viele Aufgaben des Reichskreises wie Seuchenprophylaxe, Bestimmungen über Gifthandel, Ausfuhrbeschränkungen, aber freilich auch die Vagantenbekämpfung von einem einzelnen Reichskreis nur äußerst ineffektiv behandelt hätte werden können.[188] Dies wird deutlich, wenn im Jahr 1720 der Fränkische Reichskreis dem Schwäbischen Kreis sowie der Regierung der Oberpfalz von Streifen

---

[186] StA Bamberg, GAB Kreisakten Nr. 3256 (Das Zigeunerproblem im Fränkischen Kreis): „Vota ad Propendum VIImum die ausrottung des Raubers und Diebs gesindel betr.“ vom 12.6.1775, zitiert nach HELLER 2011, S. 428.

[187] Vgl. HÄRTER 2011, S. 234.

[188] Vgl. SICKEN 1994, S. 71.

auf Vaganten, Bettlergesindel und Räuberbanden berichtet. Sieben Jahre später erhält der Schwäbische Reichskreis eine Liste über eine Bande vom Fränkischen Kreis, die vor allem in der Oberpfalz ihr Unwesen treibt.[189] Dieser rege Kontakt zwischen den Kreisen schien sich immer mehr zu verdichten, da man in der Einsetzung regulärer, grenzüberschreitender Streifzüge ein offensives Mittel gegen Räuberbanden sah, das einerseits abschreckend wirken sollte und andererseits zugleich die Macht der Obrigkeit demonstrieren sollte. So bat der Oberrheinische Kreis den Fränkischen Kreis im Jahr 1773 um freie, wechselseitige Streifzüge und um die mögliche Nacheile der Verfolgten über die jeweiligen Reichskreisgrenzen hinaus; bisherige Maßnahmen zwischen dem Kur-Schwäbischen und Oberrheinischen Kreis hätten nämlich wenig gebracht, da sich die gesuchte Räuberbande vor allem im fränkischen Raum aufhielte.[190]

Jedoch konnten solche Streifendienste durch Untertanen und Kreismilitär nicht immer effizient zur Wahrung des Landfriedens eingesetzt werden; vielerorts betrachtete man nämlich die Militarisierung des Streifenwesens mit Argwohn und es kam zu Jurisdiktionskonflikten. Auch die Zeitpunkte der Durchführung solcher Streifzüge konnten nicht immer geheim bleiben, was dazu führen musste, dass jene oft ineffizient waren.[191] Und so blieben solche Maßnahmen „schwierige, aufwendige und konfliktbehaftete Unternehmungen, die immer wieder konzentriert und organisiert werden mussten, aber zu keiner nachhaltigen Institutionalisierung oder stetigen Kontrolle des Kreisraums führten.“[192] Demnach waren konkrete Erfolge solcher Streifen im fränkischen Reichskreis beispielsweise im zu Ansbach gehörenden Amt Uffenheim zu beobachten. Hier fasste man im Jahr

---

[189] Vgl. FRITZ, Gerhard: *Räuberbanden und Polizeistreifen: Der Kampf zwischen Kriminalität und Staatsgewalt im Südwesten des Alten Reichs zwischen 1648 und 1806* (= Historegio, Band 5). Remshalden 2003, S. 98.

[190] StA Bamberg, GAB, Kreisakten Nr. 3256 (Das Zigeunerproblem im Fränkischen Kreis): „Copia Schreibens ad Conventum von dem hochlöbl. Oberrhein. Craiß d.d. 8. Nov. 1773), nach HELLER 2011, S. 432.

[191] Vgl. HÄRTER 2011, S. 236; HELLER 2011, S. 423.

[192] HÄRTER 2011, S. 238.

1750 immerhin 19 Vaganten, von denen die 5, die als arbeitstauglich erschienen, Straßenarbeiten verrichten mussten; die 10 übrigen wurden des Landes verwiesen.[193]

#### 3.3.3.3.3 Zigeunerstöcke

Aufgrund des weit verbreiteten Analphabetismus weiter Teile der damaligen Bevölkerung, wurden auch sogenannte „Zigeunerstöcke“, d.h. mit Staubbesen, Schanzkarren und Galgen bemalte Blechschilder, die als Warntafeln oder -stöcke für Landstreicher, Räuber und Zigeuner gelten sollten, zur Abschreckung in Grenzgebieten oder an Ortseingängen postiert. Auf diese waren die jeweiligen Strafen und Androhungen der Obrigkeit – wie z.B. ein gehenkter, mit Ruten ausgestrichener Mann – abgebildet. In Franken war vorgesehen, jene Warnschilder an allen Grenzen anzubringen. Als besonderes Mittel zur Abschreckung sollten dort auch Galgen dienen, die dem umherziehenden fremden Vaganten und Bettler, der sich in den Grenzgebieten aufhielt, verdeutlichte, dass „er sich in dem Fränkischen Creyss nicht mehr betretten lassen – sondern widirgenfalls den Strang [...] zu gearten haben solle.“[194] In der Umsetzung gestaltete sich dies – aufgrund der Vielzahl von Grenzen und der Rechtsuneinigkeit zwischen den Territorien – allerdings als äußerst schwierig. So ließ das Kriegsamt der Stadt Nürnberg zu Beginn des 18. Jahrhunderts alle Säulen und Stöcke zu einem Mandat des Fränkischen Reichskreises in Tennenlohe, Uttenreuth und Poxdorf niederhauen, um dort eigene Säulen, bezüglich desselben Mandats anzubringen. Die abschreckende Wirkung, die im Übrigen schwer messbar ist, sowie deren rigide Durchsetzung bleibt daher zu bezweifeln.[195]

---

193 Vgl. SCHUBERT 1990, S. 307.

194 „Patent des Fränkischen Kreises vom 15.9.1713“, in: LEUCHT, Christian Leonhart (Hrsg.): *Europäische Staats-Cantzley*. Band 22 (1714), S. 331-436.

195 Vgl. SCHUBERT 1990, S. 285-286, 316-317; HÄRTER 2011, S. 229-241; HELLER 2011, S. 423-431.

#### 3.3.3.3.4 Passzwang, Diebslisten und Steckbriefe sowie Brandmarkung als weitere Maßnahmen gegen herrenloses Gesindel

Wesentliche Impulse für das moderne System von Pässen und Personalausweisung gehen von dem in zahlreichen Mandaten der Frühen Neuzeit geforderten Passzwang aus. Personalkontrollen mit Angaben zu Geburtsort, Staatszugehörigkeit und Personalbeschreibungen, an Stadttoren und in Grenzgebieten waren nun auch für das fahrende Volk an der Tagesordnung; wer sich nicht ausweisen konnte, wurde strafrechtlich verfolgt. Das Passwesen schien bei der Verbrecher- und Gaunerverfolgung von zentraler Bedeutung zu sein.[196]
So lag auch Schwerpunkt vieler Kreiskonvente auf dieser Thematik; wie beispielsweise auf dem Schluss des Fränkischen Reichskonvents von 1783. Die Passvergabe an unbekannte Untertanen oder auch Hintersassen, die im Besitz eines Attestes einer Obrigkeit waren oder denen ein Dienstherr ein beglaubigtes Zeugnis ausgestellt hatte, wurde hier erleichtert. Fremden Vagabunden aber auch Durchreisenden stellte man keinen Pass aus.[197] Jedoch war in der damaligen Zeit, in der kein Pass holographische Elemente oder sonstige Sicherheitsmaßnahmen besaß, sondern lediglich ein Papier mit irgendeinem Siegel war (nur dies war eine Art Echtheitsnachweis), die Fälschung solcher Dokumente an der Tagesordnung und das Erstellen falscher Pässe, sogenannter „linker Flebben“, kristallisierte sich zu einem der Haupttätigkeitsgebiete der Banden. Die wichtigsten und größten Banden – darunter die fränkisch-schwäbische Hochstaplerbande, die ab dem Jahr 1727 verfolgt wurde – besaßen sogar ihre persönlichen Buchdrucker; diese stellten ihnen ohne Weiteres Taufscheine, Eheurkunden und

---

196 Jedoch betont Schubert, dass die vorgeschriebenen Personalkontrollen für die Ausbildung unseres modernen Passwesens äußerst zentral waren, allerdings seien sie „in ihrer unmittelbaren Zielsetzung gegen das fahrende Volk“ (SCHUBERT 1990, S. 313) wenig erfolgreich.

197 StA Bamberg, GAB, Kreisakten Nr. 3256 (Das Zigeunerproblem im Fränkischen Kreis): „Copia Craiß-Conclusi de dato et dict. 7.n Febr. 1783“, nach HELLER 2011, S. 430.

freilich auch falsche Pässe, die zum Teil ehrliche Abschiede enthielten, aus. Aber auch das Fehlen eines gültigen Passes war für die gewitzten Zeitgenossen wenig problematisch: So schlich man sich einfach durch Wälder oder über Nebenwege in ein bestimmtes Gebiet oder man bestach einfach die Wachen an den Stadttoren.[198]
Als weitere Strafbestimmungen mit stigmatisierender Wirkung galten die Steckbriefe und Diebs- oder Gaunerlisten,[199] die bereits im 17. Jahrhundert gedruckt wurden, um flüchtige Gauner zu fassen. Solche Listen bezweckten aber nicht nur die konkrete Personenfahndung, sondern auch die generelle Kontrolle sozialer Gruppen, die sich langfristig in bestimmten Territorien aufhielten. In den Steckbriefen der Listen wurden die sogenannten „lands-verderblichen" Diebe bezüglich ihrer äußeren Erscheinung, dialektaler bzw. allgemeiner sprachlicher Eigenheiten [200] beschrieben sowie auch der konkrete Tathergang geschildert. Aus dem Markgrafentum Ansbach ist dabei eine Diebsliste aus dem Jahr 1714 überliefert, die fast vierzig vagierende Gauner im Raum um Rothenburg, Ansbach und Hohenlohe beschreibt. Im zeitlichen Verlauf ist hierbei eine zunehmende Tendenz zur Präzision zu beobachten. Waren es anfangs lediglich die Spitznamen, die man aufführte, wurden die Deskriptionen immer systematischer und detailreicher.[201] Die Qualität der Steckbriefbeschreibungen nahm stetig zu, auch aufgrund eines größeren Detailreichtums bzgl. der Charakteristika von Personen. Neben Angaben zu Familienstand, Heimatort, Beruf, Bewaffnung und Bekleidung, finden in erster Linie äußere Kennzeichen, wie Bärte, Narben, Haare, Statur, Gesichtsform und die Farbe des Teints Eingang in die steckbriefliche Charakterisierung. Aber auch besondere Beschreibungen von Uniformen, ländlicher Tracht und Dialekteigenheiten wurden aufgeführt.

---

[198] Vgl. SCHUBERT 1990, S. 313-315.

[199] Eine ausführliche Darstellung über jene Listen liefern BLAUERT/WIEBEL 2001.

[200] So wird in beispielsweise in einem Steckbrief die besonders langsame Sprechweise eines flüchtigen Pfarrers hervorgehoben (vgl. SCHUBERT 1990, S. 321).

[201] Carsten Küther nennt die sogenannten Sulzer Listen, die hier als Paradigmen gelten können (vgl. KÜTHER 1976, S. 137).

Im Jahr 1770 publizierte man eine Liste, die die Mitglieder einer Bande beschrieb, die in Eltmann im Raum Würzburg, ihr Unwesen trieb: Sie setzten sich zusammen aus Sachsen, Böhmen und Oberpfälzern; diese hätten sich in Franken einquartiert und nun begonnen „in vertheilten Haufen und unter einem Anwachs eigener Landesuntertanen ihre Diebs-Streiche aller Orten schädlich zu verbreiten.“ Im genannten würzburgischen Eltmann hatte man ein Dutzend Diebe jener Bande gefasst; dazu kamen drei weitere Mitglieder, die man im Amt Thiersheim, das zu Bayreuth gehörte, verhaftete. Fast 150 Diebstähle, die in über 80 Ortschaften begangen worden waren, konnte man diesen Bandenmitgliedern nachweisen. Auf der Diebsliste, von welcher man 100 Exemplare von Ansbach nach Bayreuth schickte, befand sich auch „der dicke Vetter, ein beruechtigter alter Dieb“; dieser hatte all seine Söhne ins Gaunertum eingeführt. Weitere Ermittlungen gegen jene Bande deckten Personen mit Namen wie der „Hundschlagers Fuchs“, der „schwarze Joerg“ oder „der Schulmeister Hansel“[202] auf.[203]
Entgegen der Behauptung Küthers, dass die Strafverfolgung in der frühen Neuzeit auf „territorialer Eigenbrötelei“[204] basiere, steht die Tatsache, dass die Verbreitung der Steckbriefe über die gesuchten Gauner sowie das Setzen auf Gaunerlisten überterritorial, also reichskreisübergreifend erfolgte. Dies kann einerseits als Zeugnis der großen Mobilität der kriminellen Vagantenschicht gelten und zeigt zugleich die kollaborative Tätigkeit der Territorien auf. So liegt aus dem Jahr 1724 ein Steckbrief eines Martin Fabian aus Franken vor; jener wird in Schwaben folgendermaßen charakterisiert:

> „[…] mit spitzen, bändern etc. herumgehender crämer, so sich aber auch als schneider ausgiebet. […] Dieser ist ein arger rauber und dieb, und in

---

[202] StA Bamberg, GAB, Kreisakten, Nr. 3256 (das Zigeunerproblem im Fränkischen Kreis): „Verzeichnus deren bey der Fuerstlch. Wuerzb. Eltmaenner privativen- dann gemeinschaftl. Hohenaycher Cent inhaftirten beruchtigen Diebs-Purschen“ vom 2.12.1770, nach HELLER 2011, S. 415.

[203] Vgl. KÜTHER 1976, S. 137; SCHUBERT 1990, S. 321; HELLER 2011, S. 415-416.

[204] KÜTHER 1976, S. 138.

> verschiedenen rauber-listen, absonderlich in der letzten Oberpfältzischen gedruckten schon beschrieben."[205]

Eine Verschärfung erfuhr die Strafverfolgung in Form einer äußerlichen Stigmatisierung durch Brandmarkung der Gauner. Im 16. Jahrhundert war jede Landesausweisung stets mit einer Brandmarkung verbunden. Im Jahr 1720 veranlasste das Kreis-General-Patent die Maßnahme, dass jeder Räuber, Zigeuner oder Gauner die Buchstaben „FC", als Symbole für den „Fränckischen Crays" erhalten solle.[206] Zwar wurde diese auch später in den Poenal-Patenten immer wieder vorgeschrieben, doch letztlich wurden sie nur bei den gefürchtetsten Vaganten umgesetzt. Jene Kennzeichen, die Auskunft über die jeweilige Kreiszugehörigkeit geben, wurden dabei bei 377 Grad kreisrund und einige Zentimeter tief in den Körper der Kriminellen eingebrannt. Es handelte sich also um eine Art Auszug aus dem Strafregister auf dem eigenen Körper, das die jeweiligen Gauner auch nur bei der geringsten kriminellen Tat an den Galgen brachte. Als regionales Beispiel kann hier der sogenannte bayerische Adam dienen; diesem wurde in Schwaben als Kennzeichnung der Buchstaben B. für den Bayerischen Reichskreis verpasst; fortan, handelte es sich um den „Bayerischen Adam".[207] Die verbleibenden Narben auf dem Rücken

---

[205] Stadt AA, Zuchthaus Buchloe, Fasz. 4, Descriptio, Eintrag Nr. 31, zitiert nach WÜST, Wolfgang: „Grenzüberschreitende Landesfriedenspolitik: Maßnahmen gegen Bettler, Gauner und Vaganten", in: Wüst, Wolfgang (Hrsg.): *Reichskreis und Territorium: die Herrschaft über der Herrschaft? Supraterritoriale Tendenzen in Politik, Kultur, Wirtschaft und Gesellschaft. Ein Vergleich süddeutscher Reichskreise. Tagung der Schwäbischen Forschungsgemeinschaft und der Forschungsstelle Augsburg der Kommission für Bayerische Landesgeschichte in Kooperation mit dem Institut für Europäische Kulturgeschichte (Universität Augsburg) und dem Stadtarchiv Augsburg in Irsee vom 5. bis 7. März 1998* (= Veröffentlichungen der Schwäbischen Forschungsgemeinschaft bei der Kommission für Bayerische Landesgeschichte: Reihe 7. Augsburger Beiträge zur Landesgeschichte Bayerisch-Schwabens, Band 7) Stuttgart: Thorbecke 2000, S. 153-178, hier: S.173.

[206] DOTZAUER 1989, S. 169.

[207] Vgl. SCHUBERT 1990, S. 309.

oder im Gesicht machten für alle Gebrandmarkten eine Reintegration in ein normales, bürgerliches Leben unmöglich. Einmal mit dem Bild der Delinquenz, das – neben der Reichskreiszugehörigkeit – häufig auch durch andere Zeichen wie Galgen oder Rad symbolisiert wurde, versehen, drohte jenen Verbrechern bei Wiederholungstaten der sichere Tod. Nicht selten schnitten sich daher die Gebrandmarkten die entsprechenden Symbole selbst wieder heraus, da sie die zentimetertiefe Fleischwunde als erträglicher ansahen, als die ständige Angst hingerichtet zu werden.[208]

## 3.4 Sicherheitspolitik in den Reichsritterschaften am Beispiel Sugenheim

### 3.4.1 Zum Verhältnis von Reichskreis und Reichsritterschaft

Die Beschaffenheit der Sicherheitspolitik des frühneuzeitlichen Staates darf sich nicht auf die Reichskreise, die hier am Beispiel des Fränkischen Reichskreises exemplifiziert wurden, beschränken, sondern muss stets vor dem Hintergrund der territorialen Vielherrigkeit, die oftmals pejorativ als zerklüftete Vielstaaterei bezeichnet wird, betrachtet werden. So bildeten beispielsweise Besitzungen des freien Adels, die sogenannten Reichsritterschaften, einen zentralen Pfeiler des Staatkonzepts der Frühen Neuzeit. Jene waren zwar Kaiser und Reich unterstellt, besaßen aber dennoch keine Stimme im Reichstag. Oftmals erscheint die Strafverfolgung besonders erschwert und daher zugleich interessant, da hier vor allen Dingen im Reichskreis Franken jene adeligen Grundherren starken Einfluss auf die Landeshoheit ausübten, was auch Hanns Hubert Hofmann in seinen Studien feststellt:

> „Denn stärker, ausgeprägter als sonstwo in der Weite des Heiligen Römischen Reiches Deutscher Nation war der fränkische Raum eine Adelslandschaft […]. Unter dem mächtigen und keineswegs nur formell erstarrten Überbau

[208] Vgl. SCHUBERT 1990, S. 309; KÜTHER 1976, S. 128.

> des Reichs geboten die Landesherren in ihren Territorien. Sobald in diesen Territorien aber ein stärkerer adeliger Grundbesitz lag, war trotz aller absolutistischer Tendenz der Zeit der Landesherr letztlich doch immer an Rat und Willen dieses grundherrlichen Adels gebunden."[209]

Dieter Hellstern bezeichnet darüber hinaus die Korporation der Reichsritter als Parallelorganisation zu den jeweiligen Reichskreisen. Die Ritterschaft hätte parallele Maßnahmen und Aufgaben zu bewältigen und da sie nicht gewillt war sich den übergeordneten Reichskreisen anzuschließen, musste sie eine korporative Organisation bilden. Parallel zu den Kreiskonventen der vorderen Reichskreise etablierten sich hier sogenannte Plenarkonvente; jeder Reichsritter besaß eine Stimme und musste sich dem Mehrheitsbeschluss des Konvents beugen. Bestimmte Themen und Aufgabenbereiche, deren Ausführung den einzelnen Kantonen zukam, gleichen den Gebieten, denen sich auch der Reichskreis zuwendete. So standen auch hier Münzwesen sowie die Sicherung und der Schutz der öffentlichen Sicherheit ganz oben auf der der reichsritterlichen „To-do-Liste".[210]
Behindert also jene nach Souveränität trachtende, sehr heterogene territoriale Einheit die Strafverfolgung der übergeordneten Reichskreise mitsamt den dazugehörigen Ständen? Oder aber ist dort eine wirksame Bekämpfung profilierter Räuber- und Gaunerbanden zu beobachten, die sich durch eine rege Kooperation zwischen Reichsritterschaft und Reichskreis auszeichnet?
Der Fränkische Ritterkreis, der sich in die Kantone Steigerwald, Altmühl, Baunach, Odenwald, Gebirg und Rhön-Werra aufsplitterte, bestand aus über 700 Rittergütern, die im Besitz von rund 150

---

209 HOFMANN, Hanns Hubert: *Studien zur bayerischen Verfassungs- und Sozialgeschichte*. Band 2: Adelige Herrschaft und souveräner Staat: Studien zu Staat und Gesellschaft in Franken und Bayern im 18. und 19. Jahrhundert. München 1962, S. 47.

210 Vgl. HELLSTERN, Dieter: *Der Ritterkanton Neckar-Schwarzwald 1560-1805. Untersuchungen über die Korporationsverfassung, die Funktion des Ritterkantons und die Mitgliedsfamilien* (= Veröffentlichungen des Stadtarchivs Tübingen, Band 5). Tübingen 1971, S. 175f.

Geschlechtern waren.[211] Aufgrund ihrer Reichsfreiheit waren die Reichsritterschaften den restlichen Reichsständen quasi gleichgestellt – damit grenzten sie sich deutlich von den zahlreichen landsässigen Adeligen ab.[212] Oft erscheint aber gerade die Beziehung zwischen den Reichskreisen und den Reichsritterschaften gestört; auch wenn die Reichsritterschaft bei überterritorialen Aufgaben wie der Verfolgung von Gaunern und Räubern verpflichtet war, sich den Bestimmungen der Kreise zu beugen,[213] wehrte sie sich beispielsweise 1572 die Policeyordnung des Fränkischen Reichskreises zu übernehmen; und häufig kam es zwischen den einzelnen Kreisständen und den Ritterschaften zu Streitigkeiten um Hoheitsrechte.[214]

Der Fränkische Reichskreis brachte zwar, was die Beschlüsse anging, eine Folgepflicht der Reichsritterschaft hervor, doch lässt die rege Korrespondenz nicht etwa auf ein positives Verhältnis zwischen den Akteuren schließen, sondern vielmehr waren Klagen, Beschwerden und Anfragen prägend für den Briefwechsel.[215] Die diversen Reichsstände, ob für oder gegen eine Partizipation der Reichsritterschaft, betrachteten die Tatsache, dass dem Poenal-Patent des Kreisdirektoriums aus dem Jahr 1720, das die Vagantenbekämpfung betraf, ein eigener Briefkopf für die Reichsritterschaften beigefügt war, mit äußerstem Argwohn, da dies eine faktische Gleichstellung mit dem Reichskreis bedeutete.[216]

---

211 Vgl. STETTEN, Wolfgang von: *Die Rechtsstellung der unmittelbaren freien Reichsritterschaft, ihre Mediatisierung und ihre Stellung in den neuen Landen. Dargestellt am fränkischen Kanton Odenwald* (= Forschungen aus Württembergisch Franken, Band 8). Schwäbisch Hall 1973, S. 29.

212 Vgl. MÜLLER, Heinrich: *Der letzte Kampf der Reichsritterschaft um ihre Selbstständigkeit* (1790-1815) (= Historische Studien, Band 27). Berlin 1910, S. 15.

213 SICKEN, Bernhard: *Der fränkische Reichskreis. Seine Ämter und Einrichtungen im 18. Jahrhundert* (= Veröffentlichungen der Gesellschaft für fränkische Geschichte, Fotodruckreihe 1) Würzburg 1970, S. 100.

214 Vgl. ENDRES, Rudolf: „Wirtschafts- und sozialpolitische Ansätze im Fränkischen Reichskreis“, in: Wüst, Wolfgang (Hrsg.): *Reichskreis und Territorium: die Herrschaft über die Herrschaft? Supraterritoriale Tendenzen in Politik, Kultur, Wirtschaft und Gesellschaft: Ein Vergleich süddeutscher Reichskreise*. Stuttgart 2000, S. 279-296, hier: S. 280f.; SICKEN 1970, S. 100.

215 Vgl. SICKEN 1994, S. 71-72.

216 Vgl. SICKEN 1970, S. 102f.

Die reichsritterschaftliche Sonderstellung schien sich aber trotz des problematischen Verhältnisses zu den Reichskreisen, nicht negativ auf die Durchführung der Aufgaben der Kreise auszuwirken – zumal die Reichsritterschaft ja auch ähnliche Ziele besaß und dieselben Aufgaben zu erfüllen hatte – und freilich sind Generalisierungen, welche das Verhältnis zwischen Reichsritterschaft und Reichskreis betreffen, generell kritisch zu betrachten. Zu Beginn des 18. Jahrhunderts schien sich die Zusammenarbeit zunehmend zu verdichten – wenn vielleicht zunächst auch nur aus pragmatischen Gründen. So übernahmen im Jahr 1732 der Kanton Gebirg sowie der Kanton Steigerwald Beschlüsse des geschärften Poenal-Patents gegen Gauner und herumstreifendes Gesindel in ihre ritterschaftlichen Verordnungen. Der Ritterkanton Steigerwald bemühte sich hierbei nicht einmal um eine Veränderung der Titulatur und des Dokumentkopfs.
Dieses Beispiel zeigt, dass bezügliche der Kommunikation und Kooperation zwischen Reichsritterschaft und Reichskreis stets eine Fall-zu-Fall-Unterscheidung notwendig ist.

### 3.4.2 Der Prozeß „Schreiber" in der reichsritterschaftlichen Herrschaft Sugenheim: Grundzüge und Quellenlage

Nun soll anhand der reichsritterschaftlichen Herrschaft Sugenheim im Kanton Steigerwald und des Falles „Schreiber", der sich zu Beginn des 18. Jahrhunderts ereignete, die gesteigerte Effizienz der Strafverfolgung von Vaganten, die ja auch eines der Hauptziele des fränkischen Reichskreises darstellt, erörtert werden. Der Fokus soll auch hier auf einer möglicherweise vorhandenen überterritorialen Kooperation liegen, welche dem Argument der Isolierung, Eigenbrötelei und Sonderstellung der Reichsritterschaften, den Wind aus den Segeln nehmen könnte. Die Quellenlage bezüglich der Strafverfolgung von Kriminalfällen in der Herrschaft Sugenheim zeigt sich hier als besonders günstig und leicht zugänglich; im Staatsarchiv Nürnberg sind die Archivmaterialen der Familienstiftung der Grafen von Sugenheim aufbewahrt;

zu dem hier anvisierten Beispielfall findet man dort alle schriftlichen Aufzeichnungen quasi lückenlos.[217]

Im Jahre 1722 wurde hier dem Vaganten Johann Jacob Schreiber der Prozess gemacht und endete mit dessen Hinrichtung. Nach diversen Ermittlungen wird er schließlich im Dezember desselben Jahres verurteilt und stirbt den „Armen Sünder Tod", nachdem er knapp 50 Diebstähle, Ehebruch und vagabundenhafte Lebensweise gestanden hat.[218]

Das *curriculum vitae* des aus Mittelfranken stammenden Vaganten und Räubers Johann Jacob Schreibers kann außerdem als idealtypisches Vagantenleben aufgezeigt werden – ein regionales Beispiel von vielen. Sein Verhörprotokoll gibt dabei exemplarisch Auskunft über die Herkunft von Vaganten: Jener sei „von Dornheim gebürtig, halte sich bald da bald dorten auf und sey niehmals in keinem schutz gewesen […]." Bereits früh kam er zu einem Leben als Bettler und Vagant und sei dann „in seiner kindheit hinweg in das soldaten-leben gekommen."[219]

### 3.4.2.1 Die Ermittlungsarbeit gegen Schreiber

Das zuständige Hochgericht Sugenheim ermittelte mit Verhören, in denen man auch vor dem Foltern nicht zurückschreckte; zur Rekonstruktion der Wahrheit – Schreiber wurde der vagabundierenden Lebensweise und des Diebstahl bezichtigt – konfrontierte man den Angeklagten mit diversen Augenzeugen und stellte diverse Untersuchungen an dessen Leib an.[220] Aber auch zahlreiche Personen im Umkreis des Verdächtigen wurden befragt, weshalb man mit anderen Hochgerichten wie dem Amt Wässerdorf aus der Grafschaft Schwarzenberg oder dem Amt Einersheim aus der Herrschaft

[217] Vgl. HELLER 2004, S. 3f.

[218] Vgl. HELLER 2004, S. 3f., 59.

[219] StAN Rep. 320c, Nr. 596; Verhörprotokoll der Schwester aus Markt Einersheim vom 6.11.1722, zitiert nach HELLER 2004, S. 104-105.

[220] Vgl. HELLER 2004, S. 39.

Limpburg-Speckfeld zusammenarbeitete. Doch jener überterritoriale Austausch beschränkte sich nicht nur auf Hochgerichte; auch mit den Fraischämtern Uffenheim und Creglingen, zur Markgrafschaft Brandenburg-Ansbach gehörend, und mit der Herrschaft Frankenberg wurden wichtige Informationen rege ausgetauscht, bis Schreiber letztlich gestand.[221]

Mit der Anwendung der Folter folgte man den Bestimmungen der *Constitutio Criminalis Carolina* von 1532; dem Strafgesetzbuch Karls V., das auch als „Peinliche Halsgerichtsordnung“ bezeichnet wird. Fehlte es – wie im Fall Schreiber – an ausreichendem Beweismaterial, so erlaubte jene die sogenannte peinliche Befragung, um den Angeklagten zum Geständnis zu bringen; vorausgesetzt man hatte ausreichenden Tatverdacht. Falls also die kriminelle Tat „für bewisen angenommen oder bewisen erkannt würd“ sollte der Angeklagte – in diesem Fall Johann Jacob Schreiber – „erst fleissiglich zu rede gehalten werden“ und dabei auch „mit bedrohung der marter bespracht werden, ob er der beschuldigten missethat bekentlich sei oder nit.“[222]

Aus dem rechtlichen Gutachten des Juristen Johann Heinrich Rösslers, der die Foltertaktik im Fall Schreiber akribisch festhielt, geht hervor, dass man hier vier Stufen des Folterns vorsah. Anfangs wurde die mögliche Tortur nur angedeutet, indem man Johann Schreiber zur Folterleiter brachte, danach „entblößet, d. daum stock angelegt u. damit zugeschraubet, doch d. es dabeÿ verbleibet.“[223] Jedoch blieb Schreiber hier ungeständig und so kam es – nachdem er fünf Tage ins Gefängnis zurückgeworfen wurde, zu einer erneuten Tortur.[224] Diesmal wurden ihm „alß er dann nichts bekennen wollen, der daumenstock und

---

221 Vgl. hierzu HELLER 2004, S. 29.

222 Constitutio Criminalis Carolina (CCC), Art. 46, hier und im Folgenden nach der Ausgabe von RADBRUCH, Gustav (Hrsg.): *Die Peinliche Gerichtsordnung Kaiser Karls V. von 1532 (Carolina)*. 6. Auflage. Stuttgart: Reclam 1984.

223 Rechtliches Gutachten vom 24.8.1722 (Johann Heinrich Rössler), nach HELLER 2004, S. 44.

224 Vgl. StAN Rep. 320c, Nr. 632, Actum vom 31.8.1722, nach HELLER 2004, S. 45.

spanische stieffel angeleget und zugeschraubet, welche er ziemblich lang erduldet.“[225]
Nach und nach gestand er nun kleinere Einbrüche in Deutenheim, gab aber keine der weiteren Diebstähle zu, weshalb er angeklagt worden war. An den Folgetagen gestand Schreiber unter dem physischen und psychischen Druck weiterer Foltertaktiken, sowie unter Hinzuziehung des Scharfrichters, weitere Diebstähle. Als man ihn dann wenige Tage später erneut zur Tortur schickte und mit der Folter, die den Einsatz von Daumen- und Beinschreiben, Schnüren und auch das Strecken des Leibes mittels Bänken und Leitern vorsah,[226] bedrohte, brachte dies schließlich Schreibers volles Geständnis.[227]
So wurde er letztlich Anfang Dezember „wegen etlich und fünffzig Diebstähle[n], in Zeit von 1 ½ bis 2 Jahren und andere [n] himmelschreyenden[n] Sünden mehr“[228] zum Tode verurteilt. Zu dem gleichen Ergebnis kam auch die zuständige Juristenfakultät Altdorf, die man in dringenden Rechtsfragen zu Rate zog;[229] man war hier der Meinung, „daß der jinquisit Johann Jacob Schreiber, derer von ihme bishero begangenen, und bekennten diebstähle halben nunmhero verdienet, daß derselbe von dem nachrichter zur gewöhnlichen richtstatt geführte, und daselbsten durch den strang vom leben zum todt hingerichtet werde.“[230]
Man eruierte jedoch auch die Möglichkeit einer Begnadigung Schreibers und betonte, dass durch die Autorität der Landesherrschaft

---

[225] StAN Rep. 320c, Nr. 632, Verhörprotokoll vom Vormittag des 5.9. 1722, nach HELLER 2004, S. 45.
[226] DANKER 1988, S. 150f.
[227] HELLER 2004, S. 44-48.
[228] StAN Rep. 320c, Nr. 632, Urgicht, 1722, zitiert nach HELLER 2004, S. 59.
[229] Sich in strittigen Rechtsfragen an nahe gelegene juristische Fakultäten zu wenden, schien dabei ein Charakteristikum der Zeit gewesen zu sein: Viele Fürsten, Kollegien, Adels- und Stadtgerichte baten die Rechtsfakultäten um eine Belehrung; vgl. HAHN, Peter-Michael: *Die Gerichtspraxis der altständischen Gesellschaft im Zeitalter des „Absolutismus“. Die Gutachtertätigkeit der Helmstedter Juristenfakultät für die brandenburgisch-preußischen Territorien 1675-1719* (= Schriften zur Rechtsgeschichte, Band 44). Berlin 1989, S. 22.
[230] StAN Rep. 320c, Nr. 632, Gutachten aus Altdorf an Sugenheim im November 1722, zitiert nach HELLER 2004, S. 62f.

eine solche Strafmilderung jederzeit möglich gewesen wäre; so räumte der zuständige Jurist, Rössler ein, dass „dergeleichen begnadigung einer jedweden obrigkeit [...] freÿ und ohnbenommen bleibt."[231]
Doch schien die Todesstrafe in vorliegendem Fall ein Muss gewesen zu sein; die Hinrichtung des überführter Täters Johann Jacob Schreiber wirke nämlich abschreckend auf mögliche andere Räuber, Diebe und Vagabunden und würde – so die Meinung der Obrigkeit – jene damit wesentlich wirksamer von Straftaten abhalten als angedrohte Freiheitsstrafen. Einem generellen Anstieg von Gewaltverbrechen und Gefährdung der öffentlichen Sicherheit könne nur so begegnet werden. Der zuständige Richter sollte „mit der todes straff ein exempel statuieren", da andernfalls „solche[n] missethaten gleichsam thür und thor geöffnet"[232] würden.
Es geht also bei jener Form des obrigkeitsstaatlichen Handelns eher um eine umfassende Sozialdisziplinierung durch die übertriebene Inszenierung der Verhaftung und Bestrafung Schreibers, als um eine gerechte und adäquate Vergeltung. Betrachtet man den Erlass und die ständige Verschärfung der überterritorialen Poenal-Patente des Fränkischen Reichskreises, so scheint die formal unabhängige Reichsritterschaft Sugenheim im Kanton Steigerwald in Bezug auf den Prozess und die Verurteilung Schreibers genau mit dieser von oben angeordneten Erbarmungslosigkeit gegen herrenloses Gesindel vorzugehen. Die von den Reichskreisen angeordnete Anbringung von „Zigeunerstöcken", auf denen Gehenkte und Galgen zur Abschreckung abgebildete waren, schienen durch die Vorgehensweise im Fall Schreibers an Glaubwürdigkeit gewonnen zu haben. Man handelte hier keineswegs ohne rechtliche Grundlage, denn auch wenn der Delinquent durch die zuständige Obrigkeit, den Freiherren von Seckendorff, begnadigt hätte werden können, so folgte man hier jedoch entsprechend dem Patent des Fränkischen Kreises, das vorsah, dass dem umher-

231 DÜLMEN 1990, S. 42; HELLER 2004, S. 63.
232 StAN Rep 320 c, Nr. 632, Schreiben von Johann Heinrich Rössler in Sugenheim vom 21.11. 1722, zitiert nach HELLER 2004, S. 63.

ziehenden Vaganten und Räuber, der sich in den Grenzgebieten aufhielt und sein Unwesen betrieb, verdeutlicht werden soll, dass „er sich in dem Fränkischen Creyss nicht mehr betretten lassen – sondern widirgenfalls den Strang […] zu gearten haben solle.“[233]

Das Wechselspiel zwischen obrigkeitlicher, überterritoraler Norm und Implementierung der territorialen Mandate und Poenal-Patente ist hier also – trotz der Sonderstellung der Reichsritterschaften – durchaus positiv zu bewerten. Doch setzte man die obrigkeitliche Bestimmung, zumindest in Sugenheim, nicht immer 1:1 um. So sah das Poenal-Patent, des Fränkischen Kreises, das im Jahr 1713 erschienenen war, vor, dass Vaganten, die nach einer Frist von acht Tagen das Gebiet nicht verlassen hatten „ohne ferneren Prozeß“ aufgehängt werden sollten.[234] Dies setzt man in Sugenheim genauso wenig konsequent um, wie die scharfen Drohungen aus dem gemeinsamen Beschluss der vorderen Reichskreise von 1714, unbarmherzig gegen Zigeuner, Bettler und herrenloses Gesindel vorzugehen. Man beschloss zwar hier, „daß alle ergriffene Zigeuner und Jauner ohne einige Gnad und Nachsehen, sine strepitu Judicii und ohne einigen weiteren Proceß, bloß umb ihres verspotteten Lebenswandels und bezeigten Ungehorsambs halber mit dem Schwert […] hingerichtet [...] werden“[235] sollten, doch gewährte man Johann Jacob Schreiber einen „weiteren Proceß“, dessen Bestandteil – und hier folgte man den Regelungen der *Carolina* – allerdings die Folter darstellte.[236]

### 3.4.2.2 Supraterritoriale Kommunikation der Reichsritterschaft Sugenheim

Auch was die Kommunikation mit anderen Gebieten betrifft, fügte sich die Reichsritterschaft Sugenheim obrigkeitlichen Beschlüssen; denn

---

233 „Patent des Fränkischen Kreises vom 15.9.1713“, in: LEUCHT, Christian Leonhart (Hrsg.): *Europäische Staats-Cantzley*. Band 22 (1714), S. 331-436.

234 SCHUBERT 1990, S. 287.

235 SCHUBERT 1990, S. 288.

236 HELLER 2004, S. 41

bereits die Policeyordnung des löblichen Fränkischen Reichskreises von 1572 führt die Notwendigkeit an die angeordneten Regelungen und Normen in allen Gebieten, auch den Reichsritterschaften, durchzusetzen:

> „Derowegen soll ein jeder stand dises kraiß hinfüro, in seinen obrigkaiten vnd gepieten diese erkündigung, durch derer geordnete befelchhabere, fürnemen lassen."[237]

Dazu kommt die Einhaltung der Vorgabe der *Carolina* von 1532, nämlich die Kooperation mit anderen Hochgerichten. Laut jener soll „der richter an die end schicken, vund nach den vmbstenden, so der gefragt, der bekannten missethet halber erzelt hat souil zu gewißheyt der warheyt dienstlich, mit allem fleiß fragen lassen ob die bekanntnuß der obberürten vmstende war sein oder nit."[238] So hielt man mit dem Hochgericht Wässerndorf eine rege Korrespondenz aufrecht, um die Gründe für die damalige Inhaftierung des Inquisiten Schreiber zu erfahren. Von den Verantwortlichen in Markt Einersheim erbat man eine Befragung der Schwester des Angeklagten; jene sollte insbesondere Angaben zu den vermeintlichen Delikten ihres Bruders machen. Aufgrund der Tatsache, dass Johann Jacob Schreiber auch auf dem Gebiet der Herrschaft Frankenberg einen Diebstahl beging, führte das Hochgericht Sugenheim auch mit jenem einen intensiven, überterritorialen Briefwechsel, welcher der Wahrheitsfindung dienen sollte.[239]

Jenes überterritoriale Moment der Strafverfolgung im Fall Johann Jacob Schreibers wird aber auch durch die Kooperation mit den Ämtern Creglingen und Uffenheim deutlich, durch die Schreibers gestandene Diebstähle überprüft und der Kauf von Hehlerware aufgedeckt werden sollte.

---

237 WÜST 2003, S. 837.
238 Constitutio Criminalis Carolina Art. 54.
239 HELLER 2004, S. 49-53.

Diese Zusammenarbeit über die eigenen Grenzen hinweg, die vor allem der Verifikation der Aussagen des Inquisiten dienten, stellte sich als äußerst effizient und ergiebig für den Sugenheimer Kriminalfall heraus. Scheinbar ohne Beachtung der Territoriumsgrenzen setzte man hier auf unkomplizierte, unverzügliche Zusammenarbeit zur Verfolgung von Straftätern wie Schreiber.

#### 3.4.2.3 Bewertung: Zusammenarbeit der Reichsritterschaft Sugenheim mit dem Reichskreis

Der vorgelegte Fall aus dem Kanton Steigerwald verweist durchaus auf ein positives Verhältnis zwischen den beiden Akteuren, dem fränkischen Reichskreis und der Reichsritterschaft Sugenheim. Statt Klagen und Beschwerden prägte hier die Übernahme reichskreislicher Beschlüsse sowie deren konkrete Anwendung – wenn auch nicht in vollem Maße – das Verhältnis. Zumindest zur Zeit des Falls Schreibers, also 1722, schien sich die Kooperation mehr und mehr zu festigen – verfolgte man doch die gleichen Ziele. Es kam auf diese Weise zu einer überterritorialen Kooperation mit anderen Hochgerichten und auch die Bestimmungen bezüglich der Verfolgung und Bestrafung der Vaganten und Gauner wurden ausgeführt. Die Behauptung einer territorialen Isolierung der Reichritterschaft ist damit – zumindest für den Fall Sugenheim – eindeutig zu negieren. Ganz im Gegenteil verweisen die angeführten Maßnahmen doch vielmehr auf die Verdichtung und Expansion der staatlichen Herrschaftsgewalt, die durch das Streben um den Erhalt der inneren Ordnung vorangetrieben wurden.

## 3.5 Obrigkeitliche Kriminalitätsbekämpfung am Beispiel der Reichsstadt Nürnberg

Waren es bisher die übergeordnete Instanz „Reichskreis“ sowie die davon unabhängigen Reichsritterschaften anhand derer die frühneuzeitliche Sicherheitspolitik untersucht wurde, so muss zur

Komplettierung auch das Sicherheitssystem der Reichsstadt als zentrale Institution des Alten Reichs mit in die Untersuchungen einfließen. Dies nicht zuletzt aufgrund der Tatsache, dass auf die schon sehr früh einsetzende enge Korrelation zwischen der ansteigenden Produktion von Normen ab dem 15. Jahrhundert und der wenig bekannten Vorgehensweise reichsstädtischer exekutiver Kräfte hinzuweisen ist.[240]

### 3.5.1 Die Bühne: Nürnberg zu Beginn der Frühen Neuzeit

#### 3.5.1.1 Nürnberg als „freie Reichsstadt"

In der Frühen Neuzeit zählte die Stadt Nürnberg, welche sich selbst als „Republik" bezeichnete, zu den sogenannten freien Reichsstädten. Anfänglich differenzierte man zwischen Reichsstädten, die reichsunmittelbar waren, und den Freien Städten, die sich im 13. und 14. Jahrhundert vom Regiment des jeweiligen Bischofs befreit hatten.

Das Hauptcharakteristikum der Reichsstädte stellte deren rechtliche Eigenständigkeit dar. So waren sie gegenüber dem regionalen Herrscher autonom und besaßen größtenteils eine eigene niedere und hohe Gerichtsbarkeit; letztere stellte sie auf gleiche Ebene mit den Fürsten und grenzte sie von den landständischen Städten, denen ein übergeordneter Landesherr vorstand, ab. Die Freien Städte erhielten ihren Status durch den Kaiser und bzw. oder dem Bischof, die ihnen jeweils bestimmte Freiheitsprivilegien gewährten. Sie hatten ähnliche Privilegien und Pflichten wie die Reichsstädte; jedoch waren sie von der Heerfolge und den steuerlichen Abgaben befreit.

Der Begriff der „freien Reichsstädte" ist ein Produkt des Spätmittelalters. Im zeitlichen Ablauf kam es zu einer zunehmenden Emanzipation vieler Freier Städte von den letzten Relikten geistlicher

---

[240] Vgl. u.a. BULST, Neithard: „Zum Problem städtischer und territorialer Kleider-, Aufwands- und Luxusgesetzgebung in Deutschland (13.-Mitte 16. Jahrhundert)", in: Gouron, André/Rigaudière, Albert (Hrsg.): *Renaissance du pouvoir législatif et genèse de l'État*. Montpellier 1988, S. 29-57, hier: S. 53-55.

Stadtherrschaft. Mehr und mehr nahmen die Freien Städte, wie Nürnberg, mit den Reichsstädten an den Reichstagen teil. Dies hatte die Konsequenz, dass man im Städtekolleg die Freien Städte und die Reichsstädte ab ca. 1400 unter dem Sammelbegriff „Freie und Reichsstädte" bündelte, so dass sich daraus im Sprachgebrauch nach und nach die Kürzung „Freie Reichsstadt" etablierte, wenngleich nur ein kleiner Prozentsatz der Städte zugleich Freie Stadt und Reichsstadt war. Als Freie Reichsstadt konnte sich Nürnberg, das von einem elitären Kreis politisch dazu berechtigter Familien regiert wurde, schon sehr früh auf dem *theatrum Europeum* behaupten.[241]

### 3.5.1.2 Zur Verfassungsstruktur der Reichstadt Nürnberg

Zwar setzte die Geschichte Nürnbergs schon im 11. Jahrhundert ein, als Heinrich III. zum ersten Mal den Namen der Stadt erwähnt, d.h. hier wird einer Sklavin namens Sigena die Freilassung aus Norenberc gewährt,[242] doch stieg Nürnberg vor allem unter den Staufern und Luxemburgern zu einer der wichtigen Reichsstädte im Heiligen Römischen Reich Deutscher Nation auf. Der von Friedrich II. ausgestellte Große Freiheitsbrief vom 8. November 1219 markierte

---

[241] Vgl. ENDRES, Rudolf: „Grundzüge der Verfassung der Reichsstadt Nürnberg", in: *Zeitschrift der Savigny-Stiftung für Rechtsgeschichte, Germanistische Abteilung* 111 (1994), S. 405-421; DIEFENBACHER, Michael/ENDRES, Rudolf (Hrsg.): *Stadtlexikon Nürnberg*. 2. Auflage. Nürnberg 2000; WEINGÄRTNER, Helge: „Die Selbstverwaltung der Reichsstadt Nürnberg", in: Diefenbacher, Michael/Rechter, Gerhard (Hrsg.): *Vom Adler zum Löwen. Die Region Nürnberg wird bayerisch 1775-1835* (= Ausstellungskataloge des Stadtarchivs Nürnberg, 17). Nürnberg 2006, S. 29-42; KRISCHER, André: *Reichsstädte in der Fürstengesellschaft. Zum politischen Zeichengebrauch in der Frühen Neuzeit.* Darmstadt 2006; SCHMIDT, Richard: *Deutsche Reichsstädte* (Aufnahmen von Helga Schmidt-Glassner). München 1957.

[242] Urkunde 253, in: BRESSLAU, Harry/KEHR, Paul (Hrsg.): *Die Urkunden Heinrichs III. (Heinrici III. Diplomata)* (= Monumenta Germaniae Historica: Diplomata 4, Die Urkunden der deutschen Könige und Kaiser, Band 5). Berlin 1931, S. 336–337 [online: Die digitalen Monumenta Germaniae Historica (dMGH): http://www.mgh.de/dmgh/, letzter Zugriff 30.6.2013].

einen zentralen Schritt in der Entwicklung der Stadt. Der König sprach in diesem Dokument die ansässige Bürgerschaft mit der Bezeichnung *civitas* an und betonte, dass er die Rechte, Privilegien und Freiheiten erweitern und verbessern wolle. In der ersten der insgesamt knapp 20 Freiheitsverfügungen des „Briefs“ wurde zunächst der Kaiser und dessen Nachfolger zum alleinigen Schutzherrn über die Reichsstadt bestimmt. Mit den übrigen Bestimmungen der Verfügung wurden vielfältige Bevorzugungen und Vorrechte für Politik und Handel fixiert, wie etwa ein Münzrecht, die Zollfreiheit und die Tatsache, dass kein Bürger Nürnbergs von einem anderen Bewohner des Reichs vor das Kampfgericht geladen werden durfte.
Wann immer ein Nürnberger ein schwerwiegendes Verbrechen beging, so konnte er dafür nur vom königlichen Schultheiß überführt werden; keine andere Instanz durfte ihn deswegen belangen. Vor dem Hintergrund all jener Privilegien begann die Entstehung und Etablierung einer Vielzahl von Institutionen, die die städtische Selbstverwaltung begünstigte, die schließlich dazu führte, dass sich Nürnberg als „Freie Reichsstadt“ bezeichnete.[243]
Zentral für die vorliegende sicherheitspolitische Fragestellung ist hier vor allem die Herausbildung einer eigenen Verfassungsstruktur mit autonomen gerichtlichen Institutionen für die Verurteilungen bei Angriffen auf die *securitas publicae*. Es stellt sich also die Frage nach der Ausbildung der verschiedenen Einrichtungen sowie deren generelle Verfahrensarten bei Delikten wie Vagabundieren, Diebstahl etc.

[243] FLEISCHMANN, Peter: *Rat und Patriziat in Nürnberg. Die Herrschaft der Ratsgeschlechter vom 13. bis zum 18. Jahrhundert* (= Nürnberger Forschungen, Band 31). Band 1: Der kleinere Rat. Neustadt an der Aisch 2008, S. 14f.

### 3.5.2 Die Entwicklung der reichsstädtischen Strafgerichtsverfassung bis zu den *Consules et Scabini*: Die Etablierung einer neuen Schicht in der städtischen Rechtsprechung – die Nürnberger Ratsherrschaft

Nach der Erstarkung der Stadt durch den Freiheitsbrief Friedrichs, bildete das Nürnberger Patriziat, das die Mitglieder des wichtigsten politischen Organs der Stadt – den sogenannten „Inneren Rat“ – stellte, das eigentliche Machtzentrum. Bevor jedoch die *scabini* und *consules* oder Schöffen und Ratsherren selbstbewusst ihre Macht in den Gerichtsverfahren der Stadt demonstrieren konnten, zeichnete sich das Nürnberger Gerichtsleben vor dem 13. Jahrhundert durch nur eine Person an der Spitze, den sogenannten Burggrafen aus. Es handelt sich bei diesem um den obersten Beamten, der direkt vom Kaiser eingesetzt wurde, der oberste Gerichtsherr war und generell die kaiserlichen Hoheitsrechte vertrat.
Bald wurde seine alleinige Machtstellung geschmälert: Man stellte – laut Quellen – 1173 den Reichsschultheiß und 1200 den Butigler an dessen Seite.[244] War Letztgenannter für die Administration der Klöster, den Vorsitz des Landgerichts und die Verwaltung des Reichslandes zuständig, oblag dem Schultheiß der Vorsitz des Stadtgerichts, das exemt gegenüber dem Gericht des Landes war. Seit dem Jahr 1280 war der Schultheiß, der auch die Schöffen ernannte, völlig autonom gegenüber dem Burggrafen,[245] so dass der Schultheiß nun endgültig dessen Position übernommen hatte.[246]
Zu einem grundlegenden Wandel in der Rechtssprechungs- und Gerichtkompetenz kam es ab 1313. Das Privileg Kaiser Heinrichs VII. reduzierte sukzessive die Macht des Schultheißen, der von nun an nicht nur die Friedens- und Marktpolizei an die Stadt abgeben musste, sondern auch alljährlich einen Eid bezüglich seiner Unvorein-

[244] Vgl. FLEISCHMANN 2008, S. 16, 18f.
[245] Vgl. FLEISCHMANN 2008, S. 16f.
[246] Vgl. SCHULTHEIß, Werner: *Geschichte des Nürnberger Ortsrechts*. 2. Auflage. Nürnberg 1972, S. 5-9.

genommenheit zu schwören hatte. Im selben Jahr wurde Nürnberg die Unabhängigkeit vom geistlichen Gericht in Bamberg zuerkannt und vom Zuständigkeitsbereich des Landgerichts herausgenommen, womit die Stadt zusätzlich erstarkte.

Mit dieser Erstarkung der Stadt ging auch ein Zuwachs der Kompetenzen der ratsherrlichen Gerichtsvorherrschaft einher. Die Schöffen, die aufgrund ihrer Urteilfähigkeit zugleich Urkundenzeugen waren und ursprünglich dem Schultheißen als Urteilsweiser noch eidlich verbunden waren, wurden in einem 1263 erschienenen Schiedsbrief erstmals genannt. Die *consules* oder Ratsmannen waren zunächst eher außergerichtlich tätig. Laut Ernst Pitz hätten deshalb „in der Zeit bis 1273 zwei verschiedene Behörden“[247] nebeneinander existiert; zu einer Verschmelzung dieser beiden Gremien, deren Mitglieder sich in politischer, finanzieller und wirtschaftlicher Hinsicht sehr ähnelten, kam es dann schließlich 1323. Ursprünglich unterstanden die insgesamt 26 Mitglieder des „Kleinen Rats“ oder „Inneren Rats“ dem Reichsschultheiß und hatten die Pflicht im Nürnberger Stadtgericht Recht zu sprechen.[248]

Doch war 1385 der kaiserliche Schultheiß letztendlich gezwungen – freilich auch unter dem finanziellen Druck – seine Amtskompetenzen, die schon seit 1313 sukzessive ausgehöhlt worden waren[249] – an die immer mächtiger werdende Stadt zu verpfänden.[250] Bereits 1320 hatte Ludwig der Bayer Nürnberg die rechtliche Kompetenz über „schädliche Leute und ungerathene Bürger“ zu urteilen, verliehen.[251] Im Jahre 1459

---

[247] Vgl. PITZ, Ernst: *Die Entstehung der Ratsherrschaft in Nürnberg im 13. und 14. Jahrhundert* (= Schriftenreihe zur bayerischen Landesgeschichte, Band 55). München 1956, S. 6.

[248] Vgl. FLEISCHMANN 2008, S. 20f.

[249] Das Privileg des Kaisers von 1313 band das Urteil des Reichsschultheißen an den Schiedsspruch der Schöffenbank. Die Nürnberger Bürger hatten also bereits vor 1385 einen starken Einfluss auf die Gerichtsbarkeit im Stadtgebiet (vgl. MARTIN, Helmut: *Verbrechen und Strafe in der spätmittelalterlichen Chronistik Nürnbergs*. Köln/Weimar/Wien 1996, S. 33).

[250] Vgl. FLEISCHMANN 2008, S. 18.

[251] KERN, Theodor von/HEGEL, Karl von: *Die Chroniken der fränkischen Städte. Nürnberg*. 1. Band. Leipzig: 1862, S. XXII.

erhielt der Nürnberger Rat, dessen Mitglieder als Bürgermeister bezeichnet wurden,[252] die Blutgerichtsbarkeit. Zur Ausübung der Hochgerichtsbarkeit formierte sich dabei ein spezielles Gericht, dessen Mitgliederschaft aus 12 Schöffen des „Inneren Rates" bestand. So erhielt der „Innere Rat" die Kompetenz bei schwerwiegenden Verbrechen – unabhängig vom Schultheißen – über menschliche Leben zu richten.[253] Die städtischen Ratsmitglieder arbeiteten also seit dem 15. Jahrhudert daran, „Immer größere Bereiche der städtischen Gesellschaft und ihre Lebensäußerungen unter obrigkeitliche Aufsicht und in ein System von Verbotenem und Erlaubtem zu bringen."[254]
Was den Ablauf der Verhandlungen angeht, so geben darüber die Ratsverlässe der Reichsstadt Auskunft.[255]
Auch die für die vorliegende Untersuchung relevante Realisierung der städtischen Sicherheitspolitik wurde damit in der Frühen Neuzeit durch jenes Gremium durchgeführt, so dass die Praxis des Strafrechts in Nürnberg komplett dem „Kleinen Rat" oder „Inneren Rat" oblag, wie auch Rudolf Endres konstatiert:

> „Das Gesamtregiment oder die obrigkeitliche Herrschaft in Exekutive, Legislative und Jurisdiktion in der Reichstadt und in dem ausgedehnten Landgebiet kam ausschließlich und exklusiv [dem] ‚Inneren Rat' zu."[256]

---

[252] Die Bezeichnung „Bürgermeister" ist hier ambig. Zum Einen bezieht sie sich auf die Gesamtheit der insgesamt 26 Ratsherren, andererseits nimmt sie aber auch Bezug auf das eingedeutschte Wort für die *consules* (vgl. FLEISCHMANN 2008, S. 24).

[253] Vgl. KNAPP 1892, S. 208.

[254] GROEBNER, Valentin: *Ökonomie ohne Haus. Zum Wirtschaften armer Leute in Nürnberg am Ende des 15. Jahrhunderts.* Göttingen 1993, S. 256.

[255] Vgl. MARTIN 1996, S. 34. Lediglich die Verlässe der Jahre 1449 und 1450, sowie die Jahre 1453-1471 sind dabei bereits von Irene Stahl editiert worden; vgl. STAHL, Irene: *Die Nürnberger Ratsverlässe.* Heft 1: 1449-1450 (= Schriften des Zentralinstituts für fränkische Landeskunde und allgemeine Regionalforschung an der Universität Erlangen-Nürnberg, Band 23). Neustadt an der Aisch 1983; STAHL, Irene: *Die Nürnberger Ratsverlässe.* Heft 2: 1453-1471 (= Schriften des Zentralinstituts für fränkische Landeskunde und allgemeine Regionalforschung an der Universität Erlangen-Nürnberg, Band 23). Neustadt an der Aisch 1995.

Dieser Rat aus *consules* und *scabini* bestimmte nun bis zum Ende der Reichstadt im Jahr 1806 die strafrechtlichen Verfolgungen und galt als die zentrale innerstädtische Gerichtsinstanz,[257] die für die Sicherheit in der Stadt zu sorgen hatte und die Bestimmungen des ewigen Landfriedens durchsetzen musste:[258]

> „Bei Nürnbergs rasch aufblühendem Verkehrsleben und dem unter den Bürgern noch florierenden Fehdewesen mußte dem Rat, der die Verantwortlichkeit für Wahrung des Stadtfriedens trug und in erster Linie bei nicht energischer Niederwerfung von Tumulten bedroht war, in dieser Hinsicht wenigstens selbstständiges Vorgehen eingeräumt werden. Duldete man den Mißstand der Fehde als landläufigen Brauch, der durch Landfrieden und kräftige Herrscher [...] zwar eingedämmt, doch lange nicht ausgerodet werden konnte, wenigstens erst nach dem ewigen Landfrieden seinen Abschluß fand, so musste man ihn im engen Gemeinleben, das durch Privatfehden leicht in seinem Bestande zu gefährden war, um so empfindlicher fühlen."[259]

Die Ratsmitglieder, die allesamt aus dem Nürnberger Patriziat kamen, erlangte ihren Sitz im Rat durch Geburt und Besitz und herrschten damit in Form eines „uneingeschränkte[n] Ratsregiment[s]",[260] so dass Endres deren Position als ein „stadtadelige [s] Gottesgnadentum"[261] charakterisierte.

Doch bereits Zeitgenossen sahen in dem selbstverständlichen Herrschaftsanspruch des Nürnberger Patriziats alles andere als ein demokratisches System. Dementsprechend konstatiert Christoph Scheurl, ein Nürnberger Ratskonsulent, bereits 1516:

---

[256] ENDRES 1994, S. 409.

[257] Wolfgang von Stromer nennt hier die Jahre 1348/49 als Jahre des Handwerkeraufstandes als Ausnahme; vgl. STROMER, Wolfgang von: „Die Metropole im Aufstand gegen Karl IV. Nürnberg zwischen Wittelsbach und Luxemburg. Juni 1348 – September 1349", in: *Mitteilungen des Vereins für Geschichte der Stadt Nürnberg (MVGN)* 65 (1978), S. 55-90.

[258] Vgl. PITZ 1956.

[259] KNAPP Hermann: *Das alte Nürnberger Kriminalverfahren bis zur Einführung der Carolina. Nach Ratsurkunden erläutert.* München 1891 [Dissertation], S. 15f.

[260] ENDRES 1994, S. 407.

[261] ENDRES 1994, S. 410.

> „[…] das gemain völklein hat keine gewalt: es steet inen auch nicht zu, dieweil aller gewalt von gott un das wolregirn gar wenigen und allein denen so vom schöpfer aller ding und der natur mit sonderlicher weyshait begabet sein verlihen ist.“[262]

Zwar nahm man als Konsequenz des Augsburger Zunftaufstandes auch Vertreter der acht angesehensten Handwerksberufe[263] mit in den Rat auf, jedoch hatten jene laut Rudolf Endres keine Möglichkeiten einer politischen Einflussnahme, da sie einerseits nur auf Einladung zu den Ratssitzungen kommen durften und weder über eine feste Funktion im Rat noch über eine eigene Stimme dort verfügten. Dazu kamen als eine Form der Kompensation acht sogenannte „Alte Genannte“. Jene stammten aus dem Kreis der Familien, die bereits im „Inneren Rat“ vertreten waren,[264] und stellten potentielle Kandidaten für diesen dar. Die Gesamtzahl der Ratsmitglieder belief sich damit im 14. Jahrhundert auf 42.

Dabei wurde der Rat noch weiter aufgegliedert: Die vier ersten der „Alten Genannten“ bildeten mit den 13 älteren Bürgermeistern jenen Ausschuss, der die sogenannten sieben „Ältesten“, die *Septemvirii*, bestimmte. Jenes „Geheimkabinett“,[265] an dessen Spitze die „Vordersten Ratsherren standen“ bildete die eigentliche reichsstädtische Regierung.

Die „ältesten Ratsherren“ wählten drei oberste Männer; zwei davon wurden für das Amt des Losungers bestimmt.

Parallel und in Abgrenzung zu diesem „Kleinen Rat“ existierte der sogenannte „Große Rat“, welcher als eine Art Repräsentationsorgan der

---

262 Zitiert nach ISENMANN, Eberhard: *Die deutsche Stadt im Spätmittelalter (1250-1500). Stadtgestalt, Recht, Stadtregiment, Kirche, Gesellschaft, Wirtschaft.* Stuttgart 1988, S. 132.

263 Diese waren: Blechschmiede, Tuchmacher, Lederer, Bäcker, Kürschner, Metzger, Schneider, Goldschmiede und Rotbierbrauer.

264 Vgl. STROMER, Wolfgang von: „Reichtum und Ratswürde in Nürnberg“, in: Stromer, Wolfgang von (Hrsg.): *Oberdeutsche Hochfinanz 1350-1450.* Teil II. (= Vierteljahrschrift für Sozial- und Wirtschaftsgeschichte, Beiheft 56). Wiesbaden 1970, S. 220-460, hier: S. 295-341, 306.

265 Vgl. ENDRES 1994, S. 409.

Nürnberger Bürger fungierte, da er als „Ausschuß der Bürgerschaft“[266] galt. Dessen Mitgliederschaft war sehr heterogen: Handwerker und mehrere hunderte Ernannte aus dem Patriziat sowie ehrbare Geschlechter der Stadt waren Teil dieses Rats, dessen politischer Einflussbereich äußerst gering war. Alle Geschicke der Stadt lagen letztendlich beim „Kleinen Rat“; hatte der „Große Rat“ im frühen Mittelalter noch ein Mitwirkungsrecht bei der Legislative, spielte er hier ab dem 14. Jahrhundert, wenn überhaupt, nur noch eine wenig ernst zu nehmende Statistenrolle.[267] Das Monopol der Gesetzgebung in Nürnberg oblag nun komplett dem „Kleinen Rat“.[268]

Zur Umsetzung der städtischen Sicherheitspolitik, war eine Exekutive notwendig, die dafür sorgen musste, dass die erlassenen Gesetze und Normen auch tatsächlich eingehalten werden. Als die frühesten Exekutivämter galten der Nachrichter, der Lochhüter sowie der Stadtbüttel.[269] Dazu kamen die Stadtknechte, die seit der Mitte des 14. Jahrhundert von der Stadt ihren Sold erhielten. Jene Amtsinhaber hatten nun die Aufgabe, die öffentliche Sicherheit in Nürnberg umzusetzen, indem sie für die Exekution der obrigkeitlichen Normen sorgten.[270] Es lag bei ihnen, nach einem reichsstädtischen Urteil, beispielsweise des Halsgerichts, den geregelten Ablauf des Strafvollzugs, wie den der Hinrichtung, zu gewährleisten – dafür musste jedoch erst ein Urteil von dem jeweiligen Gericht gesprochen werden.

---

[266] SCHALL, Kurt: *Die Genannten in Nürnberg* (= Nürnberger Werkstücke zur Stadt- und Landesgeschichte, Band 6). Nürnberg 1971, S. 4.

[267] Vgl. SCHALL 1971, S. 50-58.

[268] Vgl. MARTIN 1996. S. 23-32.

[269] Zum Begriff „Büttel“ vgl. z.B. ECKERT, Christian: *Der Fronbote im Mittelalter nach dem Sachsenspiegel und den verwandten Rechtsquellen.* Leipzig 1897, S. 7-12. In den Quellen des Hohen Mittelalters wird der Büttel häufig mit dem Fronboten, aber zum Teil auch mit dem Henker bzw. Scharfrichter gleichgesetzt.

[270] Vgl. KNAPP 1891, S. 65-74.

### 3.5.3 Städtische Verfahrensarten bei der Beurteilung und Bestrafung von Räubern, Vaganten und Gaunern: Die Aufgliederung der Nürnberger Strafgerichte

Bezeichnet schon Hermann Knapp die Ratsbeschlüsse als „bunten Wirrwarr",[271] so wird sich ein jeder Historiker in Anbetracht der großen Heterogenität der Nürnberger Gerichtsverfahrenspraxis diesem Stoßseufzer zunächst nur allzu bereitwillig anschließen. So gab es in der Stadt Nürnberg zahlreiche Instanzen der Rechtsprechung. Für denjenigen, der sich mit den Fällen von Vagabunden und Dieben beschäftigt und sich aus diesem Grund vorwiegend in der Sphäre des Strafrechts bewegt, wird die große Vielfalt schnell überschaubar. Die Strafgerichtsbarkeit der Reichsstadt, die sich mit kriminellen Delikten beschäftigte, beschränkte sich nicht nur auf das bereits erwähnte Verfahren des Halsgerichts. So hatte sich in Nürnberg neben der Jurisdiktionsinstanz des Hochgerichts ein autonom-städtisches Verfahrenswesen speziell für kleinere Delikte herausgebildet, das sogenannte Fünfergericht.[272] Die Entscheidung über die Zuständigkeit trafen dabei die Schöffen.

Beide der genannten Gerichte beschäftigten sich mit Tatbeständen, die die fränkische Metropole und deren Sicherheit betrafen oder die eine Person oder deren Besitzungen schädigten – so stand beispielsweise die Verfolgung von Raubüberfällen an der Tagesordnung der Gerichte.[273] Jedoch darf bei aller – aus heutiger Perspektive – Unklarheit nicht vergessen werden, dass es zu einer Monopolisierung der Jurisdiktionsgewalt in den Händen des „Inneren Rates" der Reichsstadt kam. Dies führte zu einer Systematisierung und einem sukzessiven Ausbau

[271] KNAPP 1891, S. 4

[272] Daneben existierten in Nürnberg weitere – für die Thematik der Verfolgung von Dieben und Gaunern weniger wichtige – Gerichte wie das Rugamt, das beispielsweise Streitigkeiten zwischen Dienstboten und deren Herren behandelte, sowie das seit 1514 existierende Kriegsamt, welches sich der Bestrafung von Militärpersonen widmete (vgl. MARTIN 1996, S. 43f.).

[273] Vgl. MARTIN 1996, S. 39, 43.

der städtischen Gerichtsbarkeit und auch die Durchsetzung öffentlicher Strafgewalt und die Garantie des Friedens waren letztlich eine logische Folgen dieser Entwicklung.

#### 3.5.3.1 Kleinere Vergehen und deren Verhandlungen: Das niedergerichtliche Verfahren durch Bürgermeister und das Fünfergericht

Für Bagatellen und kleinere Gesetzesübertretungen waren seit dem 15 Jahrhundert also die „Fünfe“[274] zuständig. Es handelt sich um ein Fünfergericht, das seine endgültige Form 1470 durch ein Privileg Friedrichs III. erhielt und aus den zwei Regierenden, den zwei im nächsten Jahr folgenden Vertretern und einem Senator bestand.[275] Außerdem urteilten 13 der Bürgermeister im sogenannten Bürgermeisteramt und bildeten damit das Gegenstück zu den 13 anderen *scabini.*[276] Die ebenfalls im Privileg von 1470 verlesene Konkretisierung des Aufgabenbereichs der minderen Straftatbestände über welche die fünf Herren zu urteilen hatten, umfasste Stoßen, Lähmungen, leichtere Verwundungen und Verletzungen usw.[277] Bei dieser Form der Urteilfindung berief man sich zumeist auf zeitgenössische Werte und Sittlichkeitsmaßstäbe. Ein fest fixierter Katalog mit Delikten und Sanktionen des niederen Gerichts existierte nicht. Dass eine solche Urteilsfindung des bürgermeisterlichen Verfahrens auf einer Basis

---

[274] Vgl. z.B. DEICHSLER, Heinrich: „5. Die Chroniken der fränkischen Städte“, in: Deichsler, Heinrich: *Chroniken der deutschen Städte vom 14. bis ins 16. Jahrhundert.* Leipzig 1874 [Nachdruck: Göttingen 1961] S. 444-888, hier: S. 616.

[275] Vgl. HOFMANN, Hanns Hubert: *Historischer Atlas von Bayern. Teil Franken (Nürnberg-Fürth).* München 1954b, S. 58.

[276] Die Verteilung der insgesamt 26 Bürgermeister erfolgte durch Abzählung; so wurde der erste, dritte, fünfte, siebte usw. Bürgermeister; der zweite, vierte, sechste usw. Schöffe; vgl. HOFMANN, *Teil Franken (Nürnberg- Fürth).* München 1954, S. 53f.

[277] Vgl. eine Verordnung gegen diese Tatbestände bei Baaders Nürnberger Polizeiverordnung: BAADER, Joseph: *Nürnberger Polizeiverordnungen aus dem XIII.-XV. Jahrhundert* (= Bibliothek des Litterarischen Vereins in Stuttgart, 63). Stuttgart 1861, S. 44-56.

beruhte, die nicht normgerechtes Sozialverhalten meist bereits an den Rand der Gesellschaft gedrängter Personen, verurteilte, zeigt die Tatsache, dass sich das Gericht auch mit verbalen Beleidigungen auseinandersetzte, wobei Männer als „Dieb“, „Gauner“ oder „Pößwicht“ hingestellt wurden, Frauen jedoch oft „Hure“ oder „Kupplerin“ zu hören bekamen, d.h. Kriminalität und Unsittlichkeit wurde bei Frauen nicht selten gleichgesetzt.[278]

So war auch diese niedere Bürgermeister- und Policeygerichtsbarkeit von zentraler Bedeutung und trug zur Etablierung der rechtlichen Hegemonialstellung der Ratsherren in Nürnberg bei. Das niedergerichtliche Verfahren war also an keine eindeutigen, formalen rechtlichen Grundlagen gebunden und variierte oftmals willkürlich. Der Begriff „Willkür“ bezeichnete in der frühen Neuzeit aber kein unüberlegtes, subjektives Urteil nach eigenem Gutdünken, sondern meint vielmehr die „freie Wahl“ oder die „Erklärung nach freiem Entschluß“.[279] Willkürrecht wird damit zu einem gesonderten Typus der Rechtsprechung und Urteilfindung. Es ist eine Basis, eine Technik der Rechtsfindung, die laut Wilhelm Ebel eben „willkürlich“ erfolgt, jedoch nicht mit zügelloser Grausamkeit gleich zu setzen ist.[280] Der Strafenkatalog des Fünfergerichts beinhaltete dabei Leibes-, Freiheits-, Ehren- sowie auch Geldstrafen.[281]

Aber wenden wir uns dem zweiten und dem für vorliegende Untersuchung besonders interessanten Hochgericht und dessen rechtlichen Grundlagen zu, da ja die meisten Strafverfolgungsprozesse gegen

---

278 Vgl. StAN, Rep. 52 b Nr. 197 (Haderbuch des Fünfergerichts von 1549-1551), nach GÜNTHER, Bettina: „Sittlichkeitsdelikte in den Policeyordnungen der Reichsstädte Frankfurt am Main und Nürnberg (15.-17. Jahrhundert)“, in: Härter, Karl (Hrsg.): *Policey und frühneuzeitliche Gesellschaft*. Frankfurt 2000, S. 121-148, hier: S. 146.

279 Vgl. SCHMIDT-WIENGAND, Ruth: „Willkür“, in: Erler, Adalbert/Kaufmann, Ekkehard (Hrsg.): *Handwörterbuch der deutschen Rechtsgeschichte*. 5 Bände. Berlin 1971-1998. Band 5. Berlin 1998. Sp. 1438f.

280 Vgl. EBEL, Wilhelm: *Die Willkür. Eine Studie zu den Denkformen des älteren deutschen Rechts* (= Göttinger rechtswissenschaftliche Studien, Band 6). Göttingen 1953, S. 7-12, 68-75.

281 Vgl. MARTIN 1996, S. 44.

Räuber, kriminellen Vaganten und Landstreicher und andere Gauner in den Zuständigkeitsbereich der Blutsgerichtsbarkeit fallen.

### 3.5.3.2 Das reichsstädtische Hochgerichtsverfahren

Wie oben schon angedeutet, führte die sukzessive Aushöhlung des Amts des Schultheißen zu einer Übertragung der hohen Gerichtsbarkeit auf den „Kleinen Rat" Nürnbergs. Laut Rudolf Schielein war das Halsgericht nicht nur für Nürnberger Bürger und gewöhnliche Einwohner, sondern freilich auch für Fremde, die ihre Missetaten in der Stadt verübten, zuständig.[282] Dem städtischen Halsgericht stand dabei ein Richter vor, der – ähnlich wie der Schultheiß – abhängig von den Schöffen des „Kleinen Rats" war; auch der Stadtrichter hatte nur den Vorsitz des Gerichts inne und konnte lediglich das getroffene Urteil am Rechtstag verlesen und das Urteil vollstrecken.

Sowohl den Schöffen als auch dem Richter selbst standen bei den strafrechtlichen Untersuchungen und der Vollstreckung des Urteils die Lochschreiber, der Nachrichter und sein Löwe (Henkersknecht), tatkräftig zur Seite.[283]

Daneben halfen weitere Organe bei der Verfolgung der Verdächtigen und der Durchführung der Bestimmungen gegen jene. So waren die Kriegsherren zuständig für den Schutz des Nachrichters, für die Organisation der Leitung der diversen Einsätze der Stadtknechte und für die Aufsicht der ländlichen Halsgerichte. Daneben trugen Stadtbüttel, Bettelhüter, Gefängniswächter und Gassenhauptleute zur Durchsetzung der Aufgaben des Halsgerichts bei. Die konkrete Durchführung der Untersuchung wurde von den Schöffen vorgenommen, welche bei konkretem Verdacht die peinliche Befragung vorzunehmen hatten, deren Ergebnisse dem „Inneren Rat" vorzulegen waren. Bestätigte sich der Verdacht nicht oder war der Tatbestand nicht

[282] Vgl. SCHIELEIN, Rudolf: *Die Entwicklung der Gerichtsverfassung der Stadt Nürnberg vor allem vom 15. bis zum 18. Jahrhundert*. Erlangen 1952 [Dissertation], S. 82.

[283] Vgl. SCHIELEIN 1952, S. 83.

ausreichend schwer, wurden die Analysen und Nachforschungen wieder eingestellt.[284] Das Erzwingen eines Geständnisses bei dringendem Tatverdacht war das eigentliche Ziel der Ermittlungsarbeit. [285]

### 3.5.4 Urteilsgrundlagen und Strafrecht des hochgerichtlichen Verfahrens: Die *Constitutio Criminalis Carolina*

Aus heutiger Sichtweise, vor dem Hintergrund eines in modernen Staaten üblicherweise einheitlichen, klar strukturierten Gesetzeswesens mit eindeutig festgelegten Strafen, scheint die Geständniserzwingung rechtswidrig und inhuman und die Zuordnung einzelner Delikte an die verschiedenen Gerichtszweige diffus. Jedoch wäre es unangemessen bei der Beschreibung der Zustände in der frühen Neuzeit deshalb gleich von „erheblicher Rechtsunsicherheit“ oder „Chaos“[286] zu sprechen, da es stets gewisse Urteilsgrundlagen gab, an die man sich hielt. Auch wenn die Urteile von Mitgliedern desselben Rates gefällt wurden, passten diese sich flexibel an die jeweilige Prozessart an und wandten bei ihren Rechtssprüchen verschiedene rechtliche Normen an. Urteilsgrundlage im schöffengerichtliche Prozess war die bereits weiter oben erwähnte *Constitutio Criminalis Carolina;* sie galt als Rechtsgrundlage des frühneuzeitlichen Blutsgerichts.
Jene peinliche Gerichtsordnung Karls V. erhielt auch in Nürnberg Einzug, so dass die Auswirkungen der Strafrechtsreform des Kaisers auch hier im Verfahren des Hochgerichts erkennbar waren. Man erwähnte in allen Fällen die Tatbestandsnorm und befolgte die Bestimmung eines Gutachtens von Rechtsgelehrten; selbst bei der Verurteilung wurde stets die Frage nach der Erfüllung der „Peinlichen Halsgerichtsordnung“ gestellt. Auf diesen Bezug verweisen auch einige Urteile des Halsgerichts in Nürnberg, die sich nur dann begründen ließen, wenn dem Delinquenten ein Tatbestand vorgeworfen werden

[284] Vgl. MARTIN 1996, S. 39-41.
[285] Vgl. SCHIELEIN 1952, S. 84-92.
[286] SCHWERHOFF 1991, S. 49.

konnte, bei dem er böswillig und vorsätzlich gehandelt hatte und er deshalb unter die „Peinliche Halsgerichtsordnung“ fällt und die Todesstrafe zu erwarten hatte. Allerdings hatten die Schöffen in bestimmten Fällen immer noch die Möglichkeit nicht auf die *Carolina*, sondern auf ihre eigenen örtlichen Strafbestimmungen zurückzugreifen und die Strafgesetzgebung zu erweitern.[287] Dies wurde durch offen gehaltene, typische Formulierungen der „Peinlichen Halsgerichtsordnung“ ermöglicht, die besagen, dass der jeweilige Täter „nach gelegenheyt vund gestalt der personen vnd vnderstanden missethat“[288] oder „nach satzung vnser vorfarn, vnd vnser Keyserlichen recht“[289] gestraft werden soll. Auf diese Weise erhielt die Schöffenbank gewisse Spielräume bei der Verfolgung von Straftätern. Es kam daher vielfach zu einer partiellen Synthese von Reichs- und Landesverordnung, obschon die *Carolina* eigentlich eine salvatorische Klausel beinhaltete.[290] Die 1385 auf den „Inneren Rat“ übergegangene Strafgerichtsordnung, die sich vor allem auf das mittelalterliche Verfahren der Inquisition, mitsamt der darin enthaltenen Ermittlungsgrundsätzen, Amtsanklagen und der Tortur bezog, wurde nicht nur 1532 durch die *Carolina*, sondern auch durch den Einfluss der Bamberger Halsgerichtsordnung von 1507 deutlich gemildert – selbst wenn sie freilich noch keine humanen Züge nach unserem heutigen Verständnis beinhaltete.[291] Daher betont auch Wolfgang Wüst folgerichtig die

[287] Die augsburgische Malefizordnung von 1692 ist hier besonders interessant: Sie besteht zu einem großen Teil aus einer identischen, wörtlichen Abschrift aus der *Constitutio Criminalis Carolina*; vgl. WÜST, Wolfgang: „Das inszenierte Hochgericht. Staatsführung, Repräsentation und blutiges Herrschaftszeremoniell in Bayern, Franken und Schwaben“, in: Ackermann, Konrad/Schmid, Alois/Volkert, Wilhelm (Hrsg.): *Bayern vom Stamm zum Staat. Festschrift für Andreas Kraus zum 80. Geburtstag* (= Schriftenreihe zur bayerischen Landesgeschichte, Band 140). Band 1. München 2002, S. 273-300, hier: S. 299.

[288] Constitutio Criminalis Carolina, Artikel 119: *Versuchte Notzucht.*

[289] Constitutio Criminalis Carolina, Artikel 118: *Straff der jehnigen so eheweiber oder jungkfrawen entführen.*

[290] Vgl. WÜST 2002, S. 298.

[291] Vgl. Stadt Nürnberg (Hrsg.): *Stadtarchiv Nürnberg: Stadtlexikon.* Stichwort: Strafrecht. Nürnberg (online: http://online-service.nuernberg.de/stadtarchiv/zeig.

Zweischneidigkeit der Einführung der *Carolina*: Man „schuf […] größere Sicherheit, öffnete zugleich aber der Folter Tür und Tor."[292] Jene Zentralisierung und Monopolisierung der Rechtspflege auf gewisse Basisbestimmungen hin, ist für die Ausformung des fränkischen und letztlich des deutschen Staates überhaupt nicht zu unterschätzen.[293]

### 3.5.5 Arten der Bestrafung

#### 3.5.5.1 Todesstrafe

Bis ins 19. Jahrhundert dienten in Nürnberg die sogenannten Lochgefängnisse, welche sich im Alten Rathaus befanden, als Orte der Untersuchung von Missetätern. Diese dunklen, kalten und feuchten Verließe standen lange Zeit als Symbol der frühneuzeitlichen und spätmittelalterlichen Strafordnung Nürnbergs.[294] Eine durchdringende Beschreibung jener Orte bringt Hermann Knapp:

> „[…] jene dunklen, gruftigen Kammern, die des Rathauses Grundfeste durchkreuzen, wo die auf den Hals gefangenen Wochen, Monde schmachteten in trostloser Verlassenheit, die nur dem Inquirieren durch die Schöffen, in der Peinigung der Folter traurige Unterbrechung fand." [295]

Nach der Untersuchungshaft wurden die Verbrecher dann in einer Vielzahl der Fälle zum Tode verurteilt. Die Delinquenten oder die vermeintlichen Delinquenten wurden durch Folter zu einem Geständnis gezwungen, bevor nach dem Gutachten der Konsuln des Rats und einer freiwilligen Wiederholung des Geständnisses – der Rat das Urteil,

---

FAU?sid=7405E7AE32&dm=2&ind=1& ipos =Strafrecht, letzter Zugriff 30.06.2013).

[292] Vgl. WÜST 2008, S. 173.

[293] Vgl. WÜST 2002, S. 298.

[294] Vgl. KNAPP, Hermann: *Das Lochgefängnis. Tortur und Richtung in Alt-Nürnberg. Auf Grund urkundlicher Erforschung*. Nürnberg 1907.

[295] KNAPP 1891, S. 88.

welches am Endlichen Rechtstag öffentlich verkündet wurde, beschließen konnte. Nicht alle Delinquenten überlebten das Inquisitionsverfahren mit all seinen Graden des Folterns; oft war es allein schon die Angst vor den weiteren Qualen, die zu einem Abbruch des Verfahrens führte. Nach den Bestimmungen der *Carolina* musste die Schuld des Angeklagten erst nachgewiesen sein, bevor es zum tatsächlichen Einsatz der Folter kam. Um sicher die Schuld des Missetäters zu beweisen, holte man in Nürnberg häufig Gelehrte von der juristischen Fakultät der Nachbarstadt Erlangen, die man um Rat fragte.[296] Als Konsequenz waren die Kläger sowie deren Verteidiger stets der Meinung, dass der Angeklagte nicht unschuldig gequält werden sollte. Zwar galten die Foltermaßnahmen prinzipiell für alle, dennoch wurden beispielsweise Irre, Alte, Kranke, Jugendliche und Schwangere aus der Folter ausgenommen.[297]

Die wichtigsten und auch häufigsten Leibes- bzw. Lebensstrafen stellten die sogenannte ehrliche Schwertstrafe sowie das schimpfliche Hängen am lichten Galgen[298] dar. Von den insgesamt 939 Nürnberger Hinrichtungen auf dem Schafott zwischen 1503 und 1743 wurden die meisten in den Jahren 1561 bis 1580 vollzogen; danach ist die Rate rückgängig, so dass zwischen 1720 und 1743 nur noch 44 Personen hingerichtet wurden.[299] Parallel dazu wurden die Verurteilten auch gerädert, gevierteilt oder verbrannt.[300] Für Frauen bestand die

---

[296] Vgl. BAUMGÄRTEL, Gottfried: *Die Gutachter- und Urteilfähigkeit der Erlanger Juristenfakultät in dem ersten Jahrhundert ihres Bestehens* (= Erlanger Forschungen, Reihe A. Geisteswissenschaften, Band 14). Erlangen 1962.

[297] Vgl. GNM Nürnberg HS 3837, Fol. 52 (4.11.1567), zitiert nach DÜLMEN, Richard von: *Theater des Schreckens. Gerichtspraxis und Strafrituale in der frühen Neuzeit.* 2. Auflage. München 1988, S. 36.

[298] Dem Rabenstein in Galgenhof.

[299] Vgl. DÜLMEN 1988, Tabelle, S. 113.

[300] Noch Ende des 17. Jahrhunderts wurde in Nürnberg ein der Sodomie angeklagter Hirte lebendig verbrannt. Laut eines Augenzeugen musste der Verurteilte eines grausamen Todes sterben, bei dem „ihm nicht nur allein die band und stricke an händen und füssen herabgebronnen, sondern auch, daß er wie ihme händ, Füsse und der Leib vom Feuer auffgesprugen gleichwohln noch gelebet hat.“ (StA Nürnberg, Amts- und Standbücher 226, f. 161, zitiert nach DÜLMEN 1988, Tabelle, S. 126).

Sonderregelung des Ertränkens (bis 1580) oder des Lebendigbegrabens (bis 1513).[301] Häufig fiel es dem zuständigen Henker schwer, den Angeklagten kurz und schmerzlos zu töten. So zog ein Nürnberger Scharfrichter den „Halbgehängten“ mit all seiner Kraft vom Galgen um ihn zu erwürgen.[302]

Es bestand aber auch die Chance einer Milderung der angedrohten Strafe.[303] So wurde ein im Jahre 1578 zum Tode verurteilter Bauer, den man selbst wegen Totschlags verurteilt hatte, begnadigt. Insbesondere der Kaplan von St. Sebald hatte sich für ihn eingesetzt und so kam es, dass er auf „große Fürbitt von stattlichen Personen“[304] nur das Land verlassen musste. 40 Jahre später erhielt – ebenfalls in Nürnberg – ein Dieb, der zum Tod durch den Strang verurteilt worden war, die Chance auf Gnade, da sein gesamtes Umfeld, Vater, Mutter, Geschwister und selbst ein Pfarrer sich dafür einsetzten, dass der Angeklagte aufgrund seines geringen Alters und auch wegen der Tatsache, dass er über 2 Monate geduldig im Gefängnis ausgeharrt hatte, aus „Mitleid“ begnadigt wurde.[305] Setzte sich niemand für eine Strafmilderung ein, wurde man zum Tode verurteilt. Jedoch verleitet die große Summe all der bekannten und untersuchten Nürnberger Hinrichtungen, zu der Annahme, dass andere Sanktionsarten von geringerer Bedeutung waren. Doch waren auch Leibes- und Ehrenstrafen, welche zum Teil an eine Landesverweisungen geknüpft waren, in Nürnberg ebenfalls von Bedeutung.

---

[301] Vgl. DÜLMEN 1988, S. 109f.

[302] Vgl. DÜLMEN 1988, S. 152.

[303] Eine solche Möglichkeit der Begnadigung ist zwar häufig belegt, jedoch war sie äußerst ungerecht verteilt, was Auswertungen der Gnadensprüche in Nürnberg von 1502-1720 belegen. So begnadigte man häufiger Frauen als Männer, ehrbare Bürger als Landstreicher und Vagabunden und Einheimische als Fremde (vgl. DÜLMEN1988, S. 45).

[304] GNM Nürnberg HS 3827, II f.7, zitiert nach DÜLMEN 1988, S. 45.

[305] GNM Nürnberg HS 3827, II f.10, zitiert nach DÜLMEN 1988, S.45.

### 3.5.5.2 Leibes- und Ehrenstrafen: Auf dem Pranger

Das frühneuzeitliche Strafsystem Nürnbergs kannte auch andere körperlich sehr schmerzhafte Strafen, bei denen meist mehrere Maßnahmen angewandt wurden. Jene kamen bei nicht mit dem Tode zu vergeltenden Delikten wie bestimmte Sittlichkeitsvergehen, Betrug, Gotteslästerung und einfachen Diebstählen zum Zug, waren aber meist nicht weniger grausam als die Todesstrafe selbst.[306] So wurden – laut dem Nürnberger Scharfrichter Meister Franz – zwischen 1578 und 1617 lediglich 15 der insgesamt 142 Diebstähle mit dem Tode gesühnt, jedoch 123 mit Rutenschlägen, eine mit dem Abschneiden eines Fingers und drei mit dem Pranger und Rutenschlägen abgebüßt.[307] Den meist komplexen Ablauf einer Abstrafung illustriert die Sanktionierung einer sehr jungen Diebsbande, die in der fränkischen Metropole gefasst wurde. Lediglich eines der Mitglieder wurde durch den Strang zum Tod verurteilt; die restlichen Diebe erhielten mildere, wenngleich aus heutiger Zeit nicht weniger inhumane Bestrafungen. Sie mussten zu fünft drei Tage längere Zeit auf dem Pranger verharren und sich dabei einen Strick als Symbol, dass sie, ohne die Gnade und Milde der Kläger, gehängt worden wären, um den Hals hängen. Dazu wurden ihre Hände fest mit einem dicken Strick auf deren Rücken gefesselt. Nach den langen Momenten öffentlicher Schmach auf dem Pranger wurde sie begleitet von Rutenschlägen zurück in die kalten Lochgefängnisse geworfen. Die Abstrafung der Gruppe gipfelte in der Sanktion der Hinrichtung ihres Diebesfreundes und Gesellen am Endlichen Rechts-

---

[306] Ende des 17. Jahrhunderts wurde beispielsweise in Nürnberg eine Diebin gefasst. Jene hatte lediglich ein Leinentuch und einen Korb mit Geschirr aus einem bürgerlichen Haus entwendet. Als Strafe dafür wurde sie eine halbe Stunde lang auf dem Nürnberger Pranger öffentlich zur Schau gestellt, ausgepeitscht und dann der Stadt verwiesen. Die gesamte Tragweite der qualvollen Pein wurde erst am nächsten Tag deutlich, als man die Delinquentin erfroren im kalten Schnee fand. (vgl. StA Nürnberger, Amts- und Standbücher 226, 257 ff., zitiert nach DÜLMEN 1988, S. 67).

[307] Vgl. SCHMIDT 1980.

tag zum Galgen beizuwohnen. Diese Maßnahme sollte sie abschrecken, bevor sie aus der Stadt Nürnberg auf ewig verwiesen wurden.[308]
Neben solchen Maßnahmen, war auch die Verstümmelungstechnik des Handabschlagens in Nürnberg noch lange in Gebrauch. Diese Methode wurde bei einem 1614 gefassten und sehr stadtbekannten[309] Wilddieb benutzt. Sein Schießen auf fremde Beute wurde durch das beidhändige Abschlagen all seiner Finger bestraft. Es folgte eine grausame Auspeitschung mit Rutenschlägen, bevor er bis in alle Ewigkeit der Stadt verwiesen wurde.[310]
Doch konnte erst im Jahre 1813 als die Nutzung des Galgens und des Prangers 1809/1810 abgeschafft wurde, mit dem durch Strafgesetzbuch für das Königreich Bayern, welches von Anselm von Feuerbach elaboriert worden war, das damals fortschrittlichste Gesetzbuch der Welt in Kraft treten.[311]

## 3.6 Der Prozess gegen den Vaganten, Räuber und Mörder Georg Müller aus Dormitz durch die Reichsstadt Nürnberg

Vor dem Hintergrund der Analyse der frühneuzeitlichen Strafverfolgung von Vagabunden und Gaunern in der Reichsstadt, soll nun ein Beispiel angeführt und analysiert werden, das *pars pro toto* für die reichsstädtischen Kriminalverfahrenstechniken steht. Obschon neuere Arbeiten deutscher Historiker und Historikerinnen zur Kriminalitätsgeschichte einen deutlichen Interessensschwerpunkt in der Frühen Neuzeit offenbaren,[312]so ist immer noch wenig über die Sicherheits-

---

[308] Vgl. GNM Nürnberg, HS 3837, f. 61, zitiert nach DÜLMEN 1988, S. 63.

[309] Bereits zuvor war er der Stadt verwiesen worden.

[310] Vgl. StA Nürnberger, Amts- und Standbücher 226, f. 62f., zitiert nach DÜLMEN 1988, S. 69.

[311] Vgl. Stadt Nürnberg (Hrsg.): *Stadtarchiv Nürnberg: Stadtlexikon.* Stichwort: Strafrecht. Nürnberg (online: http://online-service.nuernberg.de/stadtarchiv/zeig.FAU?sid=7405E7AE32&dm=2&ind=1&ipos=Strafrecht, letzter Zugriff 30.06.2013).

[312] Vgl. u.a. SCHEUTZ 2001; SCHEUTZ, Martin/WINKELBAUER Thomas: *Diebe, Sodomiten, Wilderer? Waldviertler Gerichtsakten des Landgerichts Jaidhof aus*

politik der Reichsstadt Nürnberg, deren Regulierung und Umsetzung durch das Exekutivpersonal zu Beginn der Frühen Neuzeit bekannt. Eine Tatsache, die umso mehr verwundert, als man sich gerade in der neueren Kriminalitätsforschung dezidiert gegen eine Gleichsetzung der zunehmenden Normproduktion und der Umsetzung der obrigkeitlichen Regulierungsansprüche, aussprach[313] und gerade für die Justizüberlieferung im Alten Reich im Sprengel des Staatsarchivs Nürnberg die Achtbücher zu Beginn der Frühen Neuzeit, zu einem großen Teil vorhanden sind. Der in der vorliegenden Arbeit selektierte Fall umfasst den Prozess gegen den Vaganten, Räuber und Mörder Georg Müller aus Dormitz durch die Reichsstadt Nürnberg. Eine besondere Schwierigkeit beim Auffinden eines solchen Falls war nicht nur der zeitlich relativ eng gefasste Rahmen, sondern insbesondere die spezifischen Deliktscharakteristika: Vagant, Räuber und Mörder.

---

*dem 18. Jahrhundert als Beitrag zur Sozialgeschichte* (= Forschungen zur Landeskunde von Niederösterreich, Band 29). St. Pölten 2005; MOSES, Anett: *Kriminalität in Baden im 19. Jahrhundert. Die „Übersicht der Strafrechtspflege“ als Quelle der historischen Kriminologie* (= Veröffentlichungen der Kommission für Geschichtliche Landeskunde in Baden-Württemberg: Reihe B. Forschungen, Band 163). Stuttgart 2006; MARTSCHUKAT, Jürgen Algimantas: *Inszeniertes Töten. Eine Geschichte der Todesstrafe vom 17. bis zum 19. Jahrhundert*. Köln 2000.

313 Vgl. SCHWERHOFF 2000, S. 31; DINGES, Martin: „Normsetzung als Praxis? oder: Warum werden die Normen zur Sachkultur und zum Verhalten so häufig wiederholt und was bedeutet dies für den Prozeß der ‚Sozialdisziplinierung‘?“, in: Jaritz, Gerhard (Hrsg.): *Norm und Praxis im Alltag des Mittelalters und der Frühen Neuzeit. Internationales Round-Table-Gespräch, Krems an der Donau, 7. Oktober 1996* (= Forschungen des Instituts für Realienkunde des Mittelalters und der Frühen Neuzeit, Band 2). Wien 1997, S. 39-53; SCHLUMBOHM, Jürgen: „Gesetze, die nicht durchgesetzt werden – ein Strukturmerkmal des frühneuzeitlichen Staates?“, in: *Geschichte und Gesellschaft* 23 (1997), S. 647-663, hier: 659f. Jener ist sogar der Meinung, dass die Gesetzgebungstätigkeit in der Frühen Neuzeit vielmehr symbolischen als verbindlichen Charakter besaß.

### 3.6.1 Die Kriminalakten zu Georg Müller: Problematiken und Auswertung

Bezeichnend für Nürnberg ist die Tatsache, dass die im folgenden veröffentlichte Kriminalakte des Achtbuchs zwar in der lokalen Literatur[314] ausgiebig behandelt worden ist, dass jene Gattung aber mangels ihrer Publikation im einschlägigen Schrifttum über deutsche Rechtsgeschichte fast durchwegs übersehen worden ist. Um nun den Wert und Bedeutung der Achtbücher auch nach 1400 [315] besser würdigen zu können, soll hier – anhand eines für die Strafverfolgung der Reichsstadt musterhaften Verhörprotokolls – exemplarisch ein Auszug daraus analysiert werden.

Die vorliegende Analyse des ausgewählten exemplarischen Falls, die Strafverfolgung Georg Müllers, beruht im Wesentlichen auf den bereits mehrfach erwähnten Nürnberger „Achtbüchern". Diese enthalten trotz ihres Namens nicht nur Ächtungen, sondern auch Todesurteile und Stadtverbannungen. Außerdem weisen sie mehrere Auszüge aus Verhörprotokollen auf. Sie berichten also über zahlreiche strafrechtliche Begebenheiten und sind – dies wird im Folgenden gezeigt werden – ein wesentliches Dokument eines sich immer mehr verdichtenden Herrschaftsgefüges. Für die in der vorliegenden Arbeit interessante Epoche der frühen Neuzeit kann man auf Überlieferungen

---

[314] Vgl. KNAPP 1891; KNAPP 1892.

[315] Für die Jahre von 1285-1400 liegt eine einschlägige Publikation von Werner Schultheiß vor; vgl. SCHULTHEIß, Werner: *Die Acht-, Verbots- und Fehdebücher Nürnbergs von 1285-1400* (= Quellen zur Geschichte und Kultur der Stadt Nürnberg, Band 2). Nürnberg 1960. Für die Zeit danach, insbesondere für die Frühe Neuzeit fehlen solche Quellen. Jene von Schultheiß edierten Acht- Verbots- und Fehdebücher der Reichsstadt wertete Martin Schüßler statistisch aus und fragte nach darin aufgelisteten Deliktsarten, Zeit und Ort der Tat, sozialem Hintergrund und Motiven der Täter (bzw. der Täterinnen). Dabei beobachtete er einen Wandel im Anklageverfahren von der Privatanklage bis hin zur öffentlichen Strafverfolgung der Delinquenten (vgl. SCHÜßLER, Martin: „Statistische Untersuchung des Verbrechens in Nürnberg im Zeitraum von 1285-1400", in: *Zeitschrift der Savigny-Stiftung für Rechtsgeschichte. Germanistische Abtheilung (ZRG GA)* 108 (1991), S. 117-193).

zu Beginn des 16. Jahrhunderts sowie für die Jahre von 1578 bis 1637[316] zurückgreifen.[317]
Die Archivalien zum untersuchten und analysierten Kriminalfall Müllers befinden sich im Repositorium 211 der Nürnberger „Achtsbücher", die unter die Kategorie der Amts- und Standbücher fallen. Sie sind im Original und als Kopie auf Mikrofilmen im Staatsarchiv der ehemaligen Reichsstadt Nürnberg aufbewahrt. Das entsprechende Amtsbuch zum Verhör Müllers umfasst die Zeit von 1588 bis 1593 und trägt den vielsagenden Titel: *Acht Buch. Darinen alle am Leben gerichtfertigte Persohnen, Vnd derselben Vrgichten beschrieben worden seyen, von 7. Febrary A. 1588 biß Vff 28 Juny Anno 1593.* Die Seiten 213 bis 235 (jeweils Rekto und Verso) behandeln die verschiedenen Verhöre sowie die Namen der Aufenthaltsorte und der Mittäter Georg Müllers, der bisweilen auch als der „dürre Jörg" bezeichnet wurde. Diese Schriftstücke bilden den Kern der Analyse in der vorliegenden Arbeit. Weitere Grundlage der Untersuchung ist der entsprechende Nürnberger Ratsverlass, welcher insbesondere für die Urteilsverkündung eine wichtige Rolle spielt, sowie der Tagebucheintrag des Scharfrichters Meister Franz. Jener richtete Georg Müller am 21. Juni 1593 zu Tode.
Befolgt man nun die Klassifizierung der Strafrechtsquellen nach Helfried Valentinisch, der diese in die übergeordneten Kategorien der Fahndungsakten, Strafvollzugsakten und Strafgerichtsakten[318] einteilt,

---

316 StAN, Rst. Nbg., Amts- und Standbücher 208-220. Siehe dazu auch Abbildung 3 im Anhang vorliegender Arbeit mit den gescannten Originaldokumenten zu den Amts- und Standbüchern 211, Nr. 213-235.

317 Die unmittelbarsten amtlichen Schriftquellen zur Nürnberger Strafverfolgung, die reinen Verhörprotokolle sind heute leider verloren. Reste sind erhalten in StAN, Rst. Nbg. Amts- und Standbücher 226b-226e (Verhörprotokolle des Stadtgerichts in Strafsachen 1576, 1578, 1586 sowie 1618, je nur ein bis zwei Monate); vgl. HAMPE, Theodor: *Die Nürnberger Malefizbücher als Quellen der reichsstädtischen Sittengeschichte vom 14. Bis zum 18. Jahrhundert* (= Neujahrsblätter, Band 17). Bamberg 1927, S. 1.

318 Vgl. VALENTINISCH, Helfried: „Fahndungs-, Gerichts- und Strafvollzugsakten als Quelle zur Alltagsgeschichte des Barockzeitalters," in: Pickl, Othmar/Feigl, Helmuth (Hrsg.): *Methoden und Probleme der Alltagsforschung im Zeitalter des*

so sind – im Fall Müller – vor allem erstere und letztere bedeutsam. Strafvollzugsakten spielen für den Nürnberger Fall keine Rolle, da sie Nachweise über Kosten des Strafvollzugs und Akten zur Freiheitsstrafe Verurteilter enthalten.[319] Zur ersten Gruppe gehören nicht nur Steckbriefe und Gaunerlisten, welche Informationen zu Aussehen und Name beinhalten, sondern auch die Verhörprotokolle selbst, die zum Zweck der Fahndung an andere Behörden weitergeleitet werden konnten.[320] Die Strafgerichtsakten unterteilt Valentinisch weiter in Strafprozessakten im eigentlichen Sinn, in sogenannte Schubakten, in Urfehdebriefe und in Abrechnungen über Verfahrenskosten. Im Fall des „dürren Jörgs“ spielen dabei die Strafprozessakten, also Schriften, die unmittelbar mit der Strafverfolgung in Verbindung stehen, eine wichtige Rolle. So sind die Verhörprotokolle, die direkt im Zusammenhang mit seinem Prozess angelegt wurden, der größte Komplex der Quellengattung der „Strafgerichtsakten“ Valentinischs.
Diese Protokolle der „Achtbücher“ entsprechen einer klaren, festumrissen Form. Der Grundtenor ist meist kurz und lakonisch und gibt keine Auskunft über die spezifischen Sanktionsmaßnahmen nach der Schwere des Verbrechens.[321] Den Kopf der Verhörprotokolle, so auch das Protokoll Georg Müllers, bildet eine kalligraphisch hervorgehobene Überschrift; hier werden die anwesenden Bürgermeister, das Datum, das Jahr und oftmals einige einleitende Worte zu dem Angeklagten und den anwesenden Personen angegeben. Den Abschluss bildet ein kurzes Fazit sowie die Angabe des Datums vom leitenden Beamten. Diese Achtbücher sind gleichsam dialogisch angelegt; so kann sich der Angeklagte, in diesem Fall Georg Müller, verteidigen, nachdem ihm etwas vorgehalten wurden. Diese Grundstruktur findet sich im Übrigen

---

*Barock.* (= Veröffentlichungen der Kommission für Wirtschafts- Sozial und Stadtgeschichte, Sonderband 1991). Wien 1992, S. 69-82, hier: S. 73.

[319] Vgl. VALENTINISCH, 1992, 77-79.

[320] MEIER, Thomas Dominik/WOLFERSBERGER, Rolf: *„Eine Heimat und doch keine“. Heimatlose und Nicht-Sesshafte in der Schweiz (16.-19. Jahrhundert).* Zürich 1998, S. 22.

[321] KNAPP, Hermann: *Beiträge zum alten Nürnberger Kriminalrecht.* Berlin 1895, S. 5.

auch bei den Verhörprotokollen des Amtsgerichts der Reichsritterschaft Sugenheim, wo man in ähnlicher Weise protokollierte.[322]
Äußerst aufschlussreich ist eine Analyse zum Aufbau von Verhörprotokollen durch Ulrike Gleixner. So differenziert diese in ihrer Untersuchung zu Unzuchtsverfahren im 18. Jahrhundert vier Ebenen der Zeit, die in jenen Protokollen zu finden sind.
Die erste Ebene bilden die einleitenden Worte zum Verhör; hier werden zumeist die Taten, also die Vorgeschichte kurz erläutert. Die zweite zentrale Ebene bilden die Verhörstage, die durch ein entsprechendes Datum gekennzeichnet sind. Am problematischsten verhält sich die dritte Ebene, also die Zeitebene, in der die eigentliche Niederschreibung des Verhörs erfolgt. Zentral ist hier, dass diese – entgegen aller Erwartung – nicht zwangsläufig bei der Befragung selbst im Gerichtszimmer stattfinden muss, also immer ein Jetzt-Protokoll darstellt. Vielmehr erfolgte in vielen Fällen die Aufzeichnung *a posteriori*, aus dem Gedächtnis. Die vierte und letzte Zeitebene bilden die später niedergeschriebenen Randbemerkungen, in diesem Fall beispielsweise die Kreuze, welche für die Hinrichtung Müllers stehen.[323]
Das quellenkritische Modell Gleixners verdeutlicht, dass es sich bei den Protokollen also nicht unbedingt um 1:1 Abbildungen der Realität und der historischen Wahrheit handelte; vielmehr waren bewusste oder unbewusste Verzerrungen, Auslassungen, Nivellierungen und Akzentuierungen an der Tagesordnung. Es handelte sich ja nicht um die exakte Darstellung des Berichts des Angeklagten, sondern oftmals um die Rekonstruktion des Verhörs durch den Schreiber. Ungewiss ist freilich auch mit welchem Quantum an Exaktheit das flüchtige Konzept in die Reinschrift transkribiert wurde. So konstatiert auch Martin Scheutz, der Gleixners Zeitkonzept übernimmt:[324]

---

322 Vgl. HELLER 2004, S. 33-39.

323 GLEIXNER, Ulrike: *„Das Mensch" und „der Kerl". Die Konstruktion von Geschlecht und Unzuchtsverfahren in der Frühen Neuzeit (1700-1760)* (= Reihe Geschichte und Geschlechter, Band 8). Frankfurt am Main/New York 1994, S. 26.

324 SCHEUTZ 2001, S. 69-71.

> „Die in Konzeptform abgefassten ‚summarischen' und ‚artikulierten' Verhöre werden in einer dritten Zeitebene von der Konzeptform in Reinschrift übertragen und dabei durch diesen Übertragungsvorgang auch verändert, wie der Vergleich der gelegentlich erhaltenen Konzepte mit den Reinschriften beweist [...] Die Genauigkeit, mit der das schnell mitgeschriebene Konzept in eine Reinschrift umgeformt wurde – also die Genauigkeit der Wiedergabe des tatsächlich Gesprochenen – ist ungewiß."[325]

Die Quellengattung der Verhörprotokolle ist also weit weniger authentisch und exakt als angenommen. Dazu kommt die Vermischung verschiedenster Ebenen der Sprache, von einer amtlichen Protokollsprache, bis hin zu einer dialektal gefärbten Alltagssprache, die in solchen Schriftstücken zu finden ist und ebenfalls als problematisch einzustufen ist.[326] Häufig finden sich Ausdrücke der Beleidigung, des Fluchens, der Unzüchtigkeit oder der Blasphemie. Freilich versuchte der zu Verhörende auch möglichst wenig Belastendes vor Gericht preiszugeben und bei den Befragern Sympathien und Mitleid zu erheischen[327] sowie sich und seine Angehörigen und Verbündeten mittels „Aussageverweigerung, falschen Aussagen und zum Teil komplett erfundenen Lebensgeschichten"[328] zu schützen.[329]
Ein weiteres Problem, das – neben der Vermengung der Zeitebenen und sprachlichen Register – bei der Analyse der Verhörprotokolle der Nürnberger „Achtsbücher" auftrat, war das Fehlen einer einheitlichen Orthographie. So wurde im Verhör Müllers oft ein und dasselbe Wort auf der gleichen Seite unterschiedlich geschrieben, was häufig zu Verständnisproblemen führte. Eine große Problematik der vorliegenden

---

325 SCHEUTZ 2001, S. 69f.
326 Vgl. MEIER/WOLFERSBERGER 1998, S. 26f.
327 Vgl. MEIER/WOLFERSBERGER 1998, S. 28.
328 MEIER/WOLFERSBERGER 1998, S. 28.
329 Die sprachliche Vielfalt der Protokolle stellt allerdings nicht nur ein Problem dar, sondern ist aus linguistischer Sicht auch ein wertvolles Zeugnis der damaligen Sprache, insbesondere der Substandardregister. Aus Perspektive der Geschichtswissenschaft sollte man die fehlende „absolute" Authentizität auch nicht zu stark problematisieren, da man immerhin (wenn auch überarbeitete) Belege für direkte Zeugenaussagen hat, und nicht auf eine reine Berichterstattung angewiesen ist.

Untersuchung zeigte sich außerdem in der Tatsache, dass jenes Protokoll aus dem Jahr 1593 nicht in der Edition Werner Schultheiß', der ja nur die transkribierten Achtbücher des Mittelalters, also von 1485 bis 1400 edierte,[330] aufgeführt ist; der Rest der Achtbücher – so auch der Auszug aus dem bearbeiteten Buch – lagert unediert im Staatsarchiv in Nürnberg. So erforderte die Auswertung und Transkription der zugrunde liegenden Quelle nicht nur paläographische Kenntnisse, sondern wurde insbesondere durch die zum Teil schwer lesbare Handschrift des Protokollanten erschwert.
Die transkribierten Verhörprotokolle, in diesem Fall das von Georg Müller, wurden sodann quellenkritisch – mit Blick auf das Gleixner'sche Schema der Zeitebenen – überprüft. Trotz aller genannten Problematiken, die bei der Untersuchung des reichsstädtischen Falls auftraten – beispielsweise, was die Verquickung der Sprachebenen, den Schreibstil oder auch die Verzerrungen der Tatsachen angeht – wurde diese herangezogen, da sie wichtige Dokumente zur Biographie von unterständischen Randgruppen[331] mit „Aussagen von Menschen, die [aufgrund des weit reichenden Analphabetismus] selbst keine schriftlichen Zeugnisse hinterlassen haben“ [332] bilden. Damit erlauben die Verhörprotokolle in den reichsstädtischen Achtsbüchern einen einzigartigen Einblick in das Alltagsleben der verhörten Personen der Stadt – jenseits der Ständeschranken. So auch der Kriminalfall Georg Müllers, dessen Prozess auf einer Vielzahl an Protokollseiten abgehandelt wurde.

### 3.6.2 Die Ermittlungen der Reichsstadt

Wenn der Vagant Georg Müller aufgrund zahlreicher Mordtaten und Räubereien zu Tode gerichtet wurde, so fiel er aufgrund dieser schwerwiegenden grausamen Tat in den Zuständigkeitsbereich des

---

330 Vgl. SCHULTHEIß 1960.
331 Vgl. MEIER/WOLFERSBERGER 1998, S. 20.
332 MEIER/WOLFERSBERGER 1998, S. 20.

Blut- oder Halsgerichts, also des „Inneren Rats". Hierauf verweist auch ein Notat eines gewissen Johannes Müllner: So gab ja der Kaiser, Karl IV. im März 1371 „den Bürgermeistern [...] zu Nürnberg[...] diese Macht [...]: wann schändliche Leut bei ihnen begriffen werden, und der mehrer Teil des Rates erkennet, dass man sie martern soll und des Reiches Richter dabei nit sein wollte, und daß ein Bürgermeister dabei sein mag, und dem hat er den Bann dazu verliehen."[333]
Der „Innere Rat", der sich aus bestimmten Bürgermeistern zusammensetzte, führte die Untersuchung und sprach als Instanz der hohen Jurisdiktion – wie weiter oben erwähnt – Leibes- bzw. Lebensstrafen gegen Delinquenten aus. So übernahmen die Leitung der Verhöre gegen den „dürren Jörg", deren Datierung zwischen Mitte Mai bis zum Urteilsspruch Mitte Juni anzusiedeln ist, die Bürgermeister des „Inneren Rats". Jene Mitglieder werden von Hermann Knapp gemeinhin als äußerst konservativ bezüglich des Strafvollzugs gekennzeichnet.[334] Ihr Selbstbewusstsein, ihre überdauernden Traditionen und ihre scheinbare Unfehlbarkeit sei Folge ihres „Festhalten[s] am Erbstück ihrer Väter."[335]
Die altehrwürdigen Ratsmitglieder waren im Fall Müller namentlich: Herr Martin Haller, Herr Hanns Nützel, Herrn Wolff Löffelholtz und Herr Carl Tetzel. Diese Bürgermeister blieben quasi die Herren des Prozesses gegen Georg Müller; allein sie bestimmten die zentralen Verhandlungsschritte sowie den Aufenthalt im Lochgefängnis und die Androhung und tatsächliche Anwendung der Folter. Jene waren auch bei der Verkündung des Todesurteils konstitutiv.

---

333 MÜLLNER, Johannes: *Die Annalen der Reichsstadt Nürnberg von 1623.* Teil II: 1351-1496 (Hrsg. von Gerhard Hirschmann). Nürnberg 1984, S. 56.
334 Vgl. KNAPP 1895, S. 4f.
335 KNAPP 1895, S. 5.

### 3.6.3 Die frühen Verhöre gegen Georg Müller alias den „dürren Georg/Jörg“

Nachdem der vermeintliche Delinquent Georg Müller am 14. Mai 1593 in der Stadt Nürnberg gefasst worden war,[336] wurde er von den aus dem Nürnberger Patriziat stammenden *Auditores*, dem Herrn Hanns Nützel und dem Herrn Wolff Löffelholtz zum Verhör geladen. Laut der *Carolina* von 1532 ist dieser eigentliche Rechtsfindungsprozess strikt von der Sanktion und der Urteilsfindung getrennt. Die Verhöre gegen Müller erfolgten unter Ausschluss der Öffentlichkeit, das Urteil wurde öffentlich verkündet und bei der Bestrafung selbst handelte es sich – wie im *Gros* der Fälle – um ein öffentliches „Event“, bei dem ein riesiges Publikum zugegen war.[337]
Nach seiner Arretierung wurde der Angeklagte Müller zunächst in das Lochgefängnis der Reichsstadt geworfen und am Folgetag den Bürgermeistern zum ersten Verhör gegenübergestellt. Der kurzen Anmerkung zur Gefangennahme und dem anschließenden Aufenthalt in einer der Zellen des Nürnberger Gefängnisses, geht dem eigentlichen Verhör eine bündige Deskription zur Person des Georg Müller voraus:

> „Georg Müller von Dormitz, sein Vater gewesener Mülner daselbst, auf dem Habernhof ein Kramer, sonst der Dürre Jörg genannt. Sagt, gestern wär er unten bei dem Stock gefangen und ins Loch geführt worden“[338]

Obwohl diese Angaben äußerst kurz gehalten sind, geben sie dennoch Aufschluss über seine Herkunft, als auch über seinen eigentliche Tätigkeit: Er schien sowohl Müller als auch Krämer gewesen zu sein und stammte aus dem kleinen Dorf Dormitz,[339] das ungefähr 25 Kilo-

[336] Vgl. StAN Rep. 211, Nr. 213/2, Verhörprotokoll vom 15. Mai 1593.
[337] Vgl. STURM, Friedrich: *Symbolische Todesstrafen* (= Kriminologischen Schriftenreihe der Deutschen Kriminologischen Gesellschaft, Band 5). Hamburg 1962.
[338] StAN Rep. 211, Nr. 214/1, Verhörprotokoll vom 15. Mai 1593.
[339] Dormitz, knapp 10 km östlich von Erlangen oberhalb der Schwabach gelegen, feierte 1992 sein 850 jähriges Bestehen. Zentrum des Ortes bildet die gotische, später barockisierte Pfarrkirche „Zu Unserer Lieben Frau“, die aufgrund der

meter nordöstlich von der Reichsstadt lag und liegt. Sein Alter gibt er am Ende des Verhörs an: ungefähr 27.[340]
Nach dieser kurzen Einleitung ist der Rat bestrebt, die Gründe der Festnahme des Missetäters in Erfahrung zu bringen. Georg Müller, der sich wohl keiner Schuld bewusst war, beziehungsweise vielmehr seine Taten nicht darlegen wollte, erwiderte, er „wüßte nicht, warum man ihn möcht gefangen haben, dann er sich keiner Untaten schuldig wüßte."[341] Er leugnete, bei einem Wirt in Reichenschwand Diebesgut entwendet zu haben und beteuert, er „habe sich auch sonsten [...] gar wohl und ehrlich verhalten."[342] Weiter betont er, dass er zwar sein Bett, das er für nur viereinhalb Gulden gekauft hatte, zwar für den erhöhten Preis von sieben Gulden verkaufen musste, doch handelte es sich aber nicht um mehr als „ein Pett, ein Polster und ein Küß".[343] Andere ihm vorgeworfenen, gesetzlich fragwürdige Taten, die er im Winter 1592/1593 begangen haben soll, könne er nicht verübt haben, da er „wie aber vermeldet den Winter über zu Rüsselbach [...] vom Herr Paul Behaim verhört ist gewesen dazu die ganze Zeit [...] nit ist aus seinem Haus kommen sei."[344]
Georg Müller sucht also durch seine Beteuerungsstrategie nichts Belastendes zu erwähnen und sucht gleichzeitig seine Schuld so gering wie möglich zu halten. Aus Erfahrung wussten die Befrager, dass es zu den gängigen Strategien der Angeklagten gehörte, den Hergang der Taten zu verschleiern oder bezüglich biographischer Aussagen zu

Markgrafenkriege als Wehrkirche zum Schutze der Landbevölkerung ausgebaut wurde. Zu den Gründungsurkunden (1416) dieser um 1400 erbauten Kirche und ihrer Geschichte sowie zur Rekonstruktion der heute nicht mehr erhaltenen Wehrmauern der Kirchenburg vgl. REHM, Hildegard: „Die Kirche ‚Zu Unserer Lieben Frau'", in: Gemeinde Dormitz (Hrsg.): *850 Jahre Dormitz. 1142-1992.* Dormitz: Gemeinde Dormitz 1992, 83-134; hier: 84-92, 107-119.

340 StAN Rep. 211, Nr. 214/1, Verhörprotokoll vom 15. Mai 1593.

341 StAN Rep. 211, Nr. 214/1, Verhörprotokoll vom 15. Mai 1593.

342 StAN Rep. 211, Nr. 214/1, Nr. 214/2, Verhörprotokoll vom 15. Mai 1593.

343 StAN Rep. 211, Nr. 214/2, Verhörprotokoll vom 15. Mai 1593.

344 StAN Rep. 211, Nr. 214/2, Verhörprotokoll vom 15. Mai 1593.

lügen.[345] Daher schenkt man Georg Müller vor Gericht nur wenig Glauben, zumal er sich in Widersprüche bezüglich seines Aufenthalts verwickelte. Diese so entstandenen Widersprüche trägt das Gericht auch immer wieder vor, wohl um den Inquisiten Müller zu beunruhigen. Da man Müller zu einer Aussage bringen will, wird er nach jener ersten Befragung „gebunden und bedroht“[346]. Dies war eine äußerst gängige Methode, da das gesamte Bemühen der Beamten darauf ausgelegt war, dem Täter ein Geständnis abzuringen.
Nach diesem eher kurzen Folterakt wird Georg Müller mit neuen, gegen ihn vorgebrachten Information konfrontiert, die man von einem Henker und einem Wirt eingeholt hatte. So soll er dem Henker „mit verlogenen Worten“ begegnet sein und leugnete in Röttenbach gestohlene Ware verkauft zu haben. Hier kommt seine Frau ins Spiel: So habe er die Ware nicht gestohlen, sondern „sein Weib habe draußen zu Röttenbach“ dem dortigen Meßner verschiedene Waren, darunter Teller, Kleidung und Schüsseln zur Aufbewahrung überreicht. Keines dieser Dinge sei gestohlen, sondern alles, auch Tischtücher oder Schürzen, wurden ihm geschenkt.[347]
Den Rest der gestohlenen Beute habe er von einem Dieb, genannt Wolff oder Teichgraber, dessen Name ihm nun doch plötzlich einzufallen schien, gekauft. Hierauf werden die Befrager stutzig: „Er habe oben angezeigt, dass er diesen [gemeint ist Wolff/Teichgraber] nicht kenne noch zu nennen wisse, an jetzo könne er ihn gar wohl

[345] BLAUERT, Andreas: *Sackgreifer und Beutelschneider. Die Diebesbande der Alten Lisel, ihre Streifzüge um den Bodensee und ihr Prozeß 1732*. Konstanz 1993, S. 15f.; SCHEUTZ, Martin: „Frühneuzeitliche Gerichtsakten als ‚Ego-Dokumente‘. Eine problematische Zuschreibung am Beispiel der Gaminger Gerichtsakten aus dem 18. Jahrhundert“, in: Thomas Winkelbauer (Hrsg.): *Vom Lebenslauf zur Biographie. Geschichte, Quellen und Probleme der historischen Biographik und Autobiographik* (= Schriftenreihe des Waldviertler Heimatbundes, Band 40), Horn/ Waidhofen an der Thaya 2000, S. 99-134, hier: S. 103; HELLER 2004, S. 31.
[346] StAN Rep. 211, Nr. 214/2, Verhörprotokoll vom 15. Mai 1593.
[347] StAN Rep. 211, Nr. 215/1, Verhörprotokoll vom 15. Mai 1593.

nennen, daraus dann wohl anzunehmen, dass er derselbe Teichgraber selbst sei und […] gestohlen habe."[348]
Daher soll er erneut aussagen und sein Gesagtes gegebenenfalls revidieren. Um die Wahrheitsfindung voranzutreiben, wurde erneut die Folter angewandt, doch auch danach plädierte Georg Müller für seine Unschuld; er habe die Ware nicht gestohlen, sondern „vom Wolffen um viereinhalb Gulden abgekauft, das wäre die Wahrheit." Doch Zeugen berichten, dass er „zu Weißenburg der Jungfrauen von Wildenstein" das Hab und Gut, das er dem Wirt zuvor gestohlen habe, verkauft hätte. Daraufhin schwärzt Georg Müller hier seinen Bruder an, den er des Verkaufs bezichtigt: „man wolle sich deswegen […] erkundigen, es sei zu Weißenburg sein Bruder, der heiße Hanns Müller, und sei ebenfalls ein Krämer"[349] und dieser soll die Ware dort an die jungen Frauen verkauft haben.
Daneben zeigt man sich auch bezüglich Müllers Aussagen über die beim Röttenbacher Meßner aufbewahrten Dinge skeptisch. So hat man dort nicht nur – wie vom „dürren Jörg" angegeben – Teller und Schüssel, sondern auch ein „rotseidenes sammet Röcklein, auch etliche Stücklein rotes, grünes und weißes Taft, desgleichen drei Stücklein Leintuch"[350] aufgefunden. Er solle deshalb aussagen, „wo er solche Stücklein genommen habe."[351] Georg Müller berichtet, dass seine Frau all diese Dinge seinem Schwager abgekauft habe. Doch die Anklagepunkte werden immer schwerwiegender und beschränken sich nicht nur auf kleinere Diebstähle oder den Verkauf von Hehlerware. So habe er „am Karfreitag des fünfzehnhundert Jahr und achtzigsten Jahr […] Cuntz Wölfel zu Kleinsendelbach, samt sein Weib überfallen, sie beide nackt und bloß aus dem Bett gezogen", die beiden schwer verwundet und – als Gipfel der Grausamkeit – „seinem [gemeint ist C. Wölfel] Weibe heißes Schmalz über den Leib"[352] gegossen. Danach habe man

[348] StAN Rep. 211, Nr. 215/2, Verhörprotokoll vom 15. Mai 1593.
[349] StAN Rep. 211, Nr. 215/2, 216/1, Verhörprotokoll vom 15. Mai 1593.
[350] StAN Rep. 211, Nr. 216/1, Verhörprotokoll vom 15. Mai 1593.
[351] StAN Rep. 211, Nr. 216/1, Verhörprotokoll vom 15. Mai 1593.
[352] StAN Rep. 211, Nr. 216/1, Verhörprotokoll vom 15. Mai 1593.

sie beide verenden lassen und ausgeraubt.[353] All diese Vorwürfe werden von Müller abgelehnt, da er sich zur Tatzeit ausschließlich in Schwabach aufhielt und „keinmal herab gen Sendelbach kommen sei, anders werde man es nicht erfahren, das wolle er Gott im Himmel zu Zeugen angerufen haben.“[354] Und erneut bezichtigt der Angeklagte seinen Bruder aus Weißenburg die Tat begangen zu haben und bittet deshalb um Gnade. Damit sucht Georg Müller möglichst plausible Antworten durch welche er jegliche Schuld von sich weisen will, zu geben und die Befrager zufriedenzustellen. Die Tatsache, dass er eine rechtmäßige Ehefrau besitzt, all die Diebstähle leugnet und letztlich auf ein Mitglied seiner Familie schiebt, passt in dieses Schema.

### 3.6.4 Die späteren Verhöre: Die Konfrontation Georg Müllers mit den vorgebrachten Anklagepunkten

Das Gericht ging nun präziser vor und versuchte die Angaben Georg Müllers durch weitere Recherchen und Nachforschungen zu überprüfen und diese gegebenenfalls zu widerlegen. Nach dieser ersten Welle der Ermittlungsarbeit, wurde Georg Müller knapp eine Woche nach seinem ersten Verhör, die er im dunklen und feuchten Lochgefängnis verbrachte, erneut befragt. Dieses lange Fristen, das In-die-Länge-Ziehen und die generelle Langwierigkeit der Inquisition war eine gängige Taktik der Überführung des Angeklagten.[355]

So berichteten nun die Inquirenten nicht nur von ihrem Wissen, dass Müller den Wirt bestohlen habe, „sondern man habe auch in eingenommener Erkundigung seither soviel erfahren, dass er [...] der Wissentlich verruften Mord, Räuber und Landsdieb einer sei.“[356] Georg Müller solle sich deshalb zu jenen Vorwürfen äußern und berichten „was er sonsten mehr für Übeltaten und Diebstahl begangen habe.“[357]

[353] StAN Rep. 211, Nr. 216/2, Verhörprotokoll vom 15. Mai 1593.
[354] StAN Rep. 211, Nr. 216/2, Verhörprotokoll vom 15. Mai 1593.
[355] Vgl. u.a. DANKER 1988, S. 151.
[356] StAN Rep. 211, Nr. 216/2, Verhörprotokoll vom 21. Mai 1593.
[357] StAN Rep. 211, Nr. 216/2, Verhörprotokoll vom 21. Mai 1593.

Mit jenem Vortrag scheinbar hundertprozentiger Wahrheiten über die Georg Müller genaue Kenntnis hatte, suchte man ihn nach und nach zu demoralisieren. Doch abermals beharrt Georg Müller nur die Wahrheit gesagt zu haben und er „auch keinen Beinamen hätte“.[358] Da jedoch ein Geständnis konstitutiv für die Bestrafung Müllers war, suchte man nun die Verbrechen mittels der Einholung von Zeugenaussagen zu rekonstruieren. Denn das Gebot der Verifikation setzte – so Uwe Danker – voraus, „daß die urteilsrelevanten Aussagen über Taten [...] von Opfern und Zeugen genau bestätigt werden mußten.“[359] Dies galt – damals wie heute – als gängige Ermittlungspraxis.[360]
So lud das Gericht für die weitere Vorgehensweise der *Interrogatia*, bezüglich des neuen Anklagepunktes eines Raubes an einem Niederndorfer Juden, wichtige Zeugen: die angeblichen Gefährten Müllers, Caspar Wechter und Hainrich Hausmann sowie dessen Ehefrau. Hätten die beiden Männer vorgegeben, den Angeklagten nicht zu kennen, „sollt ihm aber darauf des Hainrichen Weib vor Augen gestellt worden, hat diesselbige gesagt, dass er eben der Echte wär, so der dürre Jörg heiße und dass er den Juden zu Niederndorf hatte berauben helfen.“[361] Damit konnte Georg Müller seinen Beinamen nicht mehr bestreiten und bei der Tat, also dem Ausrauben und der Ermordung jenes Mannes präsent gewesen zu sein. Er gab auf sich zu verteidigen. Jedoch räumte jener auch hier ein – wohl zur Minderung seiner Schuld – lediglich „herausen vor dem Haus die Wacht“[362] gehabt zu haben. Auf diese Weise versucht er die Hauptschuld seinen Kameraden zuzuschieben.
Doch als nun auch noch Hainrich Hausman als Zeuge aussagte, dass der „dürre Jörg“ also Georg Müller, mit seinem Bruder „in des Juden Kammer gangen waren und denselben tödlich verwundet hatten, dass er

[358] StAN Rep. 211, Nr. 217/1, Verhörprotokoll vom 21. Mai 1593.
[359] DANKER 1988, S. 148f.
[360] Zur Thematik des Ermittlungsverfahrens, vgl. u.a. SCHILD, Wolfgang: *Alte Gerichtsbarkeit. Vom Gottesurteil bis zum Beginn der modernen Rechtsprechung*. München 1980, S. 153-159.
[361] StAN Rep. 211, Nr. 217, Verhörprotokoll vom 21. Mai 1593.
[362] StAN Rep. 211, Nr. 217/1, Verhörprotokoll vom 21. Mai 1593.

[der Überfallene] der Bank liegen blieben",[363] wurde die Beweislage gegen den Angeklagten erdrückend.
Er räumte nun zwar ein, er hätte nicht nur Wache gehalten, sondern wäre tatsächlich in das Zimmer des Opfers gegangen, doch auch hier versucht er noch sich selbst möglichst wenig zu belasten. Obschon er dem Juden einen Hieb mit dem Gewehr versetzt hatte, schiebt er den Mord auf seine Gefährten von denen er außer seinem Bruder angeblich keinen kannte. Er selbst „habe seine Wehr [seine Waffe] niemals entlöst",[364] doch wusste er durchaus von der Absicht das jüdische Opfer zu berauben. Doch habe er im Gegensatz zu den anderen nur Unbedeutendes entwendet: „Die anderen Burschen aber, die hatten zum Teil [...] Kleider" sowie „die Silbernen Becher zu sich geschafft und es mit sich hinweggetragen."[365]
Nach einer erneuten Folterandrohung gesteht Georg Müller außerdem, dass er „ein wenig länger als vor einem Jahr" Mittäter eines Raubes zu Eichenfeld war.[366] Auch beim Ausrauben eines Hirschbacher und Fürther Wirtes war er beteiligt. Doch Letzteres erfolgte wiederum nur „auf Anleitung des Friedel Schneider",[367] sodass Georg Müller wiederum nur eine Teilschuld zugeschrieben werden konnte.
Wirte schienen beliebte Opfer gewesen zu sein, denn auch einem Heroldsberger Gastwirt, namens Hans Fuchsen sei er „auch bei Nacht ungefähr vor 6 Wochen in die Stuben gestiegen und ihm bei [etwa] 15 fl aus dem Tisch gestohlen."[368] Seine Frau beschützte Georg Müller aber, diese hätte von seinen Diebstählen „kein Wissenschaft gehabt." Am Nachmittag desselben Tages erfolgte dann Müllers drittes Verhör.[369] Dieses schien dem Gericht notwendig, da man mit den bisherigen Aussagen „noch nicht gesättigt sein" konnte und nun –

363 StAN Rep. 211, Nr. 217/1, Verhörprotokoll vom 21. Mai 1593.
364 StAN Rep. 211, Nr. 217/2, Verhörprotokoll vom 21. Mai 1593.
365 StAN Rep. 211, Nr. 217/2, Verhörprotokoll vom 21. Mai 1593.
366 Vgl. StAN Rep. 211, Nr. 217/2, Verhörprotokoll vom 21. Mai 1593.
367 StAN Rep. 211, Nr. 218/1, Erstes Verhörprotokoll vom 21. Mai 1593.
368 StAN Rep. 211, Nr. 218/1, Erstes Verhörprotokoll vom 21. Mai 1593.
369 StAN Rep. 211, Nr. 218/2, Zweites Verhörprotokoll vom 21. Mai 1593.

neben dem Judenmord – weitere solche Straftaten aufdecken wollte. Georg Müller bekannte sich nach einer Anwendung der Folter, zu einem weiteren Diebstahl, bei dem er eine Wirtin um „etliche Stück Zinn aus dem Kuchen Kalter“[370] beraubt hatte.

Es folgt nun eine Enumeration weiterer Diebstähle und Häusereinbrüche im Umland „um jetzt vergangenen Sankt Georgentag“ sowie zur „vergangenen Lichtmess“.[371] Dazu kommen zahlreiche weitere Geständnisse zu Überfällen auf einen Bürger aus Cronach und einen Bauern aus Bad Staffelstein. Diese Hehlerware habe seine Frau weiter verkauft.[372]

Aufgrund seines anschließenden Schweigens wurde er erneut bedroht, sodass er sich zur Täter- bzw. Mittäterschaft diverser weiterer Untaten bekannte. So hätten er und seine Gesellen nicht nur einen Bauern und dessen Frau in Weißenburg überfallen[373], sondern „vor 2 Jahren an den Würzbauern zu Dornhaußen bei Nacht überfallen und hinten an seinem Haus schier die ganze Wand reingerissen.“[374]

Doch, wie so oft, versuchte Georg Müller auch hier seine Schuld und Strafe abzumildern und beim Gericht Mitleid zu erregen: „Er sei aber als der Schwächste unter ihnen gewesen, hätte den andern geleuchtet.“ Bei einem weiteren Raub gibt Georg Müller vor, seine Mittäter nur vereinzelt gekannt zu haben. Dazu erklärt er, dass die Opfer selbst – abgesehen von dem Raub – unversehrt blieben, da der Bauer aufgrund der Erntearbeit „vielleicht müd gewesen wär, also weder der Bauer oder die Bäuerin erwacht“ wären. Ein Umstand, der seine Strafe wohl wiederum mildern sollte.

Zudem führte der Angeklagte einen Überfall auf einen Reisenden an. So habe er „droben unter Eschenfelden und dem Hirschbach in einem Grund einen Karrnman“, der von Neustadt herausfuhr überfallen. Da dieser sich wehrte, hätten Georg Müller und sein Mittäter, der

[370] StAN Rep. 211, Nr. 218/2, Zweites Verhörprotokoll vom 21. Mai 1593.
[371] StAN Rep. 211, Nr. 218/2, Zweites Verhörprotokoll vom 21. Mai 1593.
[372] StAN Rep. 211, Nr. 219/1, Zweites Verhörprotokoll vom 21. Mai 1593.
[373] StAN Rep. 211, Nr. 219/2, Zweites Verhörprotokoll vom 21. Mai 1593.
[374] StAN Rep. 211, Nr. 219/2, Zweites Verhörprotokoll vom 21. Mai 1593.

„Langenbrucker“,[375] ihn „mit Fäusten ertrosselt und erstickt“. Außerdem hätten sie das geraubte Geld aufgeteilt. Das den Wagen ziehende Pferd hätten sie zurückgelassen, jenes „wäre hernach neben dem toten Körper nach Eschenfelden geführt worden.“[376]

Darauf folgte eine lange Liste weiterer Missetaten, wie Überfalle, Morde oder Brandstiftungen, die Georg Müller meist mit anderen Gaunern, die sich oftmals auf diversen Kirchweihen trafen, begangen hatte.[377] So konnten die anwesenden Befrager, die Bürgermeister des „Inneren Rates“ in Nürnberg sicher sein, dass vor ihnen nicht nur ein bloßer Vagant, sondern ein böser Räuber, Mörder und Dieb saß. Aufgrund der Tatsache, dass Georg Müller eine solch große Anzahl an illegalen Taten begangen hatte, war man sicher, dass „er sie selbstens nicht mehr alle zu erzählen wüßte.“[378]

Seitens des Gerichts war man sich daher sicher, dass er auch weitere, bisher geleugnete Taten begangen hatte. So gibt Georg Müller bei Androhung der erneuten Folter auch seine Mittäterschaft bei einem Raub in Buttenheim an.[379]

Beim vierten Verhör, das am „fünfften Juny Anno 1593“[380] erfolgte, wird Georg Müller dann zu seinen Gefährten befragt: Jener sollte aussagen, „was ihm von dem ein und dem anderen wissend sei.“ Zunächst gibt Georg Müller an, dass er außer seinem Bruder, Hans Müller, der auch der „dürre Hans“ genannt wurde und Hans Falckner, der auch als „der Bartel Henßlein“ bezeichnet wurde, niemanden kenne.[381] Nach einem weiteren Raubgeständnis, gibt er außerdem einen „Clauß Bader“, welcher „ein Bader zu Zachendorff“[382] gewesen sei, als einen seiner Mittäter an. Doch wird er hierbei von den Gerichtsbeamten

[375] StAN Rep. 211, Nr. 220/1, Zweites Verhörprotokoll vom 21. Mai 1593.
[376] StAN Rep. 211, Nr. 220/2, Zweites Verhörprotokoll vom 21. Mai 1593.
[377] Vgl. StAN Rep. 211, Nr. 220/2, 221/1, 221/2, 222/1, Zweites Verhörprotokoll vom 21. Mai 1593.
[378] StAN Rep. 211, Nr. 225/2, Zweites Verhörprotokoll vom 21. Mai 1593.
[379] Vgl. StAN Rep. 211, Nr. 225/2, Zweites Verhörprotokoll vom 21. Mai 1593.
[380] StAN Rep. 211, Nr. 226/1, Verhörprotokoll vom 5. Juni 1593.
[381] Vgl. StAN Rep. 211, Nr. 226/2 sowie 227/1, Verhörprotokoll vom 5. Juni 1593.
[382] StAN Rep. 211, Nr. 227/2, Verhörprotokoll vom 5. Juni 1593.

der Falschaussage überführt: „[H]ingegen aber in der eingenommenen Erkundigung sich befindet, dass entweder er das Dorff oder die Pershon nit recht genannt habe, sondern für Zachen-Zachendorff genannt haben würde.“[383]

Weitere Befragungen ergaben schließlich, dass Georg Müller selbst anscheinend nicht wisse, ob nun, dieser Clauß Bader, der vom sogenannten Lochschreiber als „eine junge lange und dürre Persohn“, dem „ein gelbes Bärtlein“[384] wüchse, beschrieben wird, ob der Ort nun „Zachen-Zechendorf oder anders hieße, das konnt er bey seiner seelen seeligkeit nicht gründtlich anzeigen“.[385] Der Inquisit Georg Müller versuchte auf diese Weise seine Falschaussage zu legitimieren. Auch das fünfte Verhörprotokoll, das ebenfalls im Juni abgehalten wurde,[386] scheint noch mehr Wahrheiten ans Licht zu bringen, da man nach „eingenommene[r] Erkundigung befunden, dass dieser Dürre Georg in etlichen Taten“ zumindest Beihilfe geleistet hätte, diese jedoch verschleiert hätte.

So gesteht der Angeklagte auch weitere mehrere Jahre zurückliegende Einfälle in Stöckach, Illfeldt oder Hersbruck.[387] Die Ratsherren befragten den Angeklagten zur exakten Wiedergabe und immer wieder zu genauen Tathergängen, bei denen Georg Müller genaue Angaben zu Ort, Zeit und Beute machen musste.[388] Doch – wohl auch erschöpft von der permanenten Befragung und den zahlreichen eingeschobenen Foltertechniken – macht der „dürre Jörg“ eine Falschaussage bezüglich eines Tatortes: „Aber für Weißenoe sollte er Mittelndorff gesagt haben.“[389]

[383] StAN Rep. 211, Nr. 227/2, Verhörprotokoll vom 5. Juni 1593.
[384] StAN Rep. 211, Nr. 227/2, Verhörprotokoll vom 5. Juni 1593.
[385] StAN Rep. 211, Nr. 227/2, Verhörprotokoll vom 5. Juni 1593.
[386] Es handelt sich um den 8. Juni.
[387] Vgl. StAN Rep. 211, Nr. 228/1; 228/2, 229/1, 229/2, Verhörprotokoll vom 8. Juni 1593.
[388] StAN Rep. 211, Nr. 230/1; 230/2, Erstes Verhörprotokoll vom 8. Juni 1593.
[389] StAN Rep. 211, Nr. 230/2, Erstes Verhörprotokoll vom 8. Juni 1593.

Am Nachmittag[390] desselben Tages folgte dann Müllers sechstes und letztes Verhör.[391] In diesem wurde Georg Müller eines erneuten Überfalls eines Hirten in Buckenhof überführt. Dieser Fall ist insbesondere interessant, und zwar insofern als er ein neues, noch gewalttätigeres und skrupelloseres Licht auf den Angeklagten wirft. So soll er oder einer seiner Mittäter „uff des Hirten Weib im Pört [= Bett] gefallen“ sein und „ihr etliche Löcher in Kopff geschlagen und gesagt habe, du allte Hure: thue geldt her.“[392]

Danach hätte man versucht sie mit einer Decke zu ersticken, nachdem man ihr Bein mit einer Kerze gebrannt hatte. Doch diese Tat schreibt Georg Müller – wenn überhaupt – seinen Komplizen zu: Doch „könnt [er] es aber uff sein höchst gewissen nicht gründtlich anzaigen, aber wol hab er gehört, das der Hirt vermeldet, sie sollten seinem armen weib nicht also übel mitfahren.“[393]

Auch hier positioniert sich der angeklagte Bandit also eher an den Rand des Geschehens; seine Mitschuld leugnet er zwar nicht, doch versucht er diese aufgrund seiner berichteten weitgehenden Passivität als Beihelfer zu mindern, zumal wohl auch die Initialzündung für diesen Überfall auch nicht von ihm ausging.[394]

In den nachfolgenden Ausführungen verstrickt sich der „dürre Jörg“ jedoch mehr und mehr in Widersprüche und so hält man ihm vor: „Er hab droben auch angezaigt, das er zum Loch nichts von Klaidern davon gebracht häatte, nun erfahre man aber das gegentheil. Derohalben er aufzaigen solle, was ihm alda Zuteil worden seye, wieviel seiner gesellen gewest.“[395]

---

390 Dies wird durch den Einschub „Post Meridiem“ vermittelt (StAN Rep. 211, Nr. 231/1, Zweites Verhörprotokoll vom 8. Juni 1593).

391 Vgl. StAN Rep. 211, Nr. 231/1, Zweites Verhörprotokoll vom 8. Juni 1593.

392 StAN Rep. 211, Nr. 231/1, Zweites Verhörprotokoll vom 8. Juni 1593.

393 StAN Rep. 211, Nr. 231/2, Zweites Verhörprotokoll vom 8. Juni 1593.

394 Vgl. StAN Rep. 211, Nr. 231/1, Zweites Verhörprotokoll vom 8. Juni 1593.

395 StAN Rep. 211, Nr. 232/2, Zweites Verhörprotokoll vom 8. Juni 1593.

Nach einer kurzen Auflistung einiger Mittäter, gibt er zwar die Namen einiger anderer Übeltäter und Übeltäterinnen an,[396] doch erklärt er, dass „dann das hin und widerlauffen und Gedöeß so groß gewest, das Ihmo unmöglich seye zuerzehlen, was einer oder der ander gethan habe.“[397]
Weitere Ermittlungsarbeit ergab wohl, dass Georg Müller auch in einen Fürther Laden, dessen Besitzer ein Jude war, eingebrochen sei. Zwar gesteht Müller hier die passive Mittäterschaft: „[S]o hette er heraussen stehen und achtung geben müssen, das vorn keiner herauß gekrochen und Ihres fürhabens gewahr worden [...]“,[398] doch hätte er, nachdem der vom Eigentümer entdeckt worden war, schnell Reißaus genommen; seine Mittäter hätte er seither nicht gesehen und auch von der Beute hätte er nichts abbekommen.[399]
Dazu leugnet er – trotz einschlägiger Informationen, die dem Gericht vorliegen – den Einbruch beim Juden und beteuert, „er habe durchauß kein wissen hievon, es geschehe Ihmo unrecht an dieser Bezichtung.“[400]
Bei vielen Vergehen sei er außerdem nur der eher inaktive Mittäter gewesen, so dass er letztlich nicht die eigentlichen Verbrechen begangen hatte, sondern nur ein einfacher Helfer, ein Handlanger der eigentlichen Banditen gewesen sei.
Immer wieder nennt er dabei auch seinen Bruder als Mittäter. Die Gerichtsbeamten fordern Georg Müller daher auf, Auskunft über die diversen Taten zu geben, bei denen auch der Bruder zugegen gewesen sei. Zudem wollen sie in Erfahrung bringen, „wie derselbe von Angesicht und Persohn gestalltet sey“.[401] Da Georg Müller – laut eigenen Angaben – sein Gewissen erleichtern möchte, gibt er nun genauere Auskunft über diejenigen Einfälle, bei denen sein Bruder anwesend war. So in Niederndorf, Schnaittach und zur Stockmühl, bei

[396] Vgl. StAN Rep. 211, Nr. 232/1, 232/2, 233/1, Zweites Verhörprotokoll vom 8. Juni 1593.
[397] StAN Rep. 211, Nr. 232/2, Zweites Verhörprotokoll vom 8. Juni 1593.
[398] StAN Rep. 211, Nr. 234/1, Zweites Verhörprotokoll vom 8. Juni 1593.
[399] Vgl. StAN Rep. 211, Nr. 234/1, Zweites Verhörprotokoll vom 8. Juni 1593.
[400] StAN Rep. 211, Nr. 234/2, Zweites Verhörprotokoll vom 8. Juni 1593.
[401] StAN Rep. 211, Nr. 234/2, Zweites Verhörprotokoll vom 8. Juni 1593.

der er auch genaue Angaben zur Beute, die dem Bruder zukam macht: „Zu Niederndorff ein [...] Goller, einen rothen Weiber Rock, und einen Parcheten Pauern Kittel und zur Stockmühl für 8 fl. flachs [...] und dritthalben Laibbrodts.“[402] In Schnaittach allerdings hätte auch der Bruder nichts erbeutet.[403]

Der „dürre Jörg“ gibt also viele Informationen bezüglich seines zwei Jahre jüngeren Bruders, Hans, auch „der dürre Hannß“ oder der „dürre Henßlein genannt“[404] Preis. Obgleich er einräumt, er wisse nichts über dessen Mittäterschaft bei einem Überfall in Kleinsendelbach, so legt er den Verhörenden trotzdem eine Fährte zur weiteren Ermittlungsarbeit, die diesmal gegen Hans Müller gehen soll.

Dazu gibt er auch ausführlich Auskunft über dessen Erscheinungsbild: „[S]o were sein Bruder 2 Jahr Jünger alß er sogar und möchte ungefehrlich bey vier- oder fünffundzwanzig Jahre alt sein, hatt liderne Kleider an und ein Filzhut auf, hett aber noch gar keinen Parth und ein langes Haar.“[405]

Mit diesen Angaben, mit denen Georg Müller seinen eigenen Bruder diverser illegaler Taten beschuldigt, schließt das Verhör.[406] So hat „der dürre Jörg“ nicht nur von sich selbst das Mitwirken an einigen Einbrüchen, Schlägereien und anderen Untaten gestanden. Aufgrund seines Geständnisses ist die Ermittlungsarbeit erfolgreich verlaufen und es „ist ihm auf künftigen Donnerstag den 21. Juni 1593 ein erstlicher peinlicher Rechtstag angesagt worden.“[407]

Weshalb gab Georg Müller diverse Taten zu? Er kannte ja wohl, die Regelungen der *Constitutio Criminalis Carolina*, nach denen eine Verurteilung nur durch sein Geständnis rechtsmäßig war. Wieso zeigte er sich außerdem relativ auskunftsfreudig, was die Taten seiner Gefährten und zum Teil Mithäftlinge, insbesondere seines Bruders

---

402 StAN Rep. 211, Nr. 234/2, Zweites Verhörprotokoll vom 8. Juni 1593.
403 Vgl. StAN Rep. 211, Nr. 234/2, Zweites Verhörprotokoll vom 8. Juni 1593.
404 StAN Rep. 211, Nr. 235/1, Zweites Verhörprotokoll vom 8. Juni 1593.
405 StAN Rep. 211, Nr. 235/1, Zweites Verhörprotokoll vom 8. Juni 1593.
406 Vgl. StAN Rep. 211, Nr. 235/1, Zweites Verhörprotokoll vom 8. Juni 1593.
407 StAN Rep. 211, Nr. 235/2, Zweites Verhörprotokoll vom 8. Juni 1593.

anging? Solche Denunziationen waren laut Danker keine Seltenheit, oftmals bezichtigten sich viele, parallel befragten Häftlinge gegenseitig und „insbesondere die vorgeblich größten Banditen erwiesen sich als die besten und willfährigsten Helfer der Inquirenten“[408] und so kam es, dass viele unaufgefordert anfingen, nicht nur über ihre eigenen Untaten zu berichten, sondern darüber hinaus auch viele Gefährten, Mittäter oder auch völlig fremde Personen beschuldigten.[409]
All diese Fragen nach den genauen Gründen Georg Müllers müssen unbeantwortet bleiben; aus heutiger Sicht ist die Rekonstruktion der eigentlichen Verhörsituation äußerst schwierig, da das Protokoll ja ebenfalls mit einigen Problematiken behaftet ist.[410] Auch Martin Scheutz konstatiert diesebzüglich:

> „Man weiß über die konkrete Situation vor Gericht wenig. Gewiß ist, daß der ungewohnte „Schauplatz“ die Aussage der Angeklagten und Zeugen wesentlich beeinflusste, wenngleich dies auch nur selten protokollarischen Niederschlag fand. Das Schlagen der Verhörten oder andere gerichtliche Drohgebärden, [...] fanden nur zeitweilig Eingang in die Protokolle, manchmal wurden die nonverbalen oder emotionalen Äußerungen der Verhörten schriftlich vermerkt, deren Lachen oder ihr Weinen, seltener schon die gerichtlichen Druckmittel.“[411]

Diese Probleme betreffen auch den vorliegenden Fall. Zwar liegt ein schriftliches Protokoll vor, doch wissen wir wenig, über zusätzliche Umstände des eigentlichen Verlaufs der Befragung – die Kluft zwischen Protokolliertem und tatsächlich Geschehenem ist groß. Dazu ist zu bedenken, dass Georg Müller zwischen den Verhören, die sich zum Teil über mehrere Stunden zogen, ins Lochgefängnis geworfen wurde; gab er bestimmte Dinge nicht gleich zu, wurde er bedroht und gegebenenfalls gefoltert.

408 DANKER 1988, S. 152.
409 Vgl. DANKER 1988, S. 153.
410 Vgl. Kapitel 3.6.1 der vorliegenden Arbeit.
411 SCHEUTZ 2001, S. 69.

So ist der historische Aussagewert des Protokolls kritisch zu betrachten. Dennoch sind solche Verhörprotokolle letztlich notwendige, wenn auch teilweise ungeliebte Quellen auf dem historischen Terrain. Für die Rekonstruktion der Situation ist es daher wichtig, etwaige Faktoren, wie den Aufbau psychischen Drucks, die Inhaftierung im Lochgefängnis und die Anwendung der Folter, die Georg Müller zu einem Geständnis gebracht haben, zu analysieren.

### 3.6.5 Die Überführungsmethoden der Nürnberger Ratsherrschaft

#### 3.6.5.1 Suprateritoriale Kommunikation: Die freie Reichsstadt Weißenburg und Kleinsendelbach im Bamberger Hochstift

Bezüglich der Maßnahmen zur Überführung erhält auch hier – ähnlich wie im Sugenheimer Fall[412] oder im Fränkischen Reichskreis – das Moment der Überterritorialität eine besondere Bedeutung. Jene supraterritoriale Zusammenarbeit scheint fast ein Charakteristikum des frühneuzeitlichen Staates gewesen zu sein und wurde in Franken aufgrund dessen territorialer Vielherrigkeit noch einmal verstärkt.[413] Auch in der Reichsstadt Nürnberg war man seit jeher fest verankert im Kooperationssystem[414] und so galt diese bereits im Mittelalter als „Informationsdrehscheibe."[415]

[412] Vgl. HELLER 2004, S. 28-58.

[413] Vgl. WÜST, Wolfgang: „Überterritoriale Werte- und Vertrauensbildung: Geheimnisse, Gesetze, Ordnungen und Satzungen im Austausch", in: Wüst, Wolfgang (Hrsg.): *Frankens Städte und Territorien als Kulturdrehscheibe.* Kommunikation in der Mitte Deutschlands. Interdisziplinäre Tagung vom 29. bis 30. September 2006, Weißenburg in Bayern (= Mittelfränkische Studien, Band 19). Ansbach 2008, S. 161-186, hier: S. 161.

[414] Die intensive und sehr weitläufige Kooperations- und Korrespondenztätigkeit wird anhand der Kongruenz zahlreicher Gesetze mit anderen Städten deutlich. So stellte sich im 15. Und 16. Jahrhundert in Nürnberg ein mit Venedig identisches Medizinalrecht ein. Eine Tatsache, die auf einen ungemein großen Kommuni-

Die Ratsherren zu Nürnberg betrieben daher auch im Müller'schen Fall eine sorgfältige und ausgiebige Ermittlungsarbeit über die Stadtmauern hinaus, welche auch in den Quellen immer wieder betont wird. So hätten die Inquirenten „durch gebürliche verhör und erkundigung“[416] zahlreiche Informationen bezüglich des rechtswidrigen Verhaltens Georg Müllers in Erfahrung gebracht: So wisse man, nach gewissenhafter Einholung von Informationen und gründlicher Abwägung des Für und Wider, dass er den Jungfrauen „zu Weissenburg“[417] die von einem Wirt gestohlenen Beute verkaufte.[418]

Was genau die Weißenburger berichteten, ist schwer nachzuvollziehen, da die sogenannten Missivbücher jener Reichsstadt, die Auskunft über die Korrespondenzen geben, nicht für unsere Zeit, sondern lediglich für den zeitlichen Rahmen von 1621 bis 1770 erhalten sind.[419] Diese Einholung von Informationen von Zeugen aus einer anderen mittelfränkischen Reichsstadt zeigt, dass auch die stolzen Nürnberger Ratsherren sich nicht auf das eigene Stadtgebiet beschränkten, sondern eben auch die suprateritoriale Kommunikation nicht scheuten. Bereits im Spätmittelalter finden sich Zeugnisse zahlreicher Kontakte zwischen Weißenburg und Nürnberg.[420]

So wurden schon zu Beginn des 15. Jahrhunderts, 1405, die Friedensinteressen der beiden Städte durch territorienübergreifende Kooperation koordiniert. Von diesem interreichsstädtischen Kontakt profierte vor allem das ratsherrliche Gericht.[421] Er führte zudem zur Konsolidierung

---

kations- und Kooperationsradius der Reichsstadt schließen lässt (vgl. WÜST 2008, S. 164)

415 WÜST 2008, S. 162.

416 StAN Rep. 211, Nr. 213/2, Verhörprotokoll vom 15. Mai 1593.

417 StAN Rep. 211, Nr. 215/2, Verhörprotokoll vom 15. Mai 1593.

418 Vgl. StAN Rep. 211, Nr. 215/2, Verhörprotokoll vom 15. Mai 1593.

419 Vgl. UNTHEIM, Carina: „Weißenburg im städtisch territorialen Kommunikationsnetz der Frühmoderne“, in: Wüst, Wolfgang (Hrsg.): *Frankens Städte und Territorien als Kulturdrehscheibe.* Kommunikation in der Mitte Deutschlands. Interdisziplinäre Tagung vom 29. bis 30. September 2006, Weißenburg in Bayern (= Mittelfränkische Studien, Band 19). Ansbach 2008, S. 139-160, hier: S. 149.

420 Vgl. WÜST 2008, S. 163.

421 Vgl. WÜST 2008, S. 181.

der Rechtsstaatlichkeit: Es handelte sich um eine Kommunikation, die aus der Not geboren war; schließlich musste man sich vernetzen, um Müller überführen zu können, die strafrechtlichen Bestimmungen zur Geltung zu bringen und damit den eigenen ratsherrlichen Machtansprüchen gerecht zu werden.

Dieses Vorgehen diente ja der Wahrheitsfindung und stand damit ganz im Zeichen des *carolinischen* Verifikationsgebots. Dadurch baute man enormen psychischen Druck auf, der durch die geschickte Positionierung der Ratsherren in die Rolle der Allwissenden noch gesteigert wurde. In ähnlicher Weise verhielt man sich auch im Fall des gewaltsamen Einbruchs bei dem im Hochstift Bamberg gelegenen Dorf Kleinsendelbach. Auch hier gaben sich die Inquirenten wissend und führten den gegen Müller vorliegenden Tatbestand detailliert aus. Ohne ausreichende Kontakte mit Zeugen oder Opfer, wäre dies wohl nicht möglich gewesen.

Daneben geht aus den Verhörprotokollen hervor, dass zwischen dem ersten Verhör Georg Müllers vom 15. Mai und dem 2. Verhör vom 21. Mai ganze sechs Tage lagen. In diesem Zeitraum ließen die Ratsherren den Fall jedoch nicht ruhen. Vielmehr – und dies geht aus der protokollarischen Mitschrift hervor – wurden neue wesentliche Informationen von auswärts eingeholt und „in eingenommener erkhundigung seithero soviel erfahren, das er [gemeint ist Georg Müller] [...] der Wissentlichten vehruften Mörd, Räuber und Landesdieb einer seye.“[422] Daraufhin lädt man die Zeugen vor; der psychische Druck auf den Inquisiten scheint daraufhin zu groß, so dass er letztlich auch den Überfall auf den Juden in Niederndorf, einem Vorort Herzogenaurachs, gesteht.[423]

Eine derartige Vorgehensweise weist zum Einen auf die Einhaltung des in der „Peinlichen Halsgerichtsordnung“ festgelegten Prinzips des Wahrheitsnachweises hin und gewährt zum Anderen ein gewisses Quantum an Rechtssicherheit und sorgt damit insbesondere für den

---

422 StAN Rep. 211, Nr. 216/2, Verhörprotokoll vom 21. Mai 1593.

423 Vgl. StAN Rep. 211, Nr. 216/2; 217/1, Verhörprotokoll vom 21. Mai 1593.

Schutz des Angeklagten vor reiner Willkür im strafrechtlichen Prozess. Denn lassen sich die rechtswidrig anmutenden Indizien und persönlichen Mutmaßungen nicht verifizieren, so ist auch keine Verurteilung des Inquisiten möglich. Obschon dies durchaus positiv zu bewerten ist, darf nicht vergessen werden, dass die Ratsherrschaft von vornherein überzeugt von der Schuld Georg Müllers war. Diese galt es zu beweisen. Georg Müller und die Inquisitoren stehen sich damit als Gegenspieler diametral gegenüber. Die Ratsherren fungieren als Antipoden, da die Frage nach der Unschuld des Inquirenten letztlich nie gestellt wird.
Trotzdem ist jene gründliche Ermittlungsarbeit, über die Reichsstadt hinaus als äußerst positiv zu bewerten und spricht eben gegen eine Isolation Nürnbergs, die sich ja, wie die Beispiele gezeigt haben, auf eine offene Kommunikation mit dem Hochstift Bamberg und der freien Reichsstadt einlässt – und zwar fernab von jeglicher städtischer Eigenbrötelei.

#### 3.6.5.2 Die Anwendung der Folter als zentrales Merkmal des frühneuzeitlichen Inquisitionsprozesses

##### 3.6.5.2.1 Die Parallelbefragung von Mittätern als Vorstufe der Folter

Was die weitere Verhör- und Überführungstaktik der Nürnberger Inquirenten anging, so erwies sich diese als sehr ausgefeilt; der ursprünglich unbeugsame Delinquent Müller, der zu keiner Aussage bereit war und anfangs alles leugnete, wurde im Verlauf der Protokolle immer auskunftsfreudiger und bekannte sich in vielerlei Hinsicht als schuldig. Nicht nur dadurch, dass sich die Ratsherren als Allwissende gerierten, sondern auch durch das stete Vortragen der Widersprüche, in die sich Georg Müller verstrickt hatte oder durch die Länge der Befragung, suchten sie den Angeklagten zu demoralisieren.

Das Interesse unserer Nürnberger Ratsherrschen galt dem detaillierten Geständnis und der genauen Erkenntnis der Umstände der Tat – man war daher bestrebt enormen psychischen Druck auf Georg Müller auszuüben. So kam bei den Überführungsversuchen in Nürnberg noch ein weiteres zentrales Moment hinzu: Die Vernehmung von Mittätern Müllers und das Unwissen der dieser Inquisiten darüber, was der andere jeweils angab. So wurde parallel und zum Teil zeitlich versetzt auch sein zeitweiliger Mittäter „Hainrichen Haußman von Calckar, Vierzehn Meil under Köln gelegen, ein fell- oder Ledertreger“[424] befragt.
Damit kam den Inquirenten bei der Geständniserbringung wohl auch die Angst des „dürren Jörgs“ zu Gute, ob sein Mittäter und Gefährte stark genug sein würde, ebenfalls keine Aussagen bezüglich der begangen Taten zu treffen. Denn sobald einer von den Komplizen auspackte, könnten ja dessen Aussagen auch gegen ihn verwendet werden. Der dadurch entstandene, geschilderte psychische Druck und die Anspannung, die nun auf Müller lasteten, müssen enorm gewesen sein.

### 3.6.5.2.2 Das Loch

Typisch für den lakonischen Grundtenor der vorliegenden Verhörprotokolle, wird eine weitere Komponente, die Aufschluss über die extreme Brutalität und die unsäglichen Qualen, die Georg Müller erleiden musste, nur kurz angesprochen: „Georg Müller[...] sonst der Dürre Jörg genannt sagt, gestern wäre er unten bey dem Stock gefangen und ins Loch herab geführt worden.“[425] Dieser kurze Verweis gibt keinesfalls Aufschluss über das Maß der Pein, das Müller damit erfuhr. So galt ein Aufenthalt in jenem Nürnberger Gefängnis als menschenunwürdig. Die Bezeichnung „Gefängnis“ ist hierbei jedoch trügerisch, da diese Gefängnisse keine Strafvollzugsanstalten im heutigen Sinne waren, sondern vor allen Dingen als Orte der Untersuchung von

[424] StAN Rep. 211, Nr. 213/2, Verhörprotokoll vom 15. Mai 1593.
[425] StAN Rep. 211, Nr. 214/1, Verhörprotokoll vom 15. Mai 1593.

Missetätern vor deren Verurteilung zu Lebens- oder Leibesstrafen dienten.[426]
Hermann Knapp beschreibt die unglaublichen Missstände, die in den Nürnberger Zuchthäusern anzutreffen waren: Die Betten zerfetzt, die Zimmer nass und kalt, die Behandlung grausam und die dort verteilte Nahrung war alles andere als üppig.[427] Doch im Vergleich zu den inhaftierten Insassen des Lochgefängnisses, wo man jeglichen Fortschritt scheute und seit dem Mittealter keine Veränderungen bezüglich der Behandlung der Missetäter eingetreten waren, war die Lage der Zuchthausgefangenen geradezu luxuriös.[428]
Auch im globalen Vergleich seien die Nürnberger Gefängnisse generell in einem desolaten Zustand gewesen, wobei insbesondere das Nürnberger Lochgefängnis als der unheilvolle Sieger hervorgeht: Nirgends „ist der Zustand der Gefängnisse, die Behandlung der Gefangenen so übel beschaffen, als in Nürnberg.
Als das Allerschrecklichste zeichnet sich aber das Loch aus. Hier verfährt man gegen jeden ohne Unterschied des Verbrechens unmenschlich: Eingekerkert in einem gruftigen Keller ohne genügend Schutz gegen den Frost und zumeist ohne Licht, des Winters von athembeengenden Kohlendunst umhaucht, schmachtet er […] jeder menschenwürdigen Pflege beraubt.“[429]
Zwar war Georg Müller nicht in den eisigen Wintermonaten inhaftiert, doch dürfte sein Aufenthalt, eingepfercht in den dunkelsten und düstersten Kammern, womöglich noch mit Füßen an Ketten geschmiedet, alles andere als angenehm gewesen sein. In seiner etwa sechswöchigen Gefangenschaft während derer er keine Unterscheidung zwischen Tag und Nacht vernehmen konnte, war auch die ärztliche Versorgung mehr als unzureichend. Und allein der ekelerregende

---

[426] Vgl. KNAPP 1895, S. 66.
[427] Vgl. KNAPP 1895, S. 74.
[428] Vgl. KNAPP 1895, S. 75.
[429] KNAPP 1895, S. 76.

Geruch, welcher in einem Lochgedicht als „leichenübel" beschrieben wurde, dürfte eine permanente Qual gewesen sein.[430]
So dürfte nicht zuletzt die Inhumanität der Situation in jenem Lochgefängnis zu depressiven Zuständen, Schwermut und extremer Verzweiflung bei Georg Müller geführt haben. Doch kannte er den Ausweg: das den eigenen Tod bedeutende Geständnis.

### 3.6.5.2.3 Die Folter

Leugnete der Lochinsasse, Georg Müller, anfänglich die begangenen Straftaten, so gestand er nach und nach sein illegales Wirken. Erst dieses Geständnis ermöglichte seine Verurteilung zum Tode auf dem Rechtstag am 21. Juni. Nach den Regelungen der *Carolina* reichten ja weder eindeutige Hinweise, noch Zeugenaussagen aus, um Georg Müller zu belasten. So war die Erbringung eines freiwilligen Bekenntnisses unabdingbar für das Gericht.[431] Um die Ermittlungen zu einem Ende zu bringen, also eine Verurteilung herbeizuführen, schien den Nürnberger Herren der Frühen Neuzeit jedes Mittel probat.
Dazu gehörte auch die Folter, welche laut Danker den „Inbegriff der Inhumanität des alten Strafsystems"[432] und „das Instrument der Wahrheitsfindung"[433] schlechthin darstellte.
In der Peinlichen Halsgerichtsordnung Karls V. von 1532 war das genaue *Procedere* des Folterns festgehalten. So durfte diese nur dann angewandt werden, wenn ein Tatbestand „für angenommen oder bewisen erkannt würd."[434]
Da man auch im Falle Müllers genug Belastendes gegen den Angeklagten vorliegenden hatte, dieser jedoch nicht sofort gestand

---

430 Vgl. KNAPP 1895, S. 76f.
431 Vgl. SCHILD, Wolfgang: *Geschichte der Gerichtsbarkeit. Vom Gottesurteil bis zum Beginn der modernen Rechtsprechung. 1000 Jahre Grausamkeit. Hintergründe, Urteile, Aberglaube, Hexen, Folter, Tod.* Hamburg 1997, S. 160.
432 DÜLMEN 1988, S. 29.
433 DANKER 1988, S. 137.
434 Constitutio Criminalis Carolina, Art. 45.

bzw. durch die anfänglichen Vorwürfe nicht zu einem Geständnis zu bewegen war, war die Anwendung der Folter, also der peinlichen Befragung, die logische, gesetzlich abgesicherte Konsequenz. Im Alten Reich war sie ein bewährtes Mittel zur Geständniserbringung und fester Bestandteil des Inquisitionsprozesses,[435] wie auch der Sugenheimer Fall illustrierte.[436]

Immer wieder finden sich in den bearbeiteten Verhörprotokollen Hinweise auf die konkrete Anwendung jener grausamen Methode, auch wenn die *Carolina* selbst keine konkreten Angaben über die tatsächlichen Abläufe gab. Wie die Folter aussah, war der subjektiven Einschätzung der Verhörenden überlassen, sie soll „nach gelegenheyt des arkwons der person, vil offt oder wenig, hart oder linder nach ermessung eyns guten vernünfftigen richters, fürgenommen werden.“[437] Insgesamt kannte die Folterpraxis meist fünf Anwendungsschritte,[438] die graduell angelegt waren.[439]

Umfasste der erste Grad lediglich die Folterandrohung und war damit außerhalb der eigentlichen Folterkammern anzusiedeln, wurde der nicht geständige Angeklagte im zweiten Grad mit den grausam anmutenden Folterinstrumenten in der Kammer konfrontiert. Erst ab dem dritten Grad, wurde die tatsächliche Folter, die wiederum in rechte, ziemliche und scharfe Tortur einzuteilen war, angewandt.

Friedrich Merzbacher nennt hier die Anwendung der Daumenschrauben als die humanste Form des Folterns, die durch die Einsetzung von Beinschrauben und spanische Stiefel gesteigert wurde. Die grausamsten Foltermethoden umfasst das Aufhängen oder das Entlangspannen des Körpers auf einer Leiter, das durch das Brennen mit Fackeln oder die

---

435 Vgl. DANKER 1988, S. 137.

436 Vgl. HELLER 2004, S. 44-49.

437 Constitutio Criminalis Carolina, Artikel 58.

438 Vereinzelt finden sich auch lediglich drei Grade des Folterns (vgl. MERZBACHER Friedrich: „Die Folter als rechtliches Beweisverfahren," in: Hinckeldey, Christoph (Hrsg.): *Justiz in alter Zeit* (= Schriftenreihe des mittelalterlichen Kriminalmuseums Rothenburg ob der Tauber, Band 6). Rothenburg ob der Tauber 1984a, S. 241-260, hier: S. 242 oder SCHILD 1997, S. 159)

439 Vgl. DANKER 1988, S. 140 oder auch MERZBACHER 1984a, S. 242.

Anbringung schwerer Gewichte noch einmal eine grausame Steigerung erfuhr.[440]

Was die Praxis des Marterns im Nürnberger Fall Georg Müllers angeht, finden sich in den analysierten Protokollen mehrere Hinweise darauf. Bereits in einer Art Prolog zum Verhörprotokoll Georg Müllers, bei dem all seine Straftaten, darunter „vier unterschiedliche sträfliche Mordtaten“,[441] sowie die Beihilfe an mehreren Raubüberfällen, aufgezählt wurden, wird erwähnt, dass jener „in die Pein und Straf der Recht und der heiligen Reichs-Halsgerichtsordnung gefallen“ sei und dadurch sein „Leib und Leben verwirkt“ habe.[442]

So wird beispielsweise schon im ersten Verhörprotokoll vom 15. Mai 1593 die Anwendung der Folter angedeutet, als der Inquisit, Georg Müller, sich zunächst weigerte, Aussagen über einen Überfall eines Diebes mit dem Beinamen „der Teichgraber“,[443] der er wohl selbst zu sein schien, zu treffen. Es folgte daraufhin offenbar ein Akt der Folter, jedoch erfährt man nichts über den genauen Ablauf. Da der Inquisit jedoch auch danach kein Geständnis ablieferte und verkündete, „dies sey allso die gründliche Warheit, anderst werde man es nicht erfinden“,[444] blieb seine anfängliche Behauptung zunächst bestehen und er konnte dafür vorerst laut *Carolina* nicht verurteilt werden. Georg Müller erklärte nämlich vor der Anwendung der Folter, dass ihm die Wahrheit auch „nicht mit Marther“[445] abzuringen sein werde.

Dies weist wiederum darauf hin, dass es sich beim Grad der eingesetzten Tortur,[446] wohl lediglich um den zweiten Grad, also lediglich die Präsentation der Folterinstrumentarien oder um die leichtere Tortur des dritten Grades, d.h. eine Anwendung der Daumen-

---

440 Vgl. MERZBACHER 1984a, S. 242.

441 StAN Rep. 211, Nr. 213/2, Verhörprotokoll vom 15. Mai 1593; die erwähnten Opfer waren Hanns Schedel, ein Krämer, dessen Frau, ein alter Mann sowie ein Jude.

442 StAN Rep. 211, Nr. 213/2, Verhörprotokoll vom 15. Mai 1593.

443 Vgl. StAN Rep. 211, Nr. 215/2, Verhörprotokoll vom 15. Mai 1593.

444 Vgl. StAN Rep. 211, Nr. 216/1, Verhörprotokoll vom 15. Mai 1593.

445 StAN Rep. 211, Nr. 215/2, Verhörprotokoll vom 15. Mai 1593.

446 Vgl. StAN Rep. 211, Nr. 215/2, Verhörprotokoll vom 15. Mai 1593.

schrauben, gehandelt haben muss. Der „dürre Jörg“ blieb ungeständig. Er war hier noch nicht so zermürbt, hoffte auf einen Freispruch und widersetzte sich, ein freiwilliges Geständnis abzulegen, das zu einer sofortigen Verurteilung geführt hätte. Nach der Befragung erfolgte am selben Tag, dem 15. Mai 1593, ein erneutes Foltern des Angeklagten, auf das im Protokoll lakonisch mit der Floskel „post torturam mit dem Klainen Stain“[447] angespielt wird.[448] Doch auch hier blieb Müller standhaft und erklärte, „ihm sei [...] Gewalt und Unrecht geschehen“ und er hätte immer nur die Wahrheit gesagt: „Das war anderst nicht, Bitte derhalben umb gnade.“[449]

Desgleichen verweisen weitere Floskeln des Verhörprotokolls vom 21. Mai auf das fortgesetzte Foltern Müllers. Demgemäß erklärt Müller, dass man ihn zwar foltern könne, doch hätte er eben nicht mehr Diebstähle und Untaten begangen. Weil die Ratsherren dennoch von Müllers Schuld überzeugt waren, drohten sie ihm mit erneuter Folter: „deshalb er solches guettlich bekhennen soll, wonicht, so werde man solches mit Marter und Pein von ihmo bringen“[450] werde. Doch nichtsdestoweniger suchten die Gerichtsbeamten, die immer das für die Verurteilung nötige Geständnis im Hinterkopf hatten, Müller weiter zu peinigen. So wird jener laut Protokoll immer wieder „gebunden und bedroht mit der Leitern.“[451]

Was es mit diesem Binden auf sich hat, ist schwer zu rekonstruieren. Doch nennt, wie oben erwähnt, Friedrich Merzbacher das Spannen des Körpers auf einer Leiter, das durch das Brennen mit Fackeln oder die Anbringung schwerer Gewichte noch einmal eine erbarmungslose Erweiterung erfuhr, als besonders grausam.[452]

447 StAN Rep. 211, Nr. 216/2, Verhörprotokoll vom 15. Mai 1593.

448 Eine ausführlichere Auskunft über die Anwendung der Folter geben dabei die Quellen zum Sugenheimer Fall „Schreiber“.

449 StAN Rep. 211, Nr. 215/2, Verhörprotokoll vom 15. Mai 1593.

450 StAN Rep. 211, Nr. 217/1, Erstes Verhörprotokoll vom 21. Mai 1593.

451 U.a. StAN Rep. 211, Nr. 217/1, Verhörprotokoll vom 21. Mai 1593 oder auch StAN Rep. 211, Nr. 218/2, Verhörprotokoll vom 21. Mai 1593.

452 Vgl. MERZBACHER 1984a, S. 242.

Dabei scheint der Interpretationsbogen nicht überspannt zu werden, wenn wir in vorliegendem Fall auf jene Methode schließen. Der Folterer band dabei die Hände des Opfers hinter dem Körper zusammen, die dann „oft rückwärts über den Kopf hochgezogen wurden, bis die Arme ausgerenkt wurden."[453]

Dieses oben erwähnte „Binden" könnte diese Vorgehensweise suggerieren, wobei die bereits sehr grausame Methode eben auch bei Georg Müller durch das Anbringen von Steinen[454] oder anderen schweren Dingen an den Füßen des Opfers noch gesteigert wurde.[455] Friedrich Merzbacher rekonstruiert, nach der Entblößung des Angeklagten, folgende Vorgehensweise: „Dann wurde er aufgezogen und kurze Zeit in der Hängelage belassen. Anschließend ließ man ihn länger in der Höhe hängen."[456] Die Gliedmaßen Müllers wurden dadurch brutal und wohl auch unter unvorstellbaren Schmerzen an- oder völlig auseinandergerissen. Daher lenkt der Inquisit ein, ein Geständnis abzulegen, wenn „man ihm seine Glieder [nur] ungerissen liesse".[457] Schließlich gesteht also auch Georg Müller doch mehr als er eigentlich wollte, wohl aus Angst, erneut gefoltert zu werden: „[M]ann sollte Ihn nur ungemartert lassen, Er wollte es alles, was er jemalß gethan hette, willig und gerne bekennen."[458] So enthüllt der Angeklagte letztlich „Uff allerley ernstliches bedrohen"[459] seitens der Inquisitoren zu einen Überfall an einem Bauern mit sieben weiteren Räubern.[460] Die angewandten Foltermaßnahmen, die ja hier lediglich durch die sehr unscheinbare Floskel „torturam" angedeutet wird, scheint also schlimmerer Natur gewesen zu sein. Es lässt sich demnach auf eine der Methoden des dritten Grades schließen.

---

[453] DÜLMEN 1988, S. 32.
[454] Vgl. StAN Rep. 211, Nr. 216/2, Verhörprotokoll vom 15. Mai 1593.
[455] Vgl. DÜLMEN 1988, S. 32f.
[456] MERZBACHER 1984a, S. 242.
[457] StAN Rep. 211, Nr. 217/2, Erstes Verhörprotokoll vom 21. Mai 1593
[458] StAN Rep. 211, Nr. 219/1 und 219/2, Verhörprotokoll vom 21. Mai 1593
[459] StAN Rep. 211, Nr. 219/1, Verhörprotokoll vom 21. Mai 1593.
[460] StAN Rep. 211, 219/2, Verhörprotokoll vom 21. Mai 1593.

Laut Richard van Dülmen hätte die Anwendung dieser grausameren Methoden oftmals zu Zusammenbrüchen, schlimmen Verletzungen und teilweise sogar zum Tod der Opfer geführt. Häufig schien für die Gefolterten die Todesstrafe deshalb eher eine Befreiung zu sein; vielen erschien auch der Suizid als ein willkommener Ausweg von den Schmerzen und der Pein, die mit den Folterungen verbunden waren, loszukommen.[461] So beschreibt auch der Zeitgenosse und Jesuitenpater Friedrich von Spee einige Jahre nach dem Prozess Müllers:

> „Die allenthalben angewandte Tortur ist ungeheuerlich und verursacht übermäßig furchtbare Schmerzen. Mit furchtbaren Schmerzen aber ist es so: Wenn wir ihnen dadurch entgehen können, dann scheuen wir nicht einmal den Tod."[462]

Der zu Anfang sehr willensstark wirkende, unbeugsame Inquisit, gesteht nun – wohl äußerst eingeschüchtert und zermürbt von den Marterungen – aufgrund seiner Angst vor der Qual weiterer solcher grausamer Maßnahmen, zahlreiche andere Diebstähle und Räubereien, ja sogar Tötungsdelikte.[463]

Georg Müller wurde dazu erst nach der Marterung erneut befragt, da Geständnisse, die er eventuell während des Folterprozesses ablegte, laut der *Carolina* als ungültig galten; diese sah vor, dass der Angeklagte „sein sag thun [soll], so er von der marter gelassen ist."[464] Ein Geständnis musste also – mehr oder weniger – freiwillig geschehen.[465]

Mag aus heutiger Perspektive der Vorwurf von Lust am Quälen auftreten, der – mit gegenwärtigen Maßstäben bewertet – nicht von der Hand zu weisen ist, so tut man den Menschen der Frühen Neuzeit wohl

---

[461] Vgl. DÜLMEN 1988, S. 33f.

[462] SPEE, Friedrich von: *Cautio Criminalis oder Rechtliches Bedenken wegen der Hexenprozesse* (Übersetzung von Joachim- Friedrich Ritter). München 1982 [Original: Weimar: Böhlau 1939], S. 79.

[463] Vgl. u.a. StAN Rep. 211, 222/2; 223/1, 223/2; 225/1, 225/2, Verhörprotokoll vom 21. Mai 1593.

[464] Constitutio Criminalis Carolina, Art. 58.

[465] Vgl. KÜTHER 1976, S. 127.

Unrecht, wenn man deren Denkhorizont mit heutigen Einschätzungen zu verstehen sucht. Dies konstatiert Hermann Rennefahrt für das Mittelalter, doch verliert seine Bewertung auch für die Epoche der Frühen Neuzeit nichts an seiner Gültigkeit:

> „Wenn wir es wagen, das [...] Rechtswesen [...] zu werten, so dürfen wir das, um gerecht zu sein und der Wahrheit möglichst nahe zu kommen, nicht *ex nunc* tun, d.h. nach heutigen Anschauungen, sondern *ex tunc*, nach den zeitgenössischen zu urteilen suchen."[466]

Nur dann kann eben das frühneuzeitliche Rechtssystem analysiert werden und eine Einschätzung getroffen werden, die diesem gerecht wird.
Vielfach wurden im Laufe der Zeit in fränkischen Territorien die Bestimmungen der *Carolina* nicht nur blind übernommen, sondern hinterfragt, und durch althergebrachte strafrechtliche Strukturen ergänzt; man beharrte also nicht konservativ und unflexibel auf bestimmten Strafrechtsnormen, „vielmehr wurde das Reichsrecht subsidiär [...] inhaltlich ergänzt, modernisiert und funktionsfähig erhalten."[467]

#### 3.6.5.2.4 Die Religiosität Georg Müllers als weitere mögliche Komponente und als Mittel der Überführung

Eine weitere – aus heutiger Sicht oft vernachlässigte oder vergessene – Komponente, die Georg Müller zu einem solchen Bekenntnis seiner Missetaten gebracht haben kann, ist religiöser Natur. So war das frühneuzeitliche Denken fest im christlichen Glauben verankert. Daher konstatiert auch Uwe Danker noch für das 18. Jahrhundert, dass jenes „trotz frühaufklärerischer Äußerungen eine Phase der Orthodoxie

---

[466] RENNEFAHRT, Hermann: „Grausamkeit und Mitleid im Rechtsleben des Mittelalters. Nach bernischen und schweizerischen Quellen", in: *Berliner Zeitschrift für Geschichte und Heimatkunde* 11 (1949), S. 17-68, hier: S. 21.
[467] WÜST 2002, S. 299.

[erlebte]. Noch einmal war alles durchdrungen von Religion, war der Herrscher von Gottes Gnaden, der Geistliche Verkünder ordnungspolitischer Mandate und der Rechtsbrecher in erster Linie nicht Sozialschädling, sondern Sünder. Natürlich wurde das Strafrecht vermittelt durch Religion, also theologisch begründet."[468]

Als logische Folge hieraus, konnte nur derjenige auf Gottes Gnaden setzen und sein Seelenheil finden, dessen Gewissen komplett befreit von allen Schuldtaten war. Nicht zuletzt denunzierte Müller daher wohl auch seine Mittäter. Dass sich Georg Müller durchaus in einem solchen psychisch belastenden Spannungsfeld von Solidarität und dem Wunsch nach Gottes Gnaden befand und er selbst – trotz der begangenen Taten – fromm und tief im Glauben verwurzelt war, zeigt sich immer wieder. So spricht er permanent Gott als seinen Zeugen an. Beispielsweise, wenn er schwört den Einbruch in Kleinsendelbach nicht begangen zu haben: „[A]nderst werde man es nicht erfahren, das wolle er [mit] Gott im himmel"[469] bezeugen und daher um (Gottes-)gnade bitten.[470]

Die tiefe Verwurzelung Müllers in der religiös-christlichen Sphäre kommt auch zu einem späteren Befragungszeitpunkt zum Ausdruck, als er versichert, dass er das Gesagte „mit Gott im Himmel bezeugen."[471] wolle. Jene ständige *Repetitio* schien dabei nicht nur floskelhaft zu sein. Im Verlauf des Protokolls finden sich immer wieder Anspielungen auf seine Christlichkeit. Exemplarisch hierfür ist auch die Tatsache, dass jener bei seinem ersten Verhör am 18. Juni auf das „heilig Sacrament"[472] Rekurs nimmt und auch als er sein Unwissen über einen begangen Einbruch in „Vischbrunn" dadurch untermauert, dass er daher „umb Gottes willen umb ein gnedigs Urtel"[473] flehte.

Auch die Inquirenten versuchten die starke Verhaftung im Glauben in ihrer Taktik und Methode der Überführung auszunutzen, erinnerten den

---

468 DANKER 1988, S. 76.
469 StAN Rep. 211, Nr. 216/2, Verhörprotokoll vom 15. Mai 1593.
470 Vgl. StAN Rep. 211, Nr. 216/2, Verhörprotokoll vom 15. Mai 1593.
471 StAN Rep. 211, Nr. 216/2, Verhörprotokoll vom 21. Mai 1593.
472 StAN Rep. 211, Nr. 230/2, Erstes Verhörprotokoll vom 8. Juni 1593.
473 StAN Rep. 211, Nr. 233/2, Zweites Verhörprotokoll vom 8. Juni 1593.

Angeklagten an seine Pflichten als guter Christ und betonten wiederholt die Omnipräsenz Gottes.[474]

Georg Müller gesteht wohl letztlich auch deshalb zahlreiche Taten, weil er glaubt, dass alle verschwiegenen Details spätestens im Fegefeuer zu Tage treten würden. Uwe Danker formuliert folgerichtig: „Der Verlust des Seelenheils war durch nichts zu übertreffen, und keine irdische Strafe konnte sich dem auch nur annähern. Die Hölle besaß keine Konkurrenz."[475]

So war dieser enorme psychische Druck auf Georg Müller, der von einer inneren Spannung her rührte, ebenso grausam wie die von außen angedrohte brutale Härte der Folter. Als logische Konsequenz legte er ein fast lückenloses, quasi freies und freiwilliges Geständnis ab.

Wie diese Freiwilligkeit tatsächlich einzuordnen war, ist wiederum schwer zu sagen. Zum einen gibt das vorliegende Gerichtsprotokoll nur sehr wenig Auskunft über die tatsächliche Realisierung und die Methoden der Folter, auch wird wenig über seinen Aufenthalt im dunklen, muffigen Lochgefängnis berichtet, zum anderen wird auch nicht genau angegeben, womit und auf welche Art und Weise Georg Müller bedroht wurde.

Dazu kommt die Problematik, die Unmöglichkeit festzustellen, was wirklich in Müller vorging, also welches Quantum er der Religion, Gott und dem persönlichen Seelenheil beimaß. So können wir letztlich nur aufgrund der Aussagen und des Haltungswandels des Inquisiten auf das Maß des Folterns schließen, das wegen der Veränderung von einem resoluten Wahrheitsanspruch der Aussage hin zu einem resignierendem Geständnis wohl mit Etikettierungen wie „hart", „grausam" und „schlimm" zu versehen ist.

---

474 StAN Rep. 211, Nr. 216/2, Verhörprotokoll vom 15. Mai 1593.
475 DANKER 1988, S. 78.

### 3.6.6 Bewertung jener Methoden der Wahrheitsfindung

Jene – aus heutiger Sicht sehr zweifelhaften – Überführungsmethoden, wie Lochgefängnis und Folter, lassen Zweifel an der Glaubwürdigkeit sowie am Wahrheitsgehalt des Müller'schen Geständnisses aufkommen.
Seine Geständigkeit scheint zunächst bedenklich, da sie oftmals nur wegen der erfahrenen Qualen, Schmerzen und Pein oder aus Angst vor einem verlängerten Aufenthalt im Loch auftrat. Jedoch darf zum Einen nicht vergessen werden, dass bei der Bewertung des frühneuzeitlichen Rechtsverständnisses eben nicht aktuelle Maßstäbe angelegt werden dürfen, sondern die Auffassungen der Zeitgenossen beleuchtet werden müssen. Ferner ist ebenso zu bedenken, dass das Verifikationsgebot eine Konsolidierung und Bekräftigung des Gesagten erforderte.
Uwe Danker betont, dass das Vorgehen der Ratsherren bezüglich der Rekonstruktion der realen Tathergänge strikt von der Vorgehensweise in den Hexenprozessen abzugrenzen sei, da es sich in einem Fall um reale Tatbestände, im anderen Fall um irreale, subjektive Wahrnehmungen handelte, deren Wahrheitsgehalt demnach auch nicht bewiesen werden konnte. Die tatsächlich erfassten Missetaten, konnten und mussten überprüft werden – beispielsweise durch Opfer- oder Zeugenaussagen, wie im vorliegenden Fall Georg Müllers. Friedrich Merzbacher konstatiert in diesem Zusammenhang:

> „Beschwichtigend räumte die zeitgenössische Lehre noch im 18. Jahrhundert ein, ein ganz Unschuldiger könne nie mit der Folter gepeinigt werden, da sämtliche Voraussetzungen einer Tortur von Rechts wegen erwogen und genau geprüft werden mußten."[476]

Es bleibt festzuhalten, dass mit der Tendenz sich an die *Constitutio Criminalis Carolina*, als übergeordnetes und zuverlässiges Strafgesetzbuch zu halten, die Rechtsstaatlichkeit – trotz aller Grausamkeiten, die die Folter zum Teil beinhaltete – in Nürnberg eine neue

[476] MERZBACHER 1984a, S. 241.

Dimension erhielt. Das Verhör wurde systematisiert und so schützte jene „Peinliche Halsgerichtsordnung“ vor Willkür im Strafprozess. Selbst wenn sie mittelalterliche Grundsätze von Wiedervergeltung und Vernichtung des Täters beinhaltete, so war sie doch auch gleichbedeutend mit einem stark normierten Strafrecht, das alte Rechtstraditionen in Frage stellte und gebildete Rechtsgelehrte und Richter verlangte. Die Normen, die im Rahmen einer Rechtssystematik ein geschlossenes Sicherheits- und Strafrechtssystem entstehen ließen, sind nicht zu vernachlässigen. Da sich – wie gezeigt – das Verhör Müllers an diesen Maßstäben orientierte, kann man diesbezüglich wohl der allgemeinen Einschätzung Dankers folgen: „In den Grundlinien entsprachen folglich die überprüften Geständnisse der Banditen der Wahrheit“,[477] selbst wenn diverse Unsicherheiten bezüglich der genauen Details bleiben konnten.[478] Der „dürre Jörg“ ist deshalb wohl nicht nur als einfacher Landstreicher und Dieb, sondern auch als grausamer Mörder einzustufen.

### 3.6.7 Die Delinquenz des Dormitzers Georg Müller

#### 3.6.7.1 Die Arten: Eigentumsdelinquenz, Vagabundieren und Morden

Bisher wurden die verschiedenen vom Inquisiten begangenen Straftatbestände nur marginal gestreift. Diese sollen nun spezifiziert werden. Was die Struktur der frequentesten Formen der frühneuzeitlichen Delinquenz[479] angeht, so ist auffällig, dass Georg Müller all jene paradigmatisch in seinem kriminellen Vorgehen zu integrieren scheint, weshalb sich eine solche Analyse als besonders fruchtbar erweist. Er machte sich nicht nur des Vagabundierens auf den Straßen

---

[477] DANKER 1988, S. 149.
[478] Vgl. DANKER 1988, S. 145-149.
[479] Vgl. Kapitel 2.1.5.5 der vorliegenden Arbeit.

Mittel- und Oberfrankens schuldig, sondern beging auch zahlreiche Raubtaten, Überfälle, ja selbst Morde.

### 3.6.7.2 Vagabundentum als Delikt

Prinzipiell galt seit der Publikation des *Liber Vagatorum* ein umherstreifender *modus vivendi* an sich bereits als Delikt.[480] Die weitere Charakterisierung jener Schicht legt die Frage nach dem Ausmaß des Vagierens nahe. Was Georg Müller angeht, so legt man zwar als dessen Heimatort das oberfränkische Dorf Dormitz fest, weshalb man ihn als „sesshaft" bezeichnen könnte, doch erschwerte ja eine permanente Fluktuationen zwischen den unterschiedlichen Formen des Vagabundenlebens, also zwischen eher „sesshaft" oder eher „herumwandernd", präzise Einordnungen der betroffenen Personen. Georg Müller scheint jedenfalls viel auf den Straßen herumgewandert zu sein, was seine diversen Aufenthaltsorte, darunter im heutigen Landkreis Forchheim liegenden Orte wie Gräfenberg, Markt Igensdorf oder Kleinsendelbach oder auch die Städte Herzogenaurach, Nürnberg, Neunkirchen und Heroldsberg sowie der heutige Erlanger Stadtteil Buckenhof, belegen. Damit ist Georg Müller wohl der Gruppe derjenigen zuzuordnen, die ein temporäres Vagantenleben fristeten.[481] Er stellt mit seinen ständigen Wechseln des Aufenthaltsortes nicht etwa einen marginalen Sonderfall dar, denn der Anteil jener ephemeren Vagabunden am Landstreichertum belief sich auf ca. 50%.[482]

Doch – und dies ist hier ausdrücklich festzuhalten – wurde Georg Müller nicht aufgrund seiner vagierenden Existenz verurteilt. Es waren vielmehr gravierendere Delikte, die dazu führten, dass er sein Leben am 21. Juni 1593 verwirkte, wenn es auch bei vielen Einbrüchen lediglich zu kleineren Eigentumsdelinquenzen kam.

---

480 Vgl. insbesondere Kapitel 2.1.4.1 der vorliegenden Arbeit.

481 Preußer konstatiert in diesem Zusammenhang eine „differenzierte[n] Binnenhierarchie" (PREUßER 1989 [1807], S. 124).

482 REIF 1981, S. 33, REIF 1984, S. 29-30; KÜTHER 1983, S. 9.

### 3.6.7.3 Kleinere Eigentumsdelinquenz: Opfer und Beute

Georg Müller und seine partiellen Gefährten[483] legten Geständnisse – wenn auch nur unter dem Schmerz der Folter – über diverse Diebstähle ab, die in den letzten Jahren begangen worden waren. Man verstand unter Diebstahl „die bewußt widderrechtliche, heimliche Wegnahme einer fremden beweglichen Sache in der Absicht der Aneignung“[484] – eine definitorische Klassifikation, die auch heute nichts an Aktualität eingebüßt hat.
Im Müller'schen Fall gehörte insbesondere das Stehlen von Textilien zum Repertoire des Diebes, aber auch Geld und Nahrungsmittel wurden häufig erbeutet. Daher kann man bei dem „dürren Jörg“ nicht von einer einmalig begangenen Tat sprechen, vielmehr kam es zu zahlreichen Rückfällen – ein Faktum, welches wohl bei der Verurteilung erschwerend hinzukam. So habe Georg Müller nicht nur „bei dem Greiffen Michael Zum großenBuch vor dreyen Jahren [= 1590]“, sondern auch einem „Becker zu Grevenberg“[485] jeweils fünf Gulden entwendet. Dazu kam weiteres Geld, sowie „Silbergeschirr“, dass Georg mit einigen seiner Gesellen gestohlen hatte, er selbst erhielt hier einen „silbern Pechern“ und „vierzig Gulden.“[486]
Zu den „klassischen“ Opfern zählten Wirte, Müller und Bauern. Bei einem Überfall in Fürth hat man dem dortigen Wirt „bey sechsund dreißig gulden aus seinem Disch gestolen“, auch einem Heroldsberger Gastwirt sei Georg Müller vor wenigen Wochen „in die Stuben gestiegen und ihm bey 15 fl. aus dem Tisch gestolen.“[487]

---

[483] Ob Georg Müller Mitglied einer organisierten Räuberbande war, soll im Kapitel 3.6.8 beantwortet werden.

[484] MERZBACHER, Friedrich „Der Katalog der Missetaten,“ in: Hinckeldey, Christoph (Hrsg.): *Justiz in alter Zeit* (= Schriftenreihe des mittelalterlichen Kriminalmuseums Rothenburg ob der Tauber, Band 6). Rothenburg ob der Tauber 1984b, S. 297-326, hier: S. 300.

[485] StAN Rep. 211, Nr. 221/2, Verhörprotokoll vom 21. Mai 1593.

[486] StAN Rep. 211, Nr. 217/2; 218/1, Verhörprotokoll vom 21. Mai 1593.

[487] StAN Rep. 211, Nr.218/1, Verhörprotokoll vom 21. Mai 1593.

Fast genauso erging es einer Wirtin aus Kirchensteinbach; hier entwendete der Inquisit am 11. November 1591 folgendes: „künpftig Martini würde es Zwei Jahr werden, da häett er [...] etliche Stücks Zinß auß dem Küchen kalter [= Schrank] gestolen."[488] Ferner gesteht er auch einen Raub vor zwei Jahren, bei dem er einem Müller „sechzehen gulden flachs sambt dreyen Laib Brots"[489] gestohlen hätte; das Diebesgut habe seine Frau später auf dem Nürnberger Markt verkauft.[490] Weiteren Opfern, wie dem „Renner Lenzen" stahl er „bey 24 fl. flächßens Tuchs", „bey 12 fl. flachßens" und „bey 20 Stränge flächßen und Würkengarns"[491] und auch ein Bauer, den er um „etlich grobwürken thuch"[492] brachte sowie ein Bauer, dem er zehn Gulden und „einen frauen Mantel, einen Manß Rocks, ein Hembd und ein par porttücher"[493] stahl und ein weiterer Bauer von dem er „zwo Pündel Kleider"[494] entwendete, fielen diesem „Textildieb" zum Opfer.

Einen frisch verheirateten jungen Gesellen aus Markt Scheinfeld brachte er um „all seine Hochzeits- und andere Kleider samt 12 Gulden bares Geldn."[495] Von einem Bürger „droben zu Stadt Cronach"[496] entwendete er wiederum weitere zehn Gulden „auß einem Trühelein".[497] Einmal brach er in ein leer stehendes Haus in Buttenheim ein, um dort „ein große Pürdt Klaider"[498] herauszutragen. Diese kriminellen Raube, die sich ja vorwiegend auf Textilwaren bezogen, verliefen immer nach einem festen Schema, bei dem Müller die Hehlerware entweder durch seine Frau[499] oder durch andere Krämer, zumeist Juden,[500] verkaufen ließ.

[488] StAN Rep. 211, Nr. 218/2, Verhörprotokoll vom 21. Mai 1593.
[489] StAN Rep. 211, Nr. 218/2, Verhörprotokoll vom 21. Mai 1593.
[490] Vgl. StAN Rep. 211, Nr. 218/2, Verhörprotokoll vom 21. Mai 1593.
[491] StAN Rep. 211, Nr. 218/2, Verhörprotokoll vom 21. Mai 1593.
[492] StAN Rep. 211, Nr. 219/1, Verhörprotokoll vom 21. Mai 1593.
[493] StAN Rep. 211, Nr. 219/2, Verhörprotokoll vom 21. Mai 1593
[494] StAN Rep. 211, Nr. 225/1, Verhörprotokoll vom 21. Mai 1593
[495] StAN Rep. 211, Nr. 225/1, Verhörprotokoll vom 21. Mai 1593.
[496] StAN Rep. 211, Nr. 219/1, Verhörprotokoll vom 21. Mai 1593.
[497] StAN Rep. 211, Nr. 219/1, Verhörprotokoll vom 21. Mai 1593.
[498] StAN Rep. 211, Nr. 225/2, Verhörprotokoll vom 21. Mai 1593.
[499] Vgl. u.a. StAN Rep. 211, Nr. 218/2, Verhörprotokoll vom 21. Mai 1593.

Besonders interessant ist ein Fall, bei dem ein Gürtel entwendet wurde: Jene kleineren Diebstahlarten, die als Überlebensgrundlage galten, sind dabei zeittypisch und Indikatoren für die große Armut der damaligen Epoche. Die Anhäufung einer Reihe dieser Fälle, zeigt, dass Georg Müllers soziale und ökonomische Lage wohl am Rande der Gesellschaft- bzw. am Existenzminimum angesiedelt war. Diese Eigentumsdelinquenz nimmt daher einen prominenten ersten Platz in der Deliktstruktur des Inquisiten ein. Das Stehlen solcher Kleinigkeiten – wobei Flachs und andere gestohlene Textilwaren durchaus wertvoll waren – sicherte sein Überleben und das seiner Frau. Diese Kleindiebstähle sind insofern weniger originell und interessant, als es sich hier um ein zeittypisches Phänomen handelt.[501]
Diese Tendenz bestätigt auch Martin Reinheimer, der bei einem Vergleich der Frequenz von einfachen Diebstählen und Einbrüchen mit grausamen Mordtaten, letztere als weitaus rarer einordnet.[502] Nach Uwe Danker waren es auch solche Einbruchsdiebstähle – mit oder ohne Beschädigung bestimmter Sachgüter – die noch im 18. Jahrhundert das Gros der begangenen Delikte ausmachten[503] und die wohl aus einer ökonomischen Notwendigkeit heraus entstanden. So berichtet auch Claus Kappl, dass diese Entwendung von Kleidern, Lebensmitteln und Geld – also eben das Diebesgut des bearbeiteten Falls – typisch für Vaganten sei[504] und eben als Konsequenz des bestehenden Pauperismus gesehen werden muss; er bezeichnet diese Form der Delinquenz daher als „Armutsdiebstahl.“[505]

---

500 Vgl. hierzu: StAN Rep. 211, Nr. 219/2; 224/2, Verhörprotokoll vom 21. Mai 1593; StAN Rep. 211, Nr. 225/2, Verhörprotokoll vom 21. Mai 1593.

501 Vgl. HELLER 2004, S. 92.

502 Vgl. REINHEIMER, Martin: *Arme, Bettler und Vaganten. Überleben in der Not 1450-1850*. Frankfurt am Main 2000, S. 159.

503 DANKER 1988, S. 210.

504 Vgl. KAPPL, Claus: *Die Not der kleinen Leute. Der Alltag der Armen im 18. Jahrhundert im Spiegel der Bamberger Malefizamtsakten* (= Historischer Verein für die Pflege der Geschichte des ehemaligen Fürstbistums Bamberg, Beiheft 17). Bamberg 1984, S. 237.

505 Vgl. KAPPL 1984, S. 237f.

So schien auch Georg Müller aus der Not heraus kriminell zu werden; er bestahl Bauern, Müller und Wirte, die aufgrund der omnipräsenten Verarmung der Bevölkerung eben auch nicht recht viel mehr an wertvollen Dingen besaßen als eben das beschriebene Diebesgut: Naturalien, Bekleidungen und Gewebe sowie Geld in geringen Mengen. Georg Müller versuchte wohl auf diese Art und Weise sich und seine Frau[506] zu ernähren.

Das Beispiel „Georg Müller" steht damit der These Carsten Küthers eines Sozialrebellentums und eines sozialen Protests der Gauner[507] diametral entgegen. Jene Art der Kriminalität war weit entfernt von einem politischen Bewusstsein gegen die Obrigkeit. Bestohlen wurden keine Vertreter der Obrigkeit, nicht die wohlhabende Gesellschaft, sondern oft Leute der gleichen sozialen Schicht. Es ging um das pure Überleben, welches meist durch den Verkauf der Beute an Hehler gesichert wurde.

Doch für Georg Müller schien es nicht allein jene missliche wirtschaftliche Lage gewesen zu sein, die ihn zu den Delikten und letztlich in die Arme der Justiz trieb. Versuchte der Inquisit sich nämlich anfangs nur hin und wieder, sozusagen gezwungenermaßen, als Dieb und ließ Kleinigkeiten wie Brot oder Flachs mitgehen, so ging er später zu kapitaleren Verbrechen über.

---

[506] Ob Georg Müller auch Kinder hatte, geht aus den analysierten Verhörprotokollen nicht hervor.

[507] So erklärt Carsten Küther in seiner Studie zu den deutschen Räubern. „Der Bandit war sich im Prinzip des Umstands seiner Herkunft aus einer verachteten und verfolgten Bevölkerungsschicht bewußt und begründete aus diesem Bewußtsein heraus seine illegalen Aktionen. Die Existenz dieses Bewußtseins zeigte sich besonders an der Ausweitung der zunächst rein sachbezogenen Organisationsformen der Banden, die die Bezeichnung ‚Gegengesellschaft' nicht unbedingt als übertrieben erscheinen lassen. […] Der Bandit verstand sich eindeutig als Repräsentant des fahrenden Volks und leitete aus den Verfolgungen, denen diese Gruppe ausgesetzt war, das Recht zum Raub und Diebstahl als spezifischer Form des Widerstandes gegen den Staat und die herrschenden sozialen Bedingungen ab. […] Der Reiche, der ‚Herr' tauchte hier als Verantwortliche [sic!] für das Elend der Vaganten auf; was Wunder, wenn er dann auch ihr bevorzugtes Opfer wurde?" (KÜTHER 1976, S. 99-100).

### 3.6.7.4 Organisierte Verbrechen und Gewaltanwendung

Wenden wir uns nun einer anderen Kategorie von kriminellen Taten zu: Den gewaltsamen Verbrechen. Selbst wenn Delikte gegen das Eigentum, gemessen an der Gesamtzahl der Müllerschen Vergehen, wie festgestellt, zu den häufigsten im Verhörprotokoll Georg Müllers überlieferten Straftatbestände zählten, geht aus den Aufzeichnungen aber ebenso hervor, dass Georg Müller auch brutaleren Raubüberfällen, Brandstiftungen ja sogar der Tötung nicht abgeneigt war. Nahezu alle von Müller begangenen Taten fanden – im Übrigen zeittypisch[508] – nachts statt, da das helle Tageslicht die Gefahr des Entdecktwerdens erhöht hätte. So findet sich im Müller'schen Protokoll auch größere Gewaltanwendung, die nicht zufällig im Affekt oder aus Notwehr heraus geschah. Müller handelte hier zumeist mit Vorsatz, wodurch ein „vorprogrammiertes Element der Tat“[509] hervorgeht.
So enthüllt jener, nicht nur kleineres Diebesgut entwendet zu haben, sondern auch ein Brandstifter zu sein. Auf der Kirchweih in Pappenberg wäre es zur Begegnung mit einem Mann namens Schober[510] gekommen. Die Auseinandersetzung eskalierte und so hätte letzterer den Inquisiten „mit einem Spieß vornen am Kopff wundt geschlagen.“[511] Aus Rache darüber hätte Georg Müller „hernacher ubm die volgende Faßnacht, vor einem Jahr Im Waldt bey einem Kolnprenner ein feuer genommen und solches In vermellts Schobers Stadel geworffen.“[512] Der Stadel sei daraufhin niedergebrannt, auch wenn Georg Müller – wohl ob einer möglichen Strafmilderung – erklärt, dass er anschließend versucht hätte mit anderen Personen das lodernde Feuer zu löschen.[513]

---

508 Vgl. DANKER 1988, S. 220-221.
509 DANKER 1990, S. 213.
510 Auf jener sollen sich – laut Müllers Angaben – alljährlich die Schurken, Diebe und Mörder treffen (vgl. StAN Rep. 211, Nr. 226/1, Verhörprotokoll vom 8. Juni 1593).
511 StAN Rep. 211, Nr. 220/2, Verhörprotokoll vom 21. Mai 1593.
512 StAN Rep. 211, Nr. 220/2, Verhörprotokoll vom 21. Mai 1593.
513 Vgl. StAN Rep. 211, Nr. 220/2, Verhörprotokoll vom 21. Mai 1593.

Die in der *Constitutio Criminialis Carolina* gängige und vorgeschriebene Strafe für eine solche Brandstiftung war – gemäß dem Talionsprinzip – der Feuertod.[514] Vergleichen wir dies mit den Verhörprotokollen, so zeigen uns diese hier jedoch oft eine davon abweichende Strafrealität. So entschloss man sich bei Georg Müller, wohl ob der Schwere der weiteren Verbrechen, für den Tod durch das Rad.

Denn neben dieser Brandstiftung, beging der Inquisit auch Raubüberfälle, die sich von den einfachen Diebstählen insofern unterscheiden, als sie häufig mit Bedrohungen und Gewaltanwendungen einhergingen.[515] Generell lässt sich der Raub vom bloßen Einbruch dahingehend unterscheiden, dass ersterer größtenteils an einen rabiaten, mitleidlosen und brutalen Akt geknüpft ist. So charakterisiert Johann Ulrich Schöll deshalb die Räuber als einen „wilde[n] Auswuchs der Einbrecher."[516]

Wenden wir uns nun den Raubüberfällen Müllers zu, so kann hier der am Karfreitag „des fünffzehnthundert Sechs und Achtzigsten"[517] Jahres stattgefundene Raub an Cuntz Wölfel in Kleinsendelbach, als paradigmatisch gelten. Georg Müller und zwei weitere Delinquenten, deren Namen unbekannt bleiben, hätten jenen „sambt seinem Weib überfallen, sie beide nackend und bloß aus dem Porth gezogen und ihmo uffziehen und torquieren auchtödlich verwunden, und seinem Weib haisses schmalz über den Leib habe giessen."[518] Ähnlich lief der Fall eines Niederndorfer Juden ab. Auch hier kam es zu einem äußerst gewaltsam und brutalen Überfall auf den Hausbesitzer.[519] Aber auch

---

514 Vgl. MERZBACHER 1984b, S. 299f.

515 Friedrich Merzbacher verweist dabei auf die Tatsache, dass in älterer Zeit auch der Raub, ähnlich wie der Diebstahl, als „offene widerrechtliche Wegnahme von beweglichen Sachen aus fremdem Besitz" (MERZBACHER 1984b, S. 304) gesehen wurde. Die heute durch den Begriff des „Raubs" suggerierte Gewaltsamkeit scheint hier nebensächlich.

516 SCHÖLL 1793, S. 81.

517 StAN Rep. 211, Nr. 216/1, Verhörprotokoll vom 15. Mai 1593.

518 StAN Rep. 211, Nr. 216/1, Verhörprotokoll vom 15. Mai 1593.

519 Vgl. StAN Rep. 211, Nr. 217/1; 217/2 , Verhörprotokoll vom 21. Mai 1593.

der Straßenraub, bei dem das Opfer letztlich erstickt wurde, ist in diese Reihe einzuordnen.[520]

Zwar war der Straßenraub seit Ende des 15. Jahrhundert mit dem ewigen Landfrieden ausdrücklich verboten worden, doch auf den fränkischen Landstraßen, die aufgrund der hügeligen Landschaft eher als unübersichtlich galten, standen Überfälle auf Reisende, Kauf- und Fuhrleute aufgrund der territorialen Vielherrigkeit vor allem in den ländlichen Gegenden an der Tagesordnung.[521] Bettenhäuser beschreibt daher: „Unsicher und höchst gefährdet waren der abgelegene Hof, das kleine Dorf und die offene Landstraße, während die Stadt demgegenüber eine relative Sicherheit bot."[522] Die offene Landstraße wurde um 1591 auch zur Gefahr für einen Reisenden, welcher von der laut Bettenhäuser „sicheren"[523] Eschenfeldener Neustadt herausfuhr. Georg Müller und einer seiner Gefährten, der als der „langen Bruckler[s]"[524] bekannt war, überfielen ihn.

Auch dieser Straßenraub war, wie in den meisten Fällen, mit Gewaltanwendung verbunden. Der reisende „Gauckler"[525] wurde von Müller und dessen Kompagnon gewaltsam von seinem Pferd gerissen, entwaffnet und mit den bloßen Händen grausam erstickt. Das wesentliche Operationsfeld Georg Müllers und seiner Mittäter lag also auf dem Land. Es wurden nicht nur Bauernhöfe, Mühlen oder Privathäuser ausgeraubt, sondern eben auch Reisende.

Die Nürnberger Quellen enthüllen das Vorgehen Müllers als besonders rücksichtslos und brutal und zeugen von einer hohen Bereitschaft zur Gewaltanwendung. Dies gipfelt schließlich auch in brutalen und zum

---

[520] Vgl. Rep. 211, Nr. 220/1; 220/2, Verhörprotokoll vom 21. Mai 1593.

[521] So bemerkt auch Ernst Schubert, dass die Reisenden Überfälle als Teil des Unterwegsseins hinnahmen und das Gros jener Delikte deshalb nicht einmal aktenkundig war. Für viele Reisende und umherwandernde Berufsgruppen, wie Fuhrleute, Krämer und Viehhändler, gehörte der Überfall zum Berufsrisiko (vgl. SCHUBERT 1990, S. 264-265).

[522] BETTENHÄUSER 1964, S. 292.

[523] Vgl. BETTENHÄUSER 1964, S. 292.

[524] Rep. 211, Nr. 220/1, Verhörprotokoll vom 21. Mai 1593.

[525] Rep. 211, Nr. 220/2, Verhörprotokoll vom 21. Mai 1593.

Teil schwer nachvollziehbaren Delikten mit tödlichem Ausgang. Bereits in dem Prolog der eigentlichen Verhörprotokolle verweisen die Ratsherren zudem auf vier Morde,[526] die Müller begangen hat bzw. Beihilfe zu jenen geleistet hat:

> „Insonder hett aber der Mülner oder Dürr Jörg vier underschiedliche streffliche Mordthatten begehen und verüben helffen, wie er dann dabey gewesen, und handt mit angelegt hatt, Alls Hanns Schedel, ein Krämer, in einem Holz bey Sommerßfelden, sowohl auch hernach desselben Schedels weib in einem Holz hinder Rohr, deßgleichen ein altern Man zu Oberhaidt in seinem Hauß, und dann ein Jud zu Niderndorff bey Herzogaurach auch in seinem Hauß überfallen, beraubt und jemmerlich erschlagen und ermördet […].“[527]

Wesentlich und modern erscheint hier die feste, juristisch genaue Terminologie, wie sie auch unser heutiges Strafrecht kennt. So differenziert nämlich bereits die *Carolina* generell bei Tötungsdelikten zwischen dem vorbedachten und kalkulierten Mord und dem offen durchgeführten Totschlag. Der Mord enthält also noch eine eigene Qualität an krimineller Energie, wobei die Etikettierung der „Heimlichkeit“ seit dem Landfrieden das wesentliche Merkmal war.[528]
Als Exempel für Müllers Morde soll hier der Fall „Schedel“ dienen. Nach einem geplatzten Coup auf einen Müller, hätten „der dürre Jörg“ und einer seiner Mitdelinquenten, der „Schreiners Thoma“,[529] aus Neid über den augenscheinlichen Besitz eines dritten Gesellen, „Hanns Schedel“,[530] diesen ermordet. So gibt der Inquisit an, dass „Schedel viel schöner wahren und geldts bey sich hette“,[531] weshalb man kurzerhand

[526] Laut Merzbacher unterscheidet sich der Mord insofern vom Totschlag bzw. der Tötung, als ersterer „mit planvoller Überlegung und Vorbedacht“ (MERZBACHER 1984b, S. 297) erfolgte.
[527] StAN Rep. 211, Nr. 213/2, Verhörprotokoll vom 15. Mai 1593.
[528] Vgl. SCHILD, Wolfgang: „Mord“, in: *Lexikon des Mittelalters (LMA)*. Band 6. München/Zürich 1993, Sp. 833-834, hier: Sp. 834.
[529] StAN Rep. 211, Nr. 223/2, Verhörprotokoll vom 8. Juni 1593
[530] StAN Rep. 211, Nr. 223/2, Verhörprotokoll vom 8. Juni 1593.
[531] StAN Rep. 211, Nr. 223/2, Verhörprotokoll vom 8. Juni 1593.

beschloss diesen zu töten. Detailgenau erklärt Georg Müller hier den Tathergang:

> „Nemblich, so sey Er vornen, der Thoma aber hinden, und der Schedel in der mitten gangen, also hett Ihmo der Thoma mit seiner wehr durch den Halß gestochen und sie bede Ihmo alßdann volgends gar erwürget, daß Geld und die Wahren genommen und es gethailet […].“[532]

Darauf hätten sie auch die Ermordung der Frau des Opfers geplant. Diese hätten sie „mit ihrem Schleier erstickt und als dann ins gestreuß gezogen, sie zugedeckt“,[533] um dann sogleich die Flucht zu ergreifen. Im Nachhinein erfuhr Georg Müller, dass der Leichnam der von ihm Ermordeten kurz darauf von Kühen gefunden worden war.[534]
Diese Vorgehensweise bei den Ermordungen geschah wissentlich und willentlich. Bewusstheit und Mutwilligkeit, die sich schon in den ältesten Nürnberger Quellen als wesentliche Prämissen für die Bestrafung eines Delinquenten zu finden sind,[535] lagen hier eindeutig vor, weshalb die strafmildernde Fahrlässigkeit hier von den Ratsherren ausgeschlossen wurde.[536]
Wenn auch die überwiegende Mehrzahl der vom Inquisiten begangenen Straftaten der Kategorie der Einbruchsdiebstähle zuzuordnen ist, so zeigt sich im Verlauf des Verfahrens, dass jener zuweilen auch Gewalt gegen Menschen ausübte – wenn nötig bis zu deren Ermordung. Diese Tatsache erstaunt umso mehr, als Danker, wenn auch für die Kriminalität im 18. Jahrhundert, feststellt, dass „sich die Banditen [zumeist] defensiv“ verhielten, selbst, „wenn sie bei ihren heimlichen Delikten von Opfern oder Zeugen überrascht wurden.“[537] Außerdem hätten die

---

532 StAN Rep. 211, Nr. 223/2, Verhörprotokoll vom 8. Juni 1593.
533 StAN Rep. 211, Nr. 223/2, Verhörprotokoll vom 8. Juni 1593.
534 Vgl. StAN Rep. 211, Nr. 223/2, Verhörprotokoll vom 8. Juni 1593.
535 Vgl. KNAPP 1895, S. 18.
536 Vgl. KNAPP 1895, S. 24-26
537 DANKER 1988, S. 212.

Missetäter allgemein versucht, die Anwendung von Gewalt zu vermeiden.[538]
Georg Müller nimmt hier eine traurige Sonderstellung ein. Bei ihm schien dies keineswegs der Fall gewesen zu sein. Selbst gegen einen seiner Gefährten, den er um seinen Mehrbesitz beneidete, ging er mit dessen Tötung unverhältnismäßig brutal, erbarmungslos und skrupellos vor.[539] Von der von Küther vielzitierten Solidarität der Gauner, deren Gemeinschaft „nicht nur als reiner Zweckverband anzusehen war, sondern über diesen Punkt hinaus noch höheren Qualitätsmaßstäben entsprach [...]“[540], was dazu führt, dass er die Banditen als eine Gegengesellschaft ansieht,[541] ist hier wenig zu spüren.[542] Wie die Vorgehensweise Müllers zeigt, hält Küthers These der empirischen Überprüfung in diesem Falle nicht ganz stand.
Vor diesem Hintergrund jener unbarmherzigen Taten, scheint die besonders grausame Art der Verurteilung, bei der zunächst das Entfernen der Gliedmaßen von Müller und dann das Rädern des Torsos vorgesehen waren, legitimierbar zu werden.

### 3.6.8 Georg Müller: Einsamer Missetäter oder Mitglied einer eingeschworenen Räuberbande?

In jedem einzelnen der untersuchten Verhörprotokolle gibt Müller an, sich bei allen Schandtaten in Gesellschaft befunden zu haben. So führt er etwa aus, dass er vor zwei Jahren, zusammen mit einem Georg Schmaußer einen Einbruch in ein Privathaus verübt hätte,[543] zudem wäre er mit einem „Claus Bader“ und einem „Bauer Hennßlein“[544] bei

[538] Vgl. DANKER 1988, S. 219.
[539] StAN Rep. 211, Nr. 223/2 , Verhörprotokoll vom 8. Juni 1593 sowie StAN Rep. 211, Nr. 223/2, Verhörprotokoll vom 8. Juni 1593.
[540] KÜTHER 1976, S. 86.
[541] Vgl. KÜTHER 1976, S. 86-98.
[542] Vgl. hier auch: SEIDENSPINNER 1998, S. 339.
[543] Vgl. Rep. 211, Nr. 218/2, Verhörprotokoll vom 8. Juni 1593.
[544] StAN Rep. 211, Nr. 219/1, Verhörprotokoll vom 8. Juni 1593.

einem Bauern in Bad Staffelstein eingebrochen. Er nennt auch die Namen weiterer Gefährten, die Mittäter bei einem Raub an einem Juden waren: Seinen Bruder, den „dürren Hans“, Hainrich Haußman, den Dick Hanns, den Rothen Jörg sowie den Langenbrucker, der auch unter dem Beinamen Hanns Morgenstern bekannt war.[545] Sein Bruder sei auch beim Einbruch in Niederndorf[546] und beim Überfall eines Müllers[547] zugegen gewesen. Des Weiteren half er „samt fünf Gesellen“ bei einem Pferdediebstahl, brach mit „noch 5 Gesellen, Nemblich der Schreiners Thoma, der Hannß Troger, Matthis Trüpfel, und der Rote Georg vor vier Jahren“[548] bei einem Bauern ein und bestahl südlich von Bamberg einen weiteren Landwirt „neben drei Gesellen“,[549] unter denen sich auch wieder „Claus Bader“ befand.[550]

Auch die Plünderung eines Judenhauses habe er nicht alleine begangen, denn auch hier „wären dann ferners Ihrer 6, nemblich der Schneiders Thoma, der Becker, so zu Herzog Aurach, seithero gehenkt worden, deßgleichen der Barthel von truben Höchstatt, [...] und noch Zwen Gefährt“[551] anwesend und beteiligt gewesen. Desgleichen enthält die Müller'sche Schilderung des Tathergangs eines Bauernhofeinbruchs bei Schnaittach eine Enumeration und Deskription der Mittäter: „Thoma Köler, so ein Braunes Bärtlein Habe, der Embs Kirchner, sonsten der Lange Hannß genandt, der Pürger, ein kleines Mänlein, der ob gemelldete Wolff, der Kessler Cunradtlein und sein [...] Bruder, dann noch drey andere Gesellen, die er nit könnet.“[552] Dies sind nur wenige Beispiele von unzähligen.

Es stellt sich daher die Frage, ob, und wenn ja inwieweit, es sich bei dem Inquisiten um einen Sozius einer organisierten Räuberbande handelte. Prüft man zunächst Hans Zulligers Definition des Begriffs

---

[545] Vgl. Rep. 211, Nr. 217/2, Verhörprotokoll vom 8. Juni 1593.
[546] Vgl. Rep. 211, Nr. 217/1, Verhörprotokoll vom 8. Juni 1593
[547] Vgl. Rep. 211, Nr. 218/2, Verhörprotokoll vom 8. Juni 1593
[548] StAN Rep. 211, Nr. 224/1, Verhörprotokoll vom 8. Juni 1593.
[549] StAN Rep. 211, Nr. 224/1, Verhörprotokoll vom 8. Juni 1593.
[550] Vgl. StAN Rep. 211, Nr. 224/1, Verhörprotokoll vom 8. Juni 1593.
[551] StAN Rep. 211, Nr. 225/1, Verhörprotokoll vom 8. Juni 1593.
[552] StAN Rep. 211, Nr. 221/2, Verhörprotokoll vom 8. Juni 1593.

„Bande“, so zeigt sich zuweilen, dass jene zu eng gefasst ist:

> „Wir verstehen darunter eine Gruppe von Leuten, die unter der Führung eines ihrer Mitglieder steht, straff organisiert ist und kriminelle, zumindest antisoziale Taten begeht.“[553]

Neuere Forschungen und Analysen zu Strukturen von Räuberbanden haben gezeigt, dass jener Begriff nicht klar einzugrenzen[554] und schwer zu fassen ist.[555] Der Bandenbegriff bleibt – wie bereits in Kapitel 2.1.5.2 ausführlich dargelegt – diffus, doch lassen sich einige konstituierende Merkmale anführen, um von einer organisierten Räuberbande sprechen zu können.

Was beispielsweise die Struktur angeht, so muss diese nicht fixer Natur sein, doch erweist sie sich zumeist als demokratisch. Je nach Fall wird ein spezifischer Anführer gewählt. Dies könnte – im Fall Müller – für einen Raub in Fürth zutreffen, bei welchem ein „Friedel Schneider“, der wohl als besonders kompetent und qualifiziert galt, Anweisungen zur genauen Vorgehensweise gibt.[556] In allen untersuchten Fällen, scheinen es mehrere Haupträuber, die in gleichberechtigtem Verhältnis nebeneinanderstanden und deren Beute gerecht verteilt wurde, gewesen zu sein.

Schubert wie auch Küther verweisen auf die Art der Retiraden der Räuberbanden: Es handelte sich um die sogenannten „kochemer Baies“, also dunklere Wälder, Höhlen und Löcher in Wäldern und Felder, Gast- und Wirtshäuser und abgelegene Behausungen, wie alte Schmieden, Ziegeleien oder Schäferhütten. Aber auch auf Märkten, Jahrmärkten, Kirchweihen und Messen als geheime Treffpunkte trafen sich die Gauner, Diebe und Räuber.[557]

Die Verhörprotokolle Georg Müllers geben auch hierüber Aufschluss.

---

553 ZULLIGER 1966, S. 22.

554 Vgl. hierzu u.a. Carsten Küthers Studie zum Vorgehen der niederländischen Bande (KÜTHER 1976, S. 32).

555 Vgl. hierzu Kapitel 2.1.5.3.1 vorliegender Arbeit.

556 Vgl. Rep. 211, Nr. 218/2, Verhörprotokoll vom 8. Juni 1593.

557 SCHUBERT 1990, S. 266-70.

So suchte sich Georg Müller nach erfahrener Folter und der Qual durch das Lochgefängnis sich den Inquisitoren anzudienen, indem er ihnen von einem regelmäßig stattfindenden populären Zusammentreffen vieler bekannter Gauner und Schurken berichtet; dadurch wollte er wohl an deren Milde appellieren. Georg Müller erklärte, „dass uff den nechsten Sontag droben Zum Pappenberg, so ein meil wegs von Eschenbach herwarts und ein meil weges ober Aurbach hinauß liege, Roßmarkt [später im Protokoll spricht man von Kirchweih] gehallten werde. Dasellbstes sambelten sich Jährlich hundert solcher Landtsdiebe, Mörder, Räuber und andere loß gesindtlich.“ [558] Der Inquisit Georg Müller schien dieses geheime Treffen nur allzu gut zu kennen und so verriet er, auf Druck der Inquisitoren, seinen Bruder „Hanßen Müller“, als auch einen weiteren Gefährten namens „Hannßen Falkner“, [559] die sich alljährlich dort mit anderen Missetätern dort verabredeten. Dies wiederum lässt auf Müllers Mitgliedschaft in solch einer Bande schließen.

Auch die Vorgehensweise Georg Müllers und seiner Gesellen schien dabei nicht unüberlegt und unwissentlich gewesen zu sein. Immer wieder lassen die Verhörprotokolle auf eine straffe Organisation und Planung der gewalttätigen Raubkriminalität durch die Beteiligten schließen: Ein in Kronach begangener Diebstahl, den Georg Müller mit zwei Gesellen, „Endreß Gurter“ und „Hanß Bauer“ durchführte, war von vornherein geplant, denn „[b]ey diesem Burger [gemeint ist das Opfer] hab er, der Endreß hurter alle gelegenheit gewust, wann er dasselbsten dahaimen geweßen sey.“[560]

Jenes Beispiel würde für eine organisierte Bandenkriminalität sprechen; aber auch in der oftmals anzutreffenden Gewalttätigkeit Georg Müllers und seiner Gefährten finden wir hervorstechende Parallelen zur Vorgehensweise profilierter und populärer Räuberbanden – wie die eines Nickel List.[561]

---

558 Vgl. StAN Rep. 211, Nr. 226/1, Verhörprotokoll vom 8. Juni 1593.

559 Vgl. StAN Rep. 211, Nr. 226/1, Verhörprotokoll vom 8. Juni 1593.

560 StAN Rep. 211, Nr. 219/1, Verhörprotokoll vom 8. Juni 1593.

561 DANKER 1988, S. 20-28.

Auch die Mitgliederzahl der Banden als weiteres wesentliches Charakteristikum konnte – wie auch im Fall Müller – ständig schwanken. Generell waren Räuberbanden damit eher zugänglich gehaltene Vereinigungen. Gerhard Ammerer bezeichnet solche Banden relativierend als „zeitlich und räumlich variable Personenverbände, die auf zwischenmenschlichen Beziehungen basieren konnten, aber nicht mussten";[562] gemein war ihnen lediglich ein gemeinsames Ziel und eine ähnliche Lebensgestaltung.[563] Trotz der offensichtlichen Lockerheit des Zusammenschlusses, würde aber der feste Kern konstant bleiben. Radbruch und Gwinner betonen hingegen, dass es sich meist um Personen handelte, die in einem Verwandtschaftsverhältnis miteinander standen.[564] Hierbei denkt man unweigerlich an die Brüder Georg und Hans Müller, die oftmals gemeinsam Einbrüche und Diebestouren durchführten. Allerdings verhielten sich beide nicht wie Anführer straff organisierter Bandenkriminalität. Und selbst wenn Hans Müller bei vielen illegalen Aktionen seines Bruders zugegen war, betraf es längst nicht alle.

Betrachtet man des Weiteren den Ansatz Küthers oder Ammerers, dass nämlich Bandenkriminalität von regelmäßigen personellen Veränderungen, Umstrukturierungen und Neubildungen geprägt war, die Mitgliederzahl solcher Räuberbanden ständig schwanken konnte und zuweilen eine ständige Verschiebung des festen Mitgliederkreises zu beobachten war,[565] so spricht auch dies wiederum für Müllers Bandenzugehörigkeit – selbst wenn es, wie im bearbeiteten Fall, oftmals zu einem völligen Austausch der Mitglieder der Gemeinschaft kam. Nur Georg Müller partizipierte als ständiger Teilnehmer.

Er schien sich mal dieser, mal jener Räuberbande anzuschließen.

---

562 AMMERER, Gerhard: *Heimat Straße. Vaganten im Österreich des Ancien Régime*. Wien/München (= Sozial- und wirtschaftshistorische Studien, Band 29). Wien 2003, S. 282.

563 Vgl. AMMERER 2003, S. 283.

564 Vgl. RADBRUCH/GWINNER 1951, S. 283-239.

565 Vgl. KÜTHER 1976, S. 32 sowie RADBRUCH/GWINNER 1951, S. 283-239.

Lediglich sein Bruder, Hans Müller,[566] und kriminelle Gefährten wie „Claus Bader“[567], der „Rothe Georg“[568] oder „Thoma Köler“[569] tauchen mehr als einmal auf. Bezüglich des Aktionsradius der Bande, war jener eher gering, doch war dies für die doch etwas eingeschränkte Mobilität der Zeit charakteristisch. Bei genauerer Prüfung zeigt sich nämlich, dass lediglich eine Handvoll populärer Räuberbanden einen größeren Aktionsradius hatten.[570]

Im Zusammenhang mit den Tathergängen und der Gesellschaft Georg Müllers trügt der Begriff „Bande“ bisweilen: Waren es ja zum Teil nur zwei oder drei Gesellen, die mit Georg Müller ihr Unwesen trieben.

Letztlich bestätigt sich also der auf diese Weise verstandene Begriff „Bande“ für die Georg Müller umgebende Gesellschaft durchaus. Dies erstaunt umso weniger, als Wolfgang Wüst auf die ausgeprägte Bandenkriminalität insbesondere im fränkischen Raum, in dem ja Georg Müller sein Unwesen trieb, verweist: „Banden- und Straßenkriminalität entfaltete sich [...] vor allem in Franken [...] rasch, wo die ausgeprägte territoriale Vielfalt die Grenzen staatenbezogener Armen- und Policey-Gesetzgebung deutlich markierte.“[571]

Für die Bande um Müller, muss also das allgemeine und oft auch in der Wissenschaft vorherrschende Verständnis von „Bande“ relativiert werden, welches tatsächlich – wie dargelegt – weit entfernt ist von einer Räuberromantik, die eine phantasiereiche Vorstellung eines festen, sozialrebellisch agierenden Mitgliederstabes und eines klar definierten Oberhaupts suggeriert.

Einige andere von Müller begangenen Schandtaten sind jedoch nicht unter „Bandenkriminalität“ zu subsumieren, denn nicht immer handelte er in einer großen Gruppe und war eben oftmals nur mit einem oder

---

[566] Vgl. StAN Rep. 211, Nr. 217/2; Nr. 218/2, Verhörprotokoll vom 8. Juni 1593; 224/1, Verhörprotokoll vom 8. Juni 1593.

[567] StAN Rep. 211, Nr. 219/1; Nr. 212/2, Verhörprotokoll vom 8. Juni 1593.

[568] StAN Rep. 211, Nr. 217/2, Verhörprotokoll vom 21. Mai 1593; Nr. 221/1; Nr. 223/1; Nr. 223/2, Verhörprotokoll vom 8. Juni 1593.

[569] Vgl. StAN Rep. 211, Nr. 221/1; Nr. 221/2, Verhörprotokoll vom 8. Juni 1593.

[570] Vgl. WÜST 2008, S. 180.

[571] WÜST 2008, S. 179.

zwei weiteren Gesellen zugange. Zum Teil beging er auch alleine Verbrechen, wie das Beispiel seiner Brandstiftung zeigt.[572] So wären hier – wenn überhaupt – wohl eher Begriffe wie organisiertes kriminelles „Trio“ oder „Zweiergespann“ dem der „Bande“ vorzuziehen.

### 3.6.9 Beendigung der Ermittlungsarbeit: Urteilsfindung und Hinrichtung Georg Müllers

Georg Müller wurde aufgrund seines Geständnisses, welches er laut Achtbuch „frey Ledig und ungebunden öffentlich“[573] ablegte, ein Endlicher peinlicher Rechtstag angekündigt: Am Donnerstag, den 21. Juni 1593 wurde er schließlich mit dem Rad als armer Sünder hingerichtet.

#### 3.6.9.1 Endlicher Rechtstag und Urteil

Die Ermittlungsarbeit der Nürnberger Inquirenten endete nach dem „gebührlich[en] verhör“ mit der Verlesung des Geständnisses, in dem sich Georg Müller letztlich zu den zahlreichen Diebstählen, aber auch zu den vier Morden bekannte.[574] Waren in älteren Zeiten Prozess und Verkündung des Urteils nicht getrennt, so kam es im Zuge der zunehmenden Systematisierung des Rechtsprozesses durch das geregelte Inquisitionsverfahren zu einem Zerfall dieser Einheit. Man trennte das Urteil, das öffentlich ablief, vom geheimen Prozess.[575] Als rechtlichen Rahmen, d.h. als normative Richtschnur, zog man auch in Nürnberg die *Carolina* heran, so wurde dem „dürren Jörg“ der Termin seines Endlichen Rechttags bereits drei Tage vorher,[576] also am 18. Juni 1593, angekündigt, „darmit er zu rechter zeit sein sünd bedenken, beklagen vnd beichten möge, vnd so er des heyligen Sacraments zu

---

[572] Vgl. StAN Rep. 211, Nr. 220/2, Verhörprotokoll vom 8. Juni 1593.
[573] Vgl. StAN Rep. 211, Nr. 235/2, „Epilog“ des Verhörprotokolls vom 8. Juni 1593.
[574] Vgl. StAN Rep. 211, Nr. 213/2, Verhörprotokoll vom 15.Mai 1593.
[575] Vgl. DÜLMEN 1988, S. 38, 51.
[576] Vgl. DÜLMEN 1988, S. 56.

emfangen begert, das soll man jm on wegerung zu reichen schuldig sein."[577]

Die Peinliche Halsgerichtsordnung von 1532 äußerte sich diesbezüglich auch zu den genauen Abläufen: So wurde der Schuldige vom Gerichtsknecht oder Scharfrichter, in diesem Fall Franz Schmidt, dem Richter vorgeführt. Die Forschung des 20. Jahrhunderts hat dabei mit Recht die teilweise herrschende enorme Kluft zwischen gesetzlichen Normen, wie der „Peinlichen Halsgerichtsordnung", und der realen Implementierung dieser Norm immer wieder betont. Daher war es umso wichtiger, bei der Überführung Müllers eine vollständige und normgerechte Sanktionierung und Disziplinierung vorzunehmen. Damit sollte ein abschreckendes Beispiel an die Bevölkerung bzw. die potentiellen Straftäter gegeben werden. Allein der kurze Verweis auf eine solche Disziplinierungsmaßnahme wirkte bereits einschüchternd und wurde auf diese Weise ein effektives Mittel der obrigkeitlichen Strafverfolgung.[578]

Danach wurde dem Schuldigen der Prozess gemacht. Auch wenn die Regelungen der *Carolina* eigentlich dem Angeklagten hier das Recht auf einen Verteidiger zusprachen, der „wo dann beklagt der missethatt dauer bestendiger weiß bekenntlich gewest, oder des gnugsam überwisen worden wer", lediglich „vmb gnad bitten"[579] solle, so fand diese Bestimmung realiter keine Umsetzung, da zum einen schon davor eine mögliche Strafmilderung berücksichtigt worden war und zum anderen an dem Urteil ohnehin nichts mehr zu rütteln war. Richard van Dülmen erklärt daher:

> „Jedes Urteil, das auf dem endlichen Rechtstag verkündet wurde, stand im 16. Jahrhundert bereits vorher fest. Selbst die beantragte und gebilligte Strafmilderung war vorher berücksichtigt. Eine nachträgliche Veränderung des

[577] Constitutio Criminalis Carolina, Art. 79.
[578] Vgl. WÜST 2002, S. 278f.
[579] Constitutio Criminalis Carolina, Art. 89f.

> Urteils war ausgeschlossen [...]. Der Delinquent war als armer Sünder nunmehr Opfer des Henkers.“ [580]

Was die konkrete Realisierung des peinlichen Rechtstags angeht, für den man ja mit drei Tagen genügend Zeit einplante, wohl nicht nur zur Vorbereitung des Delinquenten auf seine eigene Hinrichtung, sondern vor allen Dingen auch zur Präparation der großen Inszenierung des Todesspektakels, so lassen sich hier zwei Vorgehensweisen differenzieren. Einerseits kam es bisweilen dazu, dass das Urteil bereits im Gefängnis oder aber im Rathaus verkündet wurde. Am Morgen vor der Hinrichtung wurde dann das Zeremoniell für die Zuschauer nochmal ausführlich wiederholt. Während hier, trotz der augenscheinlichen Inszenierung, die Bevölkerung etwas von der Vorgehensweise des Gerichts mitbekam, so war dies in der anderen möglichen Ausprägung des Strafvollzugs nicht der Fall.

Es gab nämlich andererseits eben auch die Fälle, in denen das Volk völlig von der wesentlichen Gerichtssitzung ausgeschlossen wurde. Die gerichtliche Praxis blieb damit der Obrigkeit vorbehalten, selbst wenn das Zeremoniell, als eine Art Vorgeschmack auf die Exekution, in sehr verkürzter Form wiederholt wurde.[581]

Der erstgenannte Ablauf, also die kurze Verlesung des Urteils mit der großen Rechtstagszeremonie drei Tage später, war in ähnlicher Weise auch bei Georg Müller angewandt worden. Man erklärt dem Delinquenten am Montag, den 18. Juni 1593, dass er aufgrund seiner Mordtaten, Plünderungen und Diebstähle[582] schuldig sei. Dadurch sei er „in die Pein und Straf der Recht der heiligen Reichs-Halsgerichtsordnung gefallen“ und hätte deshalb sein „Leib und Leben verwürckt“.[583] Die Schöffen erwirken, daher „[O]benbenante[r] Geörg

---

[580] DÜLMEN 1988, S. 56.

[581] Vgl. DÜLMEN 1988, S. 56f.

[582] Die Brandstiftung Müllers erscheint hier nicht mehr.

[583] Vgl. StAN Rep. 211, Nr. 213/2, „Prolog“ des Verhörprotokolls vom 15. Mai 1593.

Mülner" sei „mit dem Rade und Zerstossung ihrer Glieder [...] zu Tod gericht."[584]

Am darauffolgenden Donnerstag, dem 21. Juni 1593, dem Tag des Endlichen Rechtstags, kommt es dann zu einer Inszenierung des Müller'schen Prozesses als eine Art Vorschauspiel. Das Hochgericht mit Galgen befand sich in Nürnberg am heutigen Bahnhof, vor dem Frauentor. Dazu kam ein zweiter Galgen auf dem Saumarkt.[585] Über den konkreten Verlauf des Endlichen Rechtstags im Fall Müller wissen wir wenig, doch kann es als gesichert angenommen werden, dass auch hier, wie es Dülmen allgemein beschreibt, durch die Inszenierung den Schaulustigen einen Einblick in die gerichtliche Praxis und die begangen Straftaten des Inquisiten gewährt wurde. Wesentlich war am Endlichen Rechtstag die nochmalige Wiederholung der Taten; darauf waren alle Angeklagten – so auch Georg Müller – bereits in den Verhören vorbereitet worden.[586] Sinn und Zweck dieser Inszenierung war es wohl, dass das Gericht dem anwesenden Volk „seine ganze Macht und Milde"[587] demonstrieren wollte. Daraufhin wurde das Urteil verlesen, der richterliche Stab symbolisch entzwei gebrochen und der Nachrichter zur Exekution befehligt; [588] jenes geht auch aus dem Ratsverlass und dem Prolog des Achtbuchs hervor:

> „Die verlesene Malefiz Urtl, soll man gegen denen im loch verhaffte Jörg Müller [...] dem Nachrichter sagen lassen, das er dem Müller zuvorderst die Glieder abstossen, [...] soll.[589]

---

[584] StAN Rep. 211, Nr. 214/1, „Prolog" des Verhörprotokolls vom 15. Mai 1593.

[585] Vgl. BENDLAGE, Andrea: *Henkers Hetzbruder. Das Strafverfolgungspersonal der Reichsstadt Nürnberg im 15. Und 16. Jahrhundert* (= Konflikte und Kultur, Band 8). Konstanz 2003, S. 43.

[586] Vgl. DÜLMEN 1988, S. 56f.

[587] DÜLMEN 1988, S. 57.

[588] Vgl. Constitutio Criminalis Carolina Art. 96.

[589] *Schöpffen.* Nr. 1621, folio 17, Ratsverlässe, StAN, Rep. 60a, Nr 1621, folio 17 (Verlass vom Donnerstag, 21.6.1593), zitiert nach: DIEFENBACHER, Michael (Hrsg.): *Die Henker von Nürnberg und ihre Opfer. Folter und Hinrichtungen in den*

Der hier verwendete Begriff des „Nachrichters“ darf jedoch hier nicht in die Irre führen; war er doch ein Synonym für den Henker oder Scharfrichter.[590] Von diesem sollte Georg Müller „auffs Rad gelegt und über sich gestreckt werden.“[591] Man begnügte sich also hier nicht mit einer „einfachen“ Tötung mittels Strang oder Schwert. Das Urteil hieß Rädern und wurde durch das vorherige Entfernen der Glieder noch einmal gesteigert. Jenes außerordentlich grausame Urteil mag wohl besonderen Symbolcharakter gehabt haben; die Darstellung der verdienten Sanktion und der Durchsetzung der Gerechtigkeit durch die Nürnberger Ratsherren wurden auf diese Weise anschaulich und „würdevoll“ inszeniert. Die oberste Gerichtsbarkeit und ihre Inszenierung unterstrich den Rang der Nürnberger Ratsherren und galt „als legitimes Mittel der herrschaftlichen Verdichtung.“[592]
Inwiefern dieses Spektakel dann den beabsichtigten abschreckend-erzieherischen Effekt hatte, muss unbeantwortet bleiben; so kamen die Zuschauer der öffentlich vollstreckten Todesstrafe, bei der oftmals auch Auswärtige präsent waren,[593] wohl eher aus Sensationslust.

#### 3.6.9.2 Die Strafe: Der Tod durch das Rädern

Nach jener Urteilsverkündung war Georg Müller nun schutzlos der Pein und dem Tod ausgesetzt, die der Henker, Franz Schmidt oder auch Meister Franz genannt, zu vollziehen hatte. Es lag nun an jenem, eine besonders beeindruckende und gelungene Urteilsexekution zu inszenieren.
Besonders wertvoll ist hierfür das „Tagebuch“ jenes Nürnberger Henkers, indem er jede seiner Hinrichtungen beschreibt. Für den 21. Juni lautet der Eintrag wie folgt:

---

*Nürnberger Ratsverlässen 1501-1806* (= Quellen und Forschungen zur Geschichte und Kultur der Stadt Nürnberg, Band 35). Nürnberg 2010, S. 154.

[590] Vgl. BENDLAGE 2003, S. 42f.

[591] StAN Rep. 211, Nr. 214/1, „Prolog“ des Verhörprotokolls vom 15. Mai 1593.

[592] WÜST 2002, S. 277.

[593] Vgl. DÜLMEN 1988, S. 57.

> „Den 21. Dies. [gemeint ist Juni] […] Heinrich Haußman von Kaletha 14 meil unter Cöllen, Georg Müller von dornitz, ein Kreidt, sonst der dürr Georg genandt, dieb, Räuber, Mörder, der Heinrich und dürr Georg, bey dem einfall zu Niderndorff gewesen, wie sie den Juden umb bracht, als Ihn der Heinrich geschossen, hette ihn der dürr Georg mit der wehr über den Kopff gehauen, das er über die Bank gefallen und liegen blieben, und alles hinweg geraubt des gleichen der heinrich sonsten noch vier einfähl mit anderen helffen begehen, der dürr Georg aber, neben seinen gesellen ein Krämmer so au.ch ihr gesell, der Schedel genand, bey Summersfeld ermordert, das seinige genommen, des andern tags desselben Schedels Weib, zwischen Rohr und Allersberg, in einem hölzlein, mit einem stauchen den sein weib Ihr um den halß geworfen, und erstiekt, auch Ihr geldt und Kleider abgeraubt, weiter der Georg zu Obern Reuth, ein meil unter Bamberg, neben seinen Geselln, ein alten Mann nachts zu sein hauß helffen überfallen, die Drossel abgeschnitten und ermördet, wider hat er zum loch ober Snayda, neben seinen gesellen einer desselben Bauern Sohn, welcher unter einen Offen gestekt, in dem Schenkehl gestochen und viel abgeraubt, des Bauern Sohn über [n]acht gestorben, und sonsten noch viel einfähl und dieberey helffen begehen, des wegen er […], den heinrich hausman, und dürr georgen, beede Mörder mit dem Rathe gericht, den Georgen erstlich 2 glieder abgestossen.“[594]

Georg Müller war also nicht das einzige Opfer des Scharfrichters; auch sein Geselle, Heinrich Hausmann musste an diesem Tag sein Leben lassen. Jedoch wurde die Brutalität der Tötung bei Müller eben noch gesteigert. All dies war Teil der Inszenierung, denn Räderwerke, Galgen und Exekutionsstätten generell dienten eben nur peripher der Darstellung von Brutalität und Gewalt. Primär waren sie eben Symbole verdichteter Herrschaft und obrigkeitlicher Konzentration der Macht.[595] Dem Nachrichter Franz Schmidt kam hier eine besondere Stellung zu, da er ja den Verurteilten zu richten hatte. Wesentlich war, dass Franz Schmidt sein Handwerk beherrschte und er eine gelungene Vollstreckung ausführte. Da sein Beruf, also das Töten, als „unehrlich“ angesehen wurde, entschuldigte sich der Scharfrichter Schmidt vor der

[594] SCHMIDT 1980, S. 50-53.
[595] Vgl. WÜST 2002, S. 277.

Exekution bei Georg Müller für die anstehende Tötung, die er ja aufgrund seines Amtes zu vollziehen hatte.[596]
Die stadtherrliche Behörde, in diesem Fall der „Innere Rat" als die Nürnberger Obrigkeit, wollte das Strafgeschehen bewusst in Szene setzen. Daher wurde der Apparat des Strafverfolgungspersonals schon im 15. Jahrhundert ausgebaut und systematisiert:[597] Nur qualifizierte Wächter, Stadtknechte und auch Henker wurden nach ihrer Bewerbung beim Nürnberger Rat eingestellt.[598] Der öffentliche Strafvollzug musste sehr gut geplant werden, so dass das Ritual ordnungsgemäß und rechtsgültig ablaufen konnte.
Wesentlich war hier – neben dem Moment der „Abschreckung" – auch die Inszenierung eines würdevollen Todes; das Volk sollte ja die Gerechtigkeit, im Namen derer der Rat handelte, nicht in Frage stellen. Auch die Einwilligung Georg Müllers als Armer Sünder, war konstitutiv für eine würdevolle Vollstreckung des gerichtlichen Urteils.[599]
Über den realen Verlauf der Tötung Müllers lassen uns die Akten im Dunkeln. Daher kann für den Fall des Dormitzer Delinquenten, Georg Müller, nicht nachvollzogen werden, wie dessen Tod durch das Rad im Einzelnen herbeigeführt wurde und wie die anwesenden Schaulustigen reagierten. Über den Ablauf einer solchen Todesstrafe im Allgemeinen geben allerdings Hermann Knapp und Friedrich Merzbacher Auskunft. So wurde im Katalog der Strafen, das Rädern bis weit ins 18. Jahrhundert für besonders schlimme Taten, wie eben Mord, angewendet und galt dabei als „schimpflichste und ehrloseste Strafe".[600]

---

[596] DÜLMEN 1988: 93.
[597] Speziell mit den Nürnberger Sicherheitsorganen im Spätmittelalter und der Frühen Neuzeit sowie mit deren Position gegenüber der gesamten Gesellschaft und den Ratsherren, befasst sich ein Aufsatz von Andrea Bendlage und Peter Schuster (vgl. BENDLAGE, Andrea/SCHUSTER, Peter: „Hüter der Ordnung. Bürger, Rat und Polizei im spätmittelalterlichen und frühneuzeitlichen Nürnberg", in: *Mitteilungen des Vereins für Geschichte der Stadt Nürnberg* 82 (1995), S. 37-55).
[598] Vgl. BENDLAGE 2003, S. 55-60.
[599] Vgl. SCHWERHOFF 1991, S. 162-167; DÜLMEN 1988, S. 81-83.
[600] MERZBACHER 1984b, S. 330.

Es gab also einen spezifischen Strafkatalog, der je nach Delikt eine spezifische Sanktionsmaßnahme vorsah. Willkür konnte so vermieden werden. Man legte den Delinquenten auf den Boden; dieser musste dann Beine und Arme von sich strecken. Georg Müller wurden dann wohl bei diesem ersten Schritt entweder zwei Beine, zwei Arme oder ein Bein und ein Arm, brutal abgetrennt. Unter den Körper legte man Holz, sodass jener sich vom Boden abhob und der Scharfrichter mit einem Radkanten die die Glieder des Körpers zu zerstoßen hatte. Die Exekution erfolgte entweder angefangen bei den Beinen, oder – und dies wurde als milder angesehen – direkt am Genick, d.h. der Scharfrichter versetzte den Gnadenstoß. Je nach Schwere des Verbrechens war eine bestimmte Anzahl solcher Stöße vorgeschrieben. Danach wurde der tote oder halbtote Delinquent quasi in das Rad geflochten, „dabei kamen die Glieder einmal über und einmal unter die Speichen des Rades“[601]

Zu guter Letzt wurde dann jenes Rad auf einen Galgen oder einen Pfosten gesteckt. Der gesamte Vorgang, vom Brechen der Glieder bis hin zum Pfählen musste ausdrücklich außerhalb der menschlichen Ansiedlungen geschehen, und zwar an dem Ort, an dem der Galgen stand. Lebte der Verurteilte noch, hatte ihm der Scharfrichter also nicht den strafmildernden Gnadenstoß ins Genick verpasst, konnte dies einen grausamen sich in die Länge ziehenden Tod bedeuten.[602]

Eine solche Strafmilderung dürfte angesichts der Schwere der von Georg Müller begangenen Straftaten wohl nicht angewendet worden sein. Es ist daher naheliegend, dass sein Tod mit einer qualvoll langwierigen Prozedur verbunden war, bei der ihm auch noch zwei seiner Glieder abgetrennt worden waren. Der Leichnam blieb dann so lange Hängen, bis die letzten Reste des Körpers abgefault waren.[603]

---

601 MERZBACHER 1984b, S. 330.

602 Vgl. KNAPP 1895, S. 55; MERZBACHER 1984b, S. 330.

603 STURM 1962, S. 153.

Wenig verwunderlich ist daher Knapps Einschätzung, der das Rädern oder Radebrechen aufgrund „der Größe und langen Dauer der Marter […]“ als „die grausamste Strafe“[604] ansieht.

[604] KNAPP 1895, S. 55.

## 4 Fazit

Zieht man nun Bilanz, so zeigt der Blick auf das Vagantentum und deren Lebensweise, dass sich das Gros der süddeutschen, insbesondere der fränkischen kriminellen Landstreicher vornehmlich aus unterständischen Randgruppen rekrutierte. Bildete die vagierende Armen zweifelsohne die größte randständige Gruppe der Frühen Neuzeit, so ist Carsten Küthers Einschätzung von über „10% der Gesamtbevölkerung“ [605] auf eine methodisch problematische Auswertung der Quellen zurückzuführen und muss weit nach unten korrigiert werden. Zwei wesentliche Merkmale bezüglich der Zusammensetzung jener Gruppe, stellen ein relativ niedriges Alter und einen eindeutigen Überhang des männlichen Geschlechts dar.
Die vagierenden Außenseiter wurden durch die Gesellschaft dämonisiert und stigmatisiert, da sie eben nicht der Norm entsprachen. Das endgültige Absinken in eine solche dauerhafte Marginalposition zog den Verlust von absichernden sozialen Bindungen nach sich, woraus neue Straftaten resultierten. So führte dieser *circulus vitiosus*, aber auch der omnipräsente kollektive Pauperismus, in vielen Fällen zu einer immer ausgeprägteren Kriminalisierung innerhalb jener Vagantenschicht, die nun in Räuberbanden eine neue Organisationsform der Delinquenz fand.
Betrachtet man die innere Struktur jener Banden, so zeigt sich, dass es sich meist um lockerere, demokratisch organisierte Zusammenschlüsse handelte. Das breit gefächerte Kriminalitätsrepertoire lässt einen deutlichen Schwerpunkt auf der harmloseren Eigentumsdelinquenz erkennen, die als Konsequenz der fortschreitenden Verarmung weiter Bevölkerungskreise gesehen werden kann. Somit wären Hobsbawms und Küthers Interpretationen einer positiven Überhöhung des Räubers als Sozialrebellen, der sich in Opposition gegen die ihn verfolgende Obrigkeit sah, abzulehnen. Zur Gewaltanwendung im Sinne von

[605] KÜTHER 1976, S. 22.

Tötungsdelikten oder brutalen Überfällen kam es dabei seltener, war aber – wie der Fall Müller zeigte – durchaus üblich.
Mit der sukzessiven Expansion der organisierten Gewaltanwendung ging eine Verdichtung der Methoden des Strafvollzugs basierend auf dem Konzept der Sozialdisziplinierung einher: So kam es nicht nur zur Kooperation bezüglich sogenannter Streifen, Diebslisten und Warntafeln innerhalb des Fränkischen Reichskreises, sondern auch zu einer suprateritorialen Zusammenarbeit und regen Kommunikation zwischen den Kreisen. Dies führte zu einer Intensivierung der Strafverfolgung von Kriminellen – fernab von jeglicher territorialer Isolierung.
Auch das Beispiel der Sicherheitspolitik in der Reichsritterschaft Sugenheim, insbesondere der auf den Bestimmungen der *Carolina* basierende Prozess gegen Schreiber, zeugt von einer solchen überterritorialen Kommunikation, in welcher die Reichsritterschaft mit dem Reichskreis kooperierte. Es ist wohl auch kein Zufall, dass sich auch die obrigkeitliche Kriminalitätsbekämpfung, hier am Beispiel des Strafprozesses und der Verurteilung Georg Müllers illustriert, an jener „Peinlichen Halsgerichtsordnung" von 1532 orientierte. Die Gesamtschau auf das reichsstädtische Gerichtswesen zeigt die Vielfalt der Prozessarten auf, bei dem die Position des „Inneren Rats" unangefochten war. Zudem illustriert die breite Palette der Strafen, die große Heterogenität der Sanktionierungsmaßnahmen.
Die Reichstadt Nürnberg stand zu Beginn der Frühen Neuzeit auf dem Höhepunkt ihrer Macht. Träger der Herrschaft von Exekutive, Jurisdiktion und Legislative war der „Innere Rat", dessen Position unangefochten war und dessen patrizischer Mitgliederstamm für die Wahrung von Recht und Frieden zuständig war. Auch die für den analysierten Fall wichtige Blutsgerichtsbarkeit kam dieser Instanz zu. So wurde der Delinquent Müller nach zahlreichen Verhören und ausgiebigem Ermittlungungen mehrerer Diebstähle, Einbrüche, der Brandstiftung und einiger Mordtaten überführt. Mit der Feststellung, dass der Gros der Müller'schen Delikte kleinere Eigentumsvergehen betraf, scheint der Beschuldigte hier das zeittypischer Phänomen der

Armutsdelinquenz zu verkörpern. Entgegen der romantisierten Vorstellung des Räuber- und Vagantenlebens stehen also die realen Tatbestände, die weit prosaischer sind. Der gute Räuber und Dieb, im Sinne eines Robin Hood, der von den Reichen nimmt, um den Armen zu geben, existiert zumindest für die Frühe Neuzeit im Raum Süddeutschland nicht. Die Motive der kriminellen Vagabunden, die sich aus der mittellosesten Schicht rekrutierte, waren rein egoistischer Natur, denn diesen ging es um das bloße, tägliche Überleben.

Mit neuen, weiter gefassten Definitionskriterien des Bandenbegriffs, ist Müller, der ja auch zahlreiche räuberische Überfälle beging, wohl einer solchen zuzuordnen. Dabei entspricht diese Art der Bande nicht der romantisierend verklärenden Vorstellung von einer Räuberbande, sondern sie ist eher als eine locker zusammengewürfelten Gesellschaft von Delinquenten, die sich von Fall zu Fall zusammenschlossen zu charakterisieren.

Die Ermittlungsarbeiten zur Aufklärung der Bandenkriminalität wurden mit großem Aufwand durchgeführt, da man den Angeklagten zu einem Geständnis zwingen suchte, zum einen aus Gründen der Wahrheitsfindung, aber auch, weil ohne Geständnis keine Verurteilung gemäß den gültigen Rechtssätzen möglich war. Die Nürnberger Ratsherren befragten deshalb auch Zeugen, um dem Verifikationsgebot der *Carolina* zu entsprechen.

Als weitere Methode wandte man – ähnlich wie im Reichskreis oder in der Sugenheimer Reichsritterschaft – die supraterritoriale Kooperation und Kommunikation als Mittel zur Wahrheitsfindung an. Jedoch schreckte man dabei – und dies zeugt eher von geringer Fortschrittlichkeit – vor der Anwendung der Folter nicht zurück. Zur Erzwingung eines Geständnisses schien jedes Mittel probat. Dennoch darf hier nicht übersehen werden, dass jene nicht etwa willkürlich eingesetzt wurde, sondern man sich auch hier bestimmten Normen unterwarf. Dazu muss eben – mit den Worten Hermann Rennefahrts – eine *ex tunc*-Perspektive eingenommen werden, um dem frühneuzeitlichen Rechtssytem gerecht zu werden.

Die Ermittlungsarbeit der Nürnberger im vorliegenden Fall endete schließlich mit einem Geständnis Müllers und führte zu einem öffentlichen, Endlichen Rechtstag. Hier wurde der Angeklagte zum Tod durch das Rad verurteilt. Diese Hinrichtung wurde zur Demonstration der reichsstädtischen Macht und der Wiederherstellung von Sitte und Gerechtigkeit bewusst in Szene gesetzt. Durch jene Inszenierung wurde die Macht der übergeordneten Instanz aber auch die Existenz eines ausdifferenzierten Rechtspflegesystems besonders deutlich. Die Ernsthaftigkeit und die Gewissenhaftigkeit mit der die Nürnberger Ratsmitglieder daran gingen rechtsstaatliche Normen umzusetzen, zeigt sich auch durch den Ausbau und die zunehmende Professionalisierung des Exekutivpersonals der Reichsstadt.

Die vorliegende Untersuchung der Strafverfolgungsverfahren verschiedener Instanzen des Alten Reichs gegen Vagabunden und Gauner hat gezeigt, dass – entgegen gängiger Forschungstendenzen – ein relativ einheitliches Sicherheits- und Strafsystem, das wesentliche Impulse für die moderne Sicherheitspolitik und damit für den modernen Staat generell gegeben hat, bereits in der Frühen Neuzeit existierte. Ob im übergeordneten Reichskreis, in den unabhängigen Ritterschaften oder Reichsstädten: Die Maßnahmen gegen das vagabundierende und kriminelle Volk unterschieden sich zumeist nur in unwesentlichen Details und oft kooperierten die unterschiedlichen Einheiten des Alten Reichs.

Obschon Küther und auch Schubert von einer defizitären Staatlichkeit in der Frühen Neuzeit ausgehen, von der sie dann auch auf eine dürftige Strafrechtspflege und Sicherheitspolitik schließen, hat die vorliegende Arbeit gezeigt, dass schon am Beginn der Frühen Neuzeit mit der Einführung der *Carolina* eine Wende in der Rechtsstaatlichkeit eintrat. Nicht nur Anklage- und Inquisitionsprozess wurden darin geregelt, sondern auch die Vorgehensweise der Strafexekution wurde normiert. So bemühte sich die *Carolina*, trotz der unbestreitbar mittelalterlich anmutenden Strafen, um eine Rechtssicherheit zugunsten des Angeklagten. In all den genannten Territorien setzte sie sich als Strafbuch durch. Dazu kam die Expansion des Sicherheitsapparates und die verstärkten Bemühungen Delinquenz amtlich zu verfolgen – und dies nicht nur in der Reichsstadt Nürnberg. Dadurch ergab sich eine Konsolidierung der Obrigkeit, deren Zugriff auf delinquentes Verhalten eindrücklich aus zahlreichen Akten hervorgeht. Diese Tendenz der Uniformierung und Systematisierung des Rechts zeigt, dass das frühneuzeitliche Reich eben nicht von territorialer Eigenbrötelei eines losen Bundes geprägt war.

Obschon Schuberts[606] und Küthers[607] Bedenken – die frühneuzeitlichen Probleme bezüglich der Administration, die keine kontingenten Sanktionen zuließ – zum Teil durchaus ihre Berechtigung haben, scheinen diese angesichts der vorliegenden Analyse eher als eine Betrachtung *cum grano salis*.

Wenn jene Historiker die frühneuzeitliche Strafverfolgung und deren Effekt- und Kraftlosigkeit verurteilen, so hält diese These der empirischen Untersuchung nicht wirklich stand und bleibt eher grob und undifferenziert. Freilich ist das Konzept einer etatistisch geprägten, vereinheitlichten Strafverfolgung zum Teil weniger präsent, jedoch lassen einige der angeführten Maßnahmen darauf schließen, dass solche Generalisierungen unzulässig sind und vielmehr Fall zu Fall Betrachtungen notwendig werden.

Wir können – und dies hat die vorliegende Untersuchung der Strafverfolgungsverfahren verschiedener Instanzen des Alten Reichs gegen Vagabunden und Gauner gezeigt – entgegen gängiger Forschungstendenzen von einem relativ einheitlichen Sicherheits- und Strafsystem bereits in der Frühen Neuzeit sprechen, das *à la longue durée* wesentliche Impulse für die moderne Sicherheitspolitik gegeben hat. Die vielzitierte postulierte Ineffizienz aufgrund der ausgeprägten Tendenz zu Kleinstaaterei läßt sich so nicht aufrechterhalten. Das Alte Reich enthielt durchaus staatliche Züge.

Ob im übergeordneten Reichskreis oder in den unabhängigen Ritterschaften oder Reichsstädten: Die Maßnahmen gegen das vagabun-

606 Vgl. SCHUBERT 1990, S. 322-330.
607 Vgl. KÜTHER 1976, S. 148f.

dierende Volk unterschieden sich zumeist nur in unwesentlichen Details und oft kooperierten die unterschiedlichen Einheiten des Alten Reichs. Sie sind demnach durchaus als Gemeinwesen zu charakterisieren, die sich zunehmend an abstrakten Rechtskategorien orientierten und damit erste Vorboten für das gegenwärtige Rechtssystem waren. Mit ihnen entstand ein modernes, höchst aufwendiges, rigides Instrumentarium zum Schutz vor frühneuzeitlicher Kriminalität in Deutschlands Süden. Der noch in den Kinderschuhen steckende Staat (im modernen Sinn) reagierte mit Konsequenz und Härte auf Kriminalität und so entwickelt sich – Schritt für Schritt – ein modernes Staatsverständnis. [608] Dass in allen analysierten Territorien das Hochgericht sehr ähnlich ausgebaut war unterstützt diese These und zeugt „von der Kompetenz arrondierter Territorialität.“[609]

Pfister konstatiert zu Beginn des 19. Jahrhunderts, dass das Vagabunden- und Gaunertum durch die territoriale Revolution und dem damit verbundenen Ausbau der einzelstaatlichen Verwaltungen „den empfindlichen Stoß erhalten hatte“, [610] sodass sich spätestens seit diesem Zeitpunkt von einem Straf*system* sprechen lässt. Durch den fortschreitenden Ausbau des Militärs, des Rechtswesens sowie durch die Loslösung von den Einzelterritorien durch eine verbesserte Organisation zwischen den wichtigsten Reichskreisen, ist eine Effizienzsteigerung zu beobachten.

Freilich war Reisen in jener Zeit – aufgrund der inhomogenen räumlichen Strukturen und den daran geknüpften Durchsetzungsproblemen – mit einer Vielzahl an Gefahren, vornehmlich dem Risiko überfallen zu werden, verbunden. Gleichzeitig aber brachte die supraterritoriale Kommunikation über die Räuber- und Vagantenproblematik entschei-

---

[608] Einen wichtigen Beitrag zur Entwicklung eines abstrakten Staatsverständnisses von der Antike bis zur Gegenwart leistete Wolfgang Mager mit seiner Abhandlung zum Ursprung des modernen Staatsbegriffes; vgl. MAGER, Wolfgang: *Zur Entstehung des modernen Staatsbegriffs* (= Abhandlungen der Geistes- und Sozialwissenschaftlichen Klasse. Akademie der Wissenschaften und der Literatur, Jahrgang 1968/Nr. 9). Mainz 1968.

[609] WÜST 2002, S. 273.

[610] PFISTER 1812, II, S. 47.

dende Impulse für ein modernes Rechts- und Strafsystemsystem und so ging insbesondere von den diesbezüglichen Verordnungen eine enorme innovative Schubkraft für den Schutz der Reisenden und die soziale Landfriedenspolitik aus. Parallel zu diesen Entwicklungen erfolgte eine Revolutionierung der administrativen Strukturen, was zu einer Effektivierung der Strafverfolgung führte. So konstatiert Schwencken, auch mit Blick auf den Preßburger Frieden und die territoriale Neuordnung: „Schon zu Ende des ersten Decenniums dieses Jahrhunderts [gemeint ist das 19. Jahrhundert] begann sich ein furchtbares Ungewitter zusammen zu ziehen, dessen zerschmetternde Blitze die Luft nach und nach von ihren verpesteten Dünsten reinigen sollten.“[611]

[611] SCHWENKEN 1822 [1981], S. 47.

## Abkürzungsverzeichnis

CCC = Constitutio Criminalis Carolina

fl. = florin = (Fränkischer) Gulden

Fol. = Folio

GAB = Geheimes Staatsarchiv Bayreuth

GNM = Germanisches Nationalmuseum (Nürnberg)

HS = Handschrift

IPO = Instrumenta Pacis Westphalica

MS = Manuskript

Nbg. = Nürnberg

Rep. = Repositorium

Rst. = Reichsstadt

StAA/Stadt AA = Stadtarchiv Augsburg

StAB = Staatsarchiv Bamberg

StAE = Stadtarchiv Erlangen

StAN = Staatsarchiv Nürnberg

StadtAN = Stadtarchiv Nürnberg

StAW = Stadtarchiv Würzburg

## Literaturverzeichnis

### Primärquellen:

Manuskripte:

Staatsarchiv Nürnberg. Reichsstadt Nürnberg. Amts- und Standbücher. Repositorium 211: *Acht Buch. Darinen alle am Leben gerichtfertigte Persohnen, Vnd derselben Vrgichten beschrieben worden seyen, von 7. Febrary A. 1588 biß Vff 28 Juny Anno 1593.*

Editionen:

BAADER, Joseph: *Nürnberger Polizeiverordnungen aus dem XIII.-XV. Jahrhundert* (= Bibliothek des Litterarischen Vereins in Stuttgart, 63). Stuttgart: Litterarischer Vereins in Stuttgart 1861, S. 44-56.

BECKER, B. [Johann Nikolaus, Pseudonym: Apollonius von Beilstein]: *Aktenmäßige Geschichte der Räuberbanden an den beyden Ufern des Rheins.* Erster Theil: Geschichte der Moselbande und der Bande des Schinderhannes. Cöln: Keil 1804 [Nachdruck: Leipzig: Zentralantiquariat der Deutschen Demokratischen Republik 1972].

BLAUERT, Andreas/WIEBEL, Eva (Hrsg.): *Gauner- und Diebslisten. Registrieren, Identifizieren und Fahnden im 18. Jahrhundert. Mit einem Repetitorium gedruckter südwestdeutscher, schweizerischer und österreichischer Listen sowie einem Faksimile der Schäffer'schen oder Sulzer Liste von 1784* (= Studien zu Policey und Policeywissenschaft). Frankfurt am Main: Klostermann 2001.

BRESSLAU, Harry/KEHR, Paul (Hrsg.): *Die Urkunden Heinrichs III. (Heinrici III. Diplomata)* (= Monumenta Germaniae Historica: Diplomata 4, Die Urkunden der deutschen Könige und Kaiser, Band 5). Berlin: Weidmann 1931, S. 336–337 [online: Die digitalen Monumenta Germaniae Historica (dMGH): http://www.mgh.de/dmgh/, letzter Zugriff 30.6.2013].

BRILL, Carl Friedrich: *Aktenmäßige Nachrichten von dem Raubgesindel in den Maingegenden, dem Odenwald und den angrenzenden Ländern besonders in Bezug auf die in Darmstadt in Untersuchungshaft befindlichen Glieder desselben.* Erste Abtheilung. Darmstadt: Heyer und Leske 1814.

BUNDSCHUH, Johann Kaspar: *Geographisches Statistisch-Topographisches Lexikon von Franken oder vollständige alphabetische Beschreibung aller im ganzen Fränkischen Kreis liegenden Städte, Klöster, Schlösser, Dörfer, Flekken, Höfe, Berge, Thäler, Flüsse, Seen, merkwürdiger Gegenden u.s.w. : mit genauer Anzeige von deren Ursprung, ehemaligen und jezigen Besizern, Lage, Anzahl und Nahrung der Einwohner, Manufakturen, Fabriken, Viehstand, merkwürdigen Gebäuden, neuen Anstalten, vornehmsten Merkwürdigkeiten* [et]c. [et]c.; Ulm: Stettin 1799 (online: http://www.mdz-nbnresolving.de/urn/resolver.pl?urn=urn:nbn:de:bvb:12-bsb10721956-9, letzter Zugriff am 30.06.2013).

DEICHSLER, Heinrich: „5. Die Chroniken der fränkischen Städte“, in: Deichsler, Heinrich: *Chroniken der deutschen Städte vom 14. bis ins 16. Jahrhundert.* Leipzig 1874 [Nachdruck: Göttingen 1961] S. 444-888.

GÜNDERRODE, Johann Maximilian von: *Gründliche Untersuchung von dem Ursprung/Fortgang und heutigem Zustand des Teutschen Creyß-Wesens. Wobey von denen Creyß-Tägen u. den Haupt-*

*Materien/die auf denselben pfelgen vorzukommen, ausführlich gehandelt wird.* Gießen/Frankfurt am Main: Lammers 1738.

HEFFNER, Philipp Franz (Hrsg.): *Sammlung der hochfürstlich-wirzburgischen Landesverordnungen, welche in geist- und weltlichen Justiz, Landgerichts-, criminal-, Polizey-, cameral-, Jagd-, Forst- und andern Sachen [...] verkündet worden sind. Sammlung der Hochfürstlich-Würzburgischen Landes-Verordnungen, welche in geist- und weltlichen, Justiz-, Landgerichts-, peinlichen-, Polizey-, Kameral-, Jagd-, Forst- und andern Sachen von 1771 mit 1800 ergangen sind.* Zweiter Theil: anfangend von Zeit der glorwürdigsten Regierung seiner hochfürstlichen Gnaden Herrn Friderich Karl hochseligen Andenkens. Würzburg: Sartorius 1776 [online: Bayerische Staatsbibliothek digital: http://reader.digitale-sammlungen.de/de/fs3/object/display/bsb10490458_00471.html, letzter Zugriff 30.06.2013].

HÜTLIN, Matthias: *Liber vagatorum. Der betler orden.* Straßburg: Prüß 1510.

LANGE, Friedrich Christian: *Actenmäßige Nachricht von einer grossen Post=-Raeuber=Bande und allen seit 20 Jahren vorgefallenen Post= Raubereyen.* Culmbach: Spindler 1793.

LEUCHT, Christian Leonhard (Hrsg.): *Europäische Staats-Cantzley. Darinnen zum Behuff der neuesten politischen-, Kirchen- und Reichshistorie was sowohl in Religions-Angelegenheiten merckwürdiges vorgefallen als in Staats- und Reichs-Geschäfften vor kurztem abgehandelt worden und zum Vorschein gekommen ist (in richtiger Ordnung vorgetragen und ohnparteyisch mitgetheilt von Anton Faber).* 115 Bände. Frankfurt am Main/Leipzig/Nürnberg: Weber 1697-1760.

MÜLLNER, Johannes: *Die Annalen der Reichsstadt Nürnberg von 1623*. Teil II: 1351-1496 (Hrsg. von Gerhard Hirschmann). Nürnberg: Stadtrat zu Nürnberg/Stadtarchiv Nürnberg 1984.

PFISTER, Ludwig: *Aktenmäßige Geschichte der Räuberbanden an den beiden Ufern des Mains, im Spessart und im Odenwald*. Band I. Heidelberg: Braun 1812.

PFISTER, Ludwig: *Nachtrag zu der aktenmäßigen Geschichte der Räuberbanden an den beiden Ufern des Mains, im Spessart und im Odenwald*. Band II. Heidelberg: Braun 1812.

RADBRUCH, Gustav (Hrsg.): *Die Peinliche Gerichtsordnung Kaiser Karls V. von 1532 (Carolina)*. 6. Auflage. Stuttgart: Reclam 1984.

*Rotwellsche Grammatik, oder Sprachkunst, Das ist: Anweisung wie man diese Sprache in wenigen Stunden erlernen, reden und verstehen möge. Absonderlich denenjenigen zum Nutzen und Vortheil, die sich auf Reisen, in Wirthshäusern und andern Gesellschaften befinden, das daselbst einschleichende Spitzbuben-Gesindel, die sich dieser Sprache befleißigen, zu erkennen, um ihnen ihren diebischen Anschlägen dadurch zu entgehen. Nebst einige historische Nachahmungen, durch welche ein Anfänger desto eher zur Vollkommenheit gelangen kann*. Frankfurt am Mayn 1755.

SCHMIDT, Franz (Hrsg.): *Das Tagebuch des Meister Franz. Scharfrichter zu Nürnberg* (Nachdruck der Buchausgabe von 1801. Kommentar von Jürgen Carl Jacobs und Heinz Rölleke). Dortmund: Harenberg 1980.

SCHÖLL, Johann, Ulrich: *Abriß des Jauner und Bettelwesens in Schwaben nach Akten und anderen sichern Quellen von dem*

*Verfasser des Konstanzer Hanß*. Stuttgart: Erhard und Löflund 1793.

SCHULTHEIß, Werner: *Die Acht-, Verbots- und Fehdebücher Nürnbergs von 1285-1400* (= Quellen zur Geschichte und Kultur der Stadt Nürnberg, Band 2). Nürnberg: Stadrat zu Nürnberg 1960.

SCHWENKEN, Karl Philipp Theodor: *Aktenmäßige Nachrichten von dem Gauner- und Vagabundengesindel, sowie von einzelnen professionirten Dieben in den Ländern zwischen dem Rhein und der Elbe nebst genauer Beschreibung ihrer Person. Von einem curhessischen Criminalbeamten*. Cassel Hampe 1822 [Nachdruck: Heidelberg: Kriminalistik-Verlag 1981].

STADT NÜRNBERG (Hrsg.): *Stadtarchiv Nürnberg: Stadtlexikon.* Stichwort: Strafrecht. Nürnberg (online: http://online-service. nuernberg.de/stadtarchiv/zeig.FAU?sid=7405E7AE32&dm=2& ind=1&ipos=Strafrecht, letzter Zugriff 30.06.2013).

STAHL, Irene: *Die Nürnberger Ratsverlässe*. Heft 1: 1449-1450; (= Schriften des Zentralinstituts für fränkische Landeskunde und allgemeine Regionalforschung an der Universität Erlangen-Nürnberg, Band 23). Neustadt an der Aisch: Degener 1983.

STAHL, Irene: *Die Nürnberger Ratsverlässe*. Heft 2: 1453-1471 (= Schriften des Zentralinstituts für fränkische Landeskunde und allgemeine Regionalforschung an der Universität Erlangen-Nürnberg, Band 23). Neustadt an der Aisch: Degener 1995.

**Sekundärliteratur:**

AMMERER, Gerhard: *Heimat Straße. Vaganten im Österreich des Ancien Régime*. Wien/München: Verlag für Geschichte und Politik (= Sozial- und wirtschaftshistorische Studien, Band 29). Wien 2003.

ARNOLD, Hermann: *Fahrendes Volk. Randgruppen des Zigeunervolkes*. Neustadt/Weinstraße: Pfälzische Verlagsanstalt 1980.

BAUMGART, Peter: „Gerhard Oestreich zum Gedächntnis", in: *Zeitschrift für Historische Forschung* 5/2 (1978), S. 129-138.

BAUMGÄRTEL, Gottfried: *Die Gutachter- und Urteilfähigkeit der Erlanger Juristenfakultät in dem ersten Jahrhundert ihres Bestehens* (= Erlanger Forschungen, Reihe A. Geisteswissenschaften, Band 14). Erlangen: Universität Erlangen 1962.

BEATTIE, John M.: *Crime and the courts in England 1660-1800*. Oxford: Clarendon 1986.

BECKER, Howard, Saul: *Außenseiter. Zur Soziologie abweichenden Verhaltens*. Frankfurt am Main: Fischer 1981.

BENDLAGE, Andrea/SCHUSTER, Peter: „Hüter der Ordnung. Bürger, Rat und Polizei im spätmittelalterlichen und frühneuzeitlichen Nürnberg", in: *Mitteilungen des Vereins für Geschichte der Stadt Nürnberg* 82 (1995), S. 37-55.

BENDLAGE, Andrea: *Henkers Hetzbruder. Das Strafverfolgungspersonal der Reichsstadt Nürnberg im 15. Und 16. Jahrhundert* (= Konflikte und Kultur, Band 8). Konstanz: UVK Verlagsgesellschaft 2003.

BETTENHÄUSER, Hermann: „Räuber- und Gaunerbanden in Hessen. Ein Beitrag zum Versuch einer historischen Kriminologie Hessens", in: *Zeitschrift des Vereins für hessische Geschichte und Landeskunde,* Band 75/76 (1964) S. 275-348.

BLASIUS, Dirk: *Bürgerliche Gesellschaft und Kriminalität. Zur Sozialgeschichte Preußens im Vormärz*. Göttingen: Vandenhoeck & Ruprecht 1976.

BLASIUS, Dirk: *Kriminalität und Alltag. Zur Konfliktgeschichte des Alltagslebens im 19. Jahrhundert*. Göttingen: Vandenhoeck & Ruprecht 1978.

BLASIUS, Dirk: „Kriminologie und Geschichtswissenschaft. Bilanz und Perspektiven interdisziplinärer Forschung", in: *Historische Zeitschrift* 233 (1981), S. 615-627.

BLAUERT, Andreas/SCHWERHOFF, Gerd (Hrsg.): *Mit den Waffen der Justiz. Zur Kriminalitätsgeschichte des Spätmittelalters und der Frühen Neuzeit*. Frankfurt am Main: Fischer 1993.

BLAUERT, Andreas: *Sackgreifer und Beutelschneider. Die Diebesbande der Alten Lisel, ihre Streifzüge um den Bodensee und ihr Prozeß 1732*. Konstanz: Universitätsverlag Konstanz 1993.

BOEHNCKE, Heiner/SARKOWICZ, Hans: *Die deutschen Räuberbanden*. 3 Bände. Frankfurt am Main: Eichborn 1991.

BRANDHORST, Jürgen: „Spielleute – Vaganten und Künstler", in: Hergemöller, Bernd-Ulrich (Hrsg.): *Randgruppen der spätmittelalterlichen Gesellschaft*. 2. neu bearbeitete Auflage. Wahrendorf: Fahlbusch 1994, S. 115-133.

BRUCH, Rüdiger vom/MÜLLER, Rainer A.: *Historikerlexikon. Von der Antike bis zur Gegenwart*. München: Beck 1991.

BULST, Neithard: „Zum Problem städtischer und territorialer Kleider-, Aufwands- und Luxusgesetzgebung in Deutschland (13.-Mitte 16. Jahrhundert)“, in: Gouron, André/Rigaudière, Albert (Hrsg.): *Renaissance du pouvoir législatif et genèse de l'État*. Montpellier: Société d'Histoire du Droit et des Institutions des Anciens Pays de Droit Écrit 1988, S. 29-57.

BURKHARDT, Johannes: *Vollendung und Neuorientierung des frühmodernen Reichs 1648-1763*. 10. Auflage (= Gebhardt. Handbuch der deutschen Geschichte, Band 11). Stuttgart: Klett-Cotta 2006.

CLIVE, Emsley/KNAFLA, Louis A.: *Crime history and histories of crime. Studies in the historiography of crime and criminal justice in modern History*. Westport (Conneticut): Greenwood 1996.

DANKER, Uwe: *Räuberbanden im Alten Reich um 1700. Ein Beitrag zur Geschichte der Kriminalität in der Frühen Neuzeit* (= Suhrkamp-Taschenbuch Wissenschaft). Frankfurt am Main: Suhrkamp 1988.

DAXELMÜLLER: „Das ‚Mauscheln‘“, in: Schoeps, Julius H./Schlör, Joachim (Hrsg.): *Antisemitismus. Vorurteile und Mythen*. München/Zürich: Piper 1995, S. 143-152.

DIEFENBACHER, Michael (Hrsg.): *Die Henker von Nürnberg und ihre Opfer. Folter und Hinrichtungen in den Nürnberger Ratsverlässen 1501-1806* (= Quellen und Forschungen zur Geschichte und Kultur der Stadt Nürnberg, Band 35). Nürnberg: Stadtarchiv 2010.

DIEFENBACHER, Michael/ENDRES, Rudolf (Hrsg.): *Stadtlexikon Nürnberg*. 2. Auflage. Nürnberg: Tümmel 2000.

DINGES, Martin: „Normsetzung als Praxis? oder: Warum werden die Normen zur Sachkultur und zum Verhalten so häufig wiederholt und was bedeutet dies für den Prozeß der ‚Sozialdisziplinierung‘?“, in: Jaritz, Gerhard (Hrsg.): *Norm und Praxis im Alltag des Mittelalters und der Frühen Neuzeit. Internationales Round-Table-Gespräch, Krems an der Donau, 7. Oktober 1996* (= Forschungen des Instituts für Realienkunde des Mittelalters und der Frühen Neuzeit, Band 2). Wien: Österreichische Akademie der Wissenschaften, Philosophisch-Historische Klasse/ Institut für Realienkunde des Mittelalters und der Frühen Neuzeit 1997.

DOTZAUER, Winfried. *Die Deutschen Reichskreise (1383-1806): Geschichte und Aktenedition*, Stuttgart: Steiner 1998.

DOTZAUER, Winfried: *Die deutschen Reichskreise in der Verfassung des alten Reiches und ihr Eigenleben (1500-1806)*. Darmstadt: Wissenschaftliche Buchgesellschaft 1989.

DUDEN, Konrad: *Duden. Deutsches Universalwörterbuch.* Herausgegeben von der Dudenredaktion. 4. Auflage. Mannheim/Leipzig/ Wien/Zürich: Dudenverlag 2001.

DÜLMEN, Richard van (Hrsg.): *Verbrechen, Strafen und soziale Kontrolle* (Studien zur historischen Kulturforschung, Band 3) Frankfurt am Main: Fischer 1990.

DÜLMEN, Richard von: *Theater des Schreckens. Gerichtspraxis und Strafrituale in der frühen Neuzeit.* 2. Auflage. München: Beck 1988.

EBEL, Wilhelm: *Die Willkür. Eine Studie zu den Denkformen des älteren deutschen Rechts* (= Göttinger rechtswissenschaftliche Studien, Band 6). Göttingen: Schwartz 1953.

ECKERT, Christian: *Der Fronbote im Mittelalter nach dem Sachsenspiegel und den verwandten Rechtsquellen*. Leipzig: Veit 1897.

EIBACH, Joachim: „Kriminalitätsgeschichte zwischen Sozialgeschichte und Historischer Kulturforschung“, in: *Historische Zeitschrift* 263 (1996), S. 681- 715.

ELIAS, Norbert: *Über den Prozess der Zivilisation. Soziogenetische und psychogenetische Untersuchungen*. Band 2: Wandlungen der Gesellschaft: Entwurf zu einer Theorie der Zivilisation. 17. Auflage. Frankfurt am Main: Suhrkamp 1992.

ENDRES, Rudolf: „Grundzüge der Verfassung der Reichsstadt Nürnberg“, in: *Zeitschrift der Savigny-Stiftung für Rechtsgeschichte, Germanistische Abteilung* 111 (1994), S. 405-421.

ENDRES, Rudolf: „Wirtschafts- und sozialpolitische Ansätze im Fränkischen Reichskreis“, in: Wüst, Wolfgang (Hrsg.): *Reichskreis und Territorium: die Herrschaft über der Herrschaft? Supraterritoriale Tendenzen in Politik, Kultur, Wirtschaft und Gesellschaft. Ein Vergleich süddeutscher Reichskreise. Tagung der Schwäbischen Forschungsgemeinschaft und der Forschungsstelle Augsburg der Kommission für Bayerische Landesgeschichte in Kooperation mit dem Institut für Europäische Kulturgeschichte (Universität Augsburg) und dem Stadtarchiv Augsburg in Irsee vom 5. bis 7. März 1998* (= Veröffentlichungen der Schwäbischen Forschungsgemeinschaft bei der Kommission für Bayerische Landesgeschichte: Reihe 7. Augsburger Beiträge zur Landesgeschichte Bayerisch-Schwabens, Band 7) Stuttgart: Thorbecke 2000, S. 279-296.

FLEISCHMANN, Peter: *Rat und Patriziat in Nürnberg. Die Herrschaft der Ratsgeschlechter vom 13. bis zum 18. Jahrhundert* (=

Nürnberger Forschungen, Band 31). Band 1: Der kleinere Rat. Neustadt an der Aisch: Verein für Geschichte der Stadt Nürnberg 2008.

FOERSTER, Roland-Götz: *Herrschaftsverständnis und Regierungsstruktur in Brandenburg-Ansbach 1648-1703. Ein Beitrag zur Geschichte des Territorialstaates im Zeitalter des Absolutismus* (= Mittelfränkische Studien, Band 2). Ansbach: Historischer Verein für Mittelfranken 1975..

FRANK, Michael: *Dörfliche Gesellschaft und Kriminalität. Das Fallbeispiel Lippe 1650-1800.* Paderborn/München: Schöningh 1995.

FRITZ, Gerhard: *Räuberbanden und Polizeistreifen: Der Kampf zwischen Kriminalität und Staatsgewalt im Südwesten des Alten Reichs zwischen 1648 und 1806* (= Historegio, Band 5). Remshalden: Hennecke 2003.

FUCHS/, Konrad/RAAB, Heribert: *dtv-Wörterbuch zur Geschichte.* Band 2. 7. Aufl. München: Deutscher Taschenbuch Verlag 1990.

GLEIXNER, Ulrike: *„Das Mensch" und „der Kerl". Die Konstruktion von Geschlecht und Unzuchtsverfahren in der Frühen Neuzeit (1700-1760)* (= Reihe Geschichte und Geschlechter, Band 8). Frankfurt am Main/New York: Campus 1994.

GRIMM, Jacob/GRIMM, Wilhelm: *Deutsches Wörterbuch.* 12. Band. I. Abteilung. Leipzig: Hirzel 1956 [Nachdruck: München: dtv 1999 (Band 25)].

GROEBNER, Valentin: *Ökonomie ohne Haus. Zum Wirtschaften armer Leute in Nürnberg am Ende des 15. Jahrhunderts.* Göttingen: Vandenhoeck & Ruprecht 1993.

GROEBNER, Valentin: *Der Schein der Person. Steckbrief. Ausweis und Kontrolle im Mittelalter*. München: Beck 2004.

GÜNTHER, Bettina: „Sittlichkeitsdelikte in den Policeyordnungen der Reichsstädte Frankfurt am Main und Nürnberg (15.-17. Jahrhundert)“, in: Härter, Karl (Hrsg.): *Policey und frühneuzeitliche Gesellschaft*. Frankfurt: Klostermann 2000, S. 121-148.

HABERKERN, Eugen/WALLACH, Joseph Friedrich: *Hilfswörterbuch für Historiker. Mittelalter und Neuzeit*. Zweiter Teil. 4. Aufl. München: Francke 1974.

HAHN, Peter-Michael: *Die Gerichtspraxis der altständischen Gesellschaft im Zeitalter des „Absolutismus“. Die Gutachtertätigkeit der Helmstedter Juristenfakultät für die brandenburgisch-preußischen Territorien 1675-1719* (= Schriften zur Rechtsgeschichte, Band 44). Berlin: Duncker & Humblot 1989.

HAMPE, Theodor: *Die Nürnberger Malefizbücher als Quellen der reichsstädtischen Sittengeschichte vom 14. Bis zum 18. Jahrhundert* (= Neujahrsblätter, Band 17). Bamberg: Buchners 1927.

HÄRTER, Karl: „Reichskreise als transterritoriale Ordnung und Rechtsräume: Ordnungsnormen, Sicherheitspolitik und Strafverfolgung,“ in: Wüst, Wolfgang/Müller, Michael (Hrsg.): *Reichskreise und Regionen im frühmodernen Europa- Horizonte und Grenzen im spatial turn. Tagung bei der Akademie des Bistums Mainz, Erbacher Hof, 3. - 5. September 2010* (= Mainzer Studien zur Neueren Geschichte, Band 29). Frankfurt am Main: Lang 2011, S. 211-249.

HARTMANN, Stefan: *Allerhand Wegelagerer*. Rostock: Universität Rostock 1998 (online: https://www.phf.unirostock.de/tthist/shartmann/reisen/zollraub.htm, letzter Zugriff 26.06.2012).

HARTUNG, Wolfgang: „Gesellschaftliche Randgruppen im Spätmittelalter: Phänomen und Begriff“, in: Kirchgässner, Bernhard/Reuter, Fritz (Hrsg.): *Städtische Randgruppen und Minderheiten* (= Stadt in der Geschichte, Band 13). Sigmaringen: Thorbecke 1986, S. 49-114.

HAY, Douglas: „Property, authority and the criminal law”, in: Hay, Douglas/Linebaugh, Peter/Rule, John, G./Thompson, Edward P./Winslow, Cal (Hrsg.): Albion's fatal tree. Crime and society in eighteenth-century England. London: Pantheon 1975, S. 17-63.

HELLER, Marina: *Unterschichtenkriminalität und Hochgericht in der reichsritterschaftlichen Herrschaft Sugenheim im Kanton Steigerwald zu Beginn des 18. Jahrhunderts. Prozess und Hinrichtung des Vaganten Johann Jacob Schreiber 1722*. Erlangen: Universität Erlangen 2004 [Magisterarbeit].

HELLER, Marina: „Kriminalitätsbekämpfung im Fränkischen Reichskreis-Grenzüberschreitende Kooperation im Strafvollzug“, in: Wüst, Wolfgang/Müller, Michael (Hrsg.): *Reichskreise und Regionen im frühmodernen Europa- Horizonte und Grenzen im spatial turn. Tagung bei der Akademie des Bistums Mainz, Erbacher Hof, 3. - 5. September 2010* (= Mainzer Studien zur Neueren Geschichte, Band 29). Frankfurt am Main: Lang 2011, S. 413-443.

HELLSTERN, Dieter: *Der Ritterkanton Neckar-Schwarzwald 1560-1805. Untersuchungen über die Korporationsverfassung, die Funktion des Ritterkantons und die Mitgliedsfamilien* (= Veröffentlichungen des Stadtarchivs Tübingen, Band 5). Tübingen: Laupp 1971.

HIPPEL, Wolfgang von: *Armut, Unterschichten, Randgruppen in der frühen Neuzeit* (= Enzyklopädie deutscher Geschichte, Band 34). München: Oldenbourg 1995.

HOBSBAWM, Eric J.: *Die Banditen, Räuber als Sozialrebellen*. Aus dem Engl. von Rudolf Weys und Andreas Wirthensohn. München: Hanser 2007 [Original: London 2000].

HOFMANN, Hanns Hubert: *Historischer Atlas von Bayern. Mittel- und Oberfranken am Ende des Alten Reichs* (1792), München: Kommission für Bayerische Landesgeschichte 1954a.

HOFMANN, Hanns Hubert: *Historischer Atlas von Bayern. Teil Franken (Nürnberg-Fürth)*. München: Kommission für Bayerische Landesgeschichte 1954b.

HOFMANN, Hanns Hubert: *Studien zur bayerischen Verfassungs- und Sozialgeschichte*. Band 2: Adelige Herrschaft und souveräner Staat: Studien zu Staat und Gesellschaft in Franken und Bayern im 18. Und 19. Jahrhundert. München: Kommission für Bayerische Landesgeschichte 1962.

HOFMANN, Hanns Hubert: „Reichsidee und Staatspolitik. Die vorderen Reichskreise im 18. Jahrhundert“, in: *Zeitschrift für bayerische Landesgeschichte* 33 (1970), S. 969-989.

HUIZINGA, Johan: *Herbst des Mittelalters. Studien über Lebens- und Geistesformen des 14. und 15. Jahrhunderts in Frankreich und in den Niederlanden.* 11. Auflage. Stuttgart: Kröner 1975.

ISENMANN, Eberhard: *Die deutsche Stadt im Spätmittelalter (1250-1500). Stadtgestalt, Recht, Stadtregiment, Kirche, Gesellschaft, Wirtschaft*. Stuttgart: Ulmer 1988.

KAPPL, Claus: *Die Not der kleinen Leute. Der Alltag der Armen im 18. Jahrhundert im Spiegel der Bamberger Malefizamtsakten* (= Historischer Verein für die Pflege der Geschichte des ehemaligen Fürstbistums Bamberg, Beiheft 17). Bamberg: Historischer Verein Bamberg 1984.

KERN, Theodor von/HEGEL, Karl von: *Die Chroniken der fränkischen Städte. Nürnberg*. 1. Band. Leipzig: Hirzel 1862.

KNAPP Hermann: *Das alte Nürnberger Kriminalverfahren bis zur Einführung der Carolina. Nach Ratsurkunden erläutert*. München: Universität München 1891 [Dissertation].

KNAPP, Hermann: „Das alte Nürnberger Kriminalrecht bis zur Einführung der Karolina. Nach Ratsurkunden erläutert", in: *Zeitschrift für die gesamte Strafrechtswissenschaft* 12 (1892), S. 200-276, 473-552.

KNAPP, Hermann: *Beiträge zum alten Nürnberger Kriminalrecht*. Berlin: Hayn's Erben 1895.

KNAPP, Hermann: *Das Alte Nürnberger Kriminalrecht. Nach Rats-Urkunden erläutert*. Berlin: Guttentag 1896.

KNAPP, Hermann: *Das Lochgefängnis. Tortur und Richtung in Alt-Nürnberg. Auf Grund urkundlicher Erforschung*. Nürnberg: Heerdegen-Barbeck 1907.

KOPEČNÝ, Angelica: *Fahrende und Vagabunden. Ihre Geschichte, Überlebenskünste, Zeichen und Strassen*. Berlin: Wagenbach 1980.

KRAFT, Günther: *Historische Studien zu Schillers Schauspiel „Die Räuber". Über eine mitteldeutsch-fränkische Räuberbande des 18.*

*Jahrhunderts* (= Beiträge zur deutschen Klassik, Band 3). Weimar: Arion 1959.

KRISCHER, André: *Reichsstädte in der Fürstengesellschaft. Zum politischen Zeichengebrauch in der Frühen Neuzeit.* Darmstadt: Wissenschaftliche Buchgesellschaft 2006.

KUBINYI, András: „Horizontale Mobilität im spätmittelalterlichen Königreich Ungarn", in: Gerhard Jaritz/Albert Müller (Hrsg.) *Migration in der Feudalgesellschaft* (= Studien zur historischen Sozialwissenschaft, Band 8), Frankfurt am Main/New York: Campus 1988, S. 113-139.

KÜTHER, Carsten: *Räuber und Gauner in Deutschland. Das organisierte Bandenwesen im 18. Und 19. Jahrhundert.* Göttingen: Vandenhoeck & Ruprecht 1976.

KÜTHER, Carsten: *Menschen auf der Straße. Vagierende Unterschichten in Bayern, Franken und Schwaben in der zweiten Hälfte des 18. Jahrhunderts* (= Kritische Studien zur Geschichtswissenschaft, Band 56). Göttingen: Vandenhoeck & Ruprecht 1983.

LINDER, Martin: „Realer oder semiotischer Bürgerkrieg? Zur Praxis der Ausgrenzung", in: *Zeitschrift für Semiotik* 16 (1994), S. 97-103.

LÜDTKE, Alf. (Hrsg.): *„Sicherheit" und „Wohlfahrt". Polizei, Gesellschaft und Herrschaft im 19. und 20. Jahrhundert*. Frankfurt am Main: Suhrkamp 1992.

LÜDTKE, Alf/FÜRMETZ, Gerhard (Hrsg.): *Denunzianten in der Neuzeit. Politische Teilnahme oder Selbstüberwachung* (= Sozialwissenschaftliche Informationen, Band 27). Seelze: Friedrich 1998.

LÜDTKE, Alf/REINKE, Herbert: „Crime, Police, and the 'Good Order': Germany", in: Emsley, Clive/Knafla, Louis A. (Hrsg.): *Crime history and histories of crime. Studies in the historiography of crime and criminal justice in Modern History*. Westwood: Greenwood 1996, S. 109-137.

MAGER, Wolfgang: *Zur Entstehung des modernen Staatsbegriffs* (= Abhandlungen der Geistes- und Sozialwissenschaftlichen Klasse. Akademie der Wissenschaften und der Literatur, Jahrgang 1968/Nr. 9). Mainz: Verlag der Akademie der Wissenschaften und der Literatur 1968.

MARTIN, Helmut: *Verbrechen und Strafe in der spätmittelalterlichen Chronistik Nürnbergs*. Köln/Weimar/Wien: Böhlau 1996.

MARTSCHUKAT, Jürgen Algimantas: *Inszeniertes Töten. Eine Geschichte der Todesstrafe vom 17. bis zum 19. Jahrhundert*. Köln: Böhlau 2000.

MCCALL, Andrew: *The Medieval Underworld*. London: Hamish Hamilton 1979.

MEIER, Thomas, Dominik/WOLFERSBERGER, Rolf: *„Eine Heimat und doch keine". Heimatlose und Nicht-Sesshafte in der Schweiz (16.-19. Jahrhundert)*. Zürich: Chronos 1998.

MERZBACHER Friedrich: „Die Folter als rechtliches Beweisverfahren," in: Hinckeldey, Christoph (Hrsg.): *Justiz in alter Zeit* (= Schriftenreihe des mittelalterlichen Kriminalmuseums Rothenburg ob der Tauber, Band 6). Rothenburg ob der Tauber 1984a, S. 241-260.

MERZBACHER Friedrich: „Der Katalog der Missetaten," in: Hinckeldey, Christoph (Hrsg.): *Justiz in alter Zeit* (= Schriftenreihe des mittelalterlichen Kriminalmuseums Rothenburg ob der Tauber, Band 6). Rothenburg ob der Tauber 1984b, S. 297-326.

MOSES, Anett: *Kriminalität in Baden im 19. Jahrhundert. Die „Übersicht der Strafrechtspflege" als Quelle der historischen Kriminologie* (= Veröffentlichungen der Kommission für Geschichtliche Landeskunde in Baden-Württemberg: Reihe B. Forschungen, Band 163). Stuttgart: Kohlhammer 2006.

MÜLLER, Heinrich: *Der letzte Kampf der Reichsritterschaft um ihre Selbstständigkeit (1790-1815)* (= Historische Studien, Band 77). Berlin: Ebering 1910 [Nachdruck: Vaduz: Kraus 1965].

NIEDERSTÄTTER, Alois/SCHEFFKNECHT, Wolfgang (Hrsg.): *Hexe oder Hausfrau. Das Bild der Frau in der Geschichte Voralbergs*. Sigmaringendorf: Glock & Lutz 1991.

OESTREICH, Gerhard: „Reichsverfassung und europäisches Staatensystem 1648-1789", in: Oestreich, Gerhard: *Geist und Gestalt des frühmodernen Staates. Ausgewählte Aufsätze*. Berlin: Duncker & Humblot 1969, S. 236-252.

PITZ, Ernst: *Die Entstehung der Ratsherrschaft in Nürnberg im 13. und 14. Jahrhundert* (= Schriftenreihe zur bayerischen Landesgeschichte, Band 55). München: Beck 1956.

PLASSMAN, Max: „‚Buntscheckigkeit' als historiographische Kategorie: Kreistruppen in der Beurteilung der Nachwelt", in: Wüst, Wolfgang/Müller, Michael (Hrsg.): *Reichskreise und Regionen im frühmodernen Europa – Horizonte und Grenzen im spatial turn. Tagung bei der Akademie des Bistums Mainz, Erbacher Hof, 3. - 5. September 2010* (= Mainzer Studien zur Neueren Geschichte, Band 29). Frankfurt am Main: Lang 2011, S. 369-382.

PREUßER, Norbert: *Not macht erfinderisch. Überlebensstrategien der Armenbevölkerung in Deutschland seit 1807*. München: AG-SPAK-Publikationen 1989 (= Arbeitsgemeinschaft Sozialpolitischer Arbeitskreise: Materialien der AG SPAK, M 93).

PUTZGER, Friedrich Wilhelm/BRUCKMÜLLER, Ernst: *Historischer Weltatlas*. 103. Auflage. Berlin: Cornelsen 2002.

RADBRUCH, Gustav/GWINNER, Heinrich: *Geschichte des Verbrechens. Versuch einer historischen Kriminologie*. Stuttgart: Koehler 1951.

REHM, Hildegard: „Die Kirche ‚Zu Unserer Lieben Frau'", in: Gemeinde Dormitz (Hrsg.): *850 Jahre Dormitz. 1142-1992*. Dormitz: Gemeinde Dormitz 1992, 83-134.

REIF, Heinz: „Vagierende Unterschichte. Vagabunden und Bandenkriminalität im Ancien Régime", in: *Beiträge zur historischen Sozialkunde* 11 (1981), S. 27-37.

REIF, Heinz: *Räuber, Volk und Obrigkeit. Studien zur Geschichte der Kriminalität seit dem 18. Jahrhundert,* Frankfurt am Main: Suhrkamp 1984.

REINKE, Herbert: „Crime and criminal justice history in Germany. A report on recent trends", in: *Crime, Histoire & Sociétés/Crime, History & Society* 13/1 (2009), S. 117-137 (online: http://chs.revues.org/698, letzter Zugriff 30.06.2013).

RENNEFAHRT, Hermann: „Grausamkeit und Mitleid im Rechtsleben des Mittelalters. Nach bernischen und schweizerischen Quellen", in: *Berliner Zeitschrift für Geschichte und Heimatkunde* 11 (1949), S. 17-68.

ROECK, Bernd: *Lebenswelt und Kultur des Bürgertums in der frühen Neuzeit* (= Enzyklopädie Deutscher Geschichte). München: Oldenbourg 1989.

SACK, Fritz: „Probleme der Kriminalsoziologie“, in: König, René (Hrsg.) *Handbuch der empirischen Sozialforschung*, Band 2. Stuttgart: Enke, 1969, S. 961-1099.

SACK, Fritz: „Probleme der Kriminalsoziologie“, in: König, René (Hrsg.): *Handbuch der empirischen Sozialforschung*, Band 12. Stuttgart: Enke, 1978, S. 192-492.

SARKOWICZ, Hans: „Die Gesellschaft der Aussenseiter. Räuberbanden in Deutschland“, in: Boehncke, Heiner/Sarkowicz, Hans (Hrsg.): *Die deutschen Räuberbanden. In Originaldokumenten.* Band 1: Die großen Räuber. Frankfurt am Main (= Sammlung historica): Eichborn 1991, S. 9-22.

SCHALL, Kurt: *Die Genannten in Nürnberg* (= Nürnberger Werkstücke zur Stadt- und Landesgeschichte, Band 6). Nürnberg: Universität Nürnberg 1971.

SCHEUTZ, Martin/WINKELBAUER Thomas: *Diebe, Sodomiten, Wilderer? Waldviertler Gerichtsakten des Landgerichts Jaidhof aus dem 18. Jahrhundert als Beitrag zur Sozialgeschichte* (= Forschungen zur Landeskunde von Niederösterreich, Band 29). St. Pölten: Verein für Landeskunde von Niederösterreich 2005.

SCHEUTZ, Martin: „Frühneuzeitliche Gerichtsakten als ‚Ego-Dokumente‘. Eine problematische Zuschreibung am Beispiel der Gaminger Gerichtsakten aus dem 18. Jahrhundert“, in: Thomas Winkelbauer (Hrsg.): *Vom Lebenslauf zur Biographie. Geschichte, Quellen und Probleme der historischen Biographik und Autobiographik* (= Schriftenreihe des Waldviertler Heimatbundes,

Band 40), Horn/Waidhofen an der Thaya: Waldviertler Heimatbund 2000, S. 99-134.

SCHEUTZ, Martin: *Alltag und Kriminalität. Disziplinierungsversuche im steirisch-österreichischen Grenzgebiet im 18. Jahrhundert.* München/Wien: Oldenbourg 2001.

SCHEUTZ, Martin: „Gerichtsakten", in: Josef Pauer/Scheutz, Martin/ Winkelbauer, Thomas (Hrsg.): *Quellenkunde der Habsburgermonarchie (16.-18. Jahrhundert). Ein exemplarisches Handbuch.* Wien/München: Oldenbourg 2004, S. 561-571.

SCHIELEIN, Rudolf: *Die Entwicklung der Gerichtsverfassung der Stadt Nürnberg vor allem vom 15. bis zum 18. Jahrhundert.* Erlangen: Universität Erlangen 1952 [Dissertation].

SCHILD, Wolfgang: „Mord", in: *Lexikon des Mittelalters (LMA).* Band 6. München/Zürich: Artemis & Winkler 1993, S. 833-834.

SCHILD, Wolfgang: *Alte Gerichtsbarkeit. Vom Gottesurteil bis zum Beginn der modernen Rechtsprechung.* München: Callwey 1980.

SCHILD, Wolfgang: *Geschichte der Gerichtsbarkeit. vom Gottesurteil bis zum Beginn der modernen Rechtsprechung. 1000 Jahre Grausamkeit. Hintergründe, Urteile, Aberglaube, Hexen, Folter, Tod.* Hamburg: Nikol 1997.

SCHLUMBOHM, Jürgen: „Gesetze, die nicht durchgesetzt werden – ein Strukturmerkmal des frühneuzeitlichen Staates?", in: *Geschichte und Gesellschaft* 23 (1997), S. 647-663.

SCHMID, Alois: „Der fränkische Reichskreis. Grundzüge seiner Geschichte – Struktur – Aspekte seiner Tätigkeit" in: Wüst, Wolfgang (Hrsg.): *Reichskreis und Territorium: die Herrschaft über der Herrschaft? Supraterritoriale Tendenzen in Politik,*

*Kultur, Wirtschaft und Gesellschaft. Ein Vergleich süddeutscher Reichskreise. Tagung der Schwäbischen Forschungsgemeinschaft und der Forschungsstelle Augsburg der Kommission für Bayerische Landesgeschichte in Kooperation mit dem Institut für Europäische Kulturgeschichte (Universität Augsburg) und dem Stadtarchiv Augsburg in Irsee vom 5. bis 7. März 1998* (= Veröffentlichungen der Schwäbischen Forschungsgemeinschaft bei der Kommission für Bayerische Landesgeschichte: Reihe 7. Augsburger Beiträge zur Landesgeschichte Bayerisch-Schwabens, Band 7) Stuttgart: Thorbecke 2000, S. 235-250.

SCHMIDT, Richard: „Die Christianisierung des Sozialverhaltens als permanente Reformation. Aus der Praxis reformierter Sittengerichte während der frühen Neuzeit“, in: Blickle, Peter/Kunisch, Johannes (Hrsg.): *Kommunalisierung und Christianisierung. Voraussetzungen und Folgen der Reformation 1400-1600*. Berlin: Duncker & Humblot 1989, S. 113-153.

SCHMIDT, Richard: *Deutsche Reichsstädte* (Aufnahmen von Helga Schmidt-Glassner). München: Hirmer 1957.

SCHMIDT-WIENGAND, Ruth: „Willkür“, in: Erler, Adalbert/ Kaufmann, Ekkehard (Hrsg.): *Handwörterbuch der deutschen Rechtsgeschichte*. 5 Bände. Berlin 1971-1998. Band 5. Berlin 1998, Sp. 1438-1439.

SCHUBERT, Ernst: „Gauner, Dirnen und Gelichter in deutschen Städten des Mittelalters“, in: Meckseper, Cord/Schraut, Elisabeth (Hrsg.): *Mentalität und Alltag im Spätmittelalter*. Göttingen: Vandenhoeck & Ruprecht 1985, S. 97- 128.

SCHUBERT, Ernst: *Arme Leute, Bettler und Gauner im Franken des 18. Jahrhunderts* (= Veröffentlichungen der Gesellschaft für Fränkische Geschichte, Reihe 9. Darstellungen aus der

Fränkischen Geschichte, Band 26). 2. Aufl. Neustadt an der Aisch: Degener 1990.

SCHUBERT, Ernst: *Räuber, Henker, arme Sünder. Verbrechen und Strafe im Mittelalter (Mit einem Nachwort von Thomas Vogtherr)*. Darmstadt: Wissenschaftliche Buchgesellschaft 2007.

SCHULTE, Regina: *Das Dorf im Verhör. Brandstifter, Kindsmörderinnen und Wilderer vor den Schranken des bürgerlichen Gerichts: Oberbayern 1848-1910*. Reinbeck bei Hamburg: Rowohlt 1989.

SCHULTHEIß, Werner: *Geschichte des Nürnberger Ortsrechts*. 2. Auflage. Nürnberg: Stadtverwaltung Nürnberg 1972.

SCHULZE, Winfried (Hrsg.): *Ego-Dokumente. Annäherungen an den Menschen in der Geschichte* (= Selbstzeugnisse der Neuzeit. Quellen und Darstellungen zur Sozial- und Erfahrungsgeschichte, Band 2). Berlin: Akademie Verlag 1996.

SCHÜßLER, Martin: „Statistische Untersuchung des Verbrechens in Nürnberg im Zeitraum von 1285-1400“, in: *Zeitschrift der Savigny-Stiftung für Rechtsgeschichte. Germanistische Abtheilung (ZRG GA)* 108 (1991), S. 117-193.

SCHWERHOFF, Gerd: *Köln im Kreuzverhör. Kriminalität, Herrschaft und Gesellschaft in einer frühneuzeitlichen Stadt*. Bonn/Berlin: Bouvier 1991 [Dissertation, Bielefeld 1989].

SCHWERHOFF, Gerd: „Devianz in der alteuropäischen Gesellschaft. Umrisse einer historischen Kriminalitätsforschung“, in: *Zeitschrift für historische Forschung* 19 (1992), S. 385-414.

SCHWERHOFF, Gerd: *Aktenkundig und gerichtsnotorisch. Einführung in die historische Kriminalitätsforschung*. Tübingen: Diskord 1999.

SCHWERHOFF, Gerd: „Kriminalitätsgeschichte im deutschen Sprachraum. Zum Profil eines verspäteten Forschungszweiges", in: Andreas Blauert/Schwerhoff, Gerd (Hrsg.): *Kriminalitätsgeschichte: Beiträge zur Sozial- und Kulturgeschichte der Vormoderne* (= Konflikte und Kultur- Historische Perspektiven, Band 1). Konstanz 2000, S. 21-67.

SCHWERHOFF, Gerd: *Historische Kriminalitätsforschung*. Frankfurt am Main/New York: Campus 2011.

SEIDENSPINNER, Wolfgang: *Mythos Gegengesellschaft. Erkundungen in der Subkultur der Jauner.* Münster/München: Waxmann 1998.

SHARPE, James Anthony: *Crime in early modern England*, 1550-1750. London: Longman 1990.

SHAW, Brent D.: „Bandits in the Roman Empire", in: *Past and Present* 105 (1984), S. 3-52.

SICKEN, Bernhard: *Der fränkische Reichskreis. Seine Ämter und Einrichtungen im 18. Jahrhundert* (= Veröffentlichungen der Gesellschaft für fränkische Geschichte, Fotodruckreihe 1). Würzburg: Schöningh 1970.

SICKEN, Bernhard: „Der Fränkische Kreis im Zeitalter der Aufklärung – Institution des Reichs oder staatenbündischer Zusammenschluß?", in: Hartmann, Peter Claus (Hrsg.): *Regionen in der Frühen Neuzeit. Reichskreise im deutschen Raum, Provinzen in Frankreich, Regionen unter polnischer Oberhoheit. Ein Vergleich ihrer Strukturen, Funktionen und ihrer Bedeutung* (= Zeitschrift für historische Forschung, Beiheft 17). Berlin: Duncker & Humblot 1994, S. 41-77.

SIMON-MUSCHEID, Katharina/SIMON, Christian (1996): „Zur Lektüre von Gerichtsquellen: Fiktionale Realität oder Alltag in Gerichtsquellen“, in: Rippmann, Dorothea/Simon-Muscheid, Katharina/Simon, Christian (Hrsg.): *Arbeit, Liebe, Streit. Texte zur Geschichte des Geschlechterverhältnisses und des Alltags. 15.-18. Jahrhundert*. Liestal: Verlag des Kantons Basel-Landschaft, S. 17-39.

SPEE, Friedrich von: *Cautio Criminalis oder Rechtliches Bedenken wegen der Hexenprozesse* (Übersetzung von Joachim- Friedrich Ritter). München: Deutscher Taschenbuch Verlag 1982 [Original: Weimar: Böhlau 1939].

SPIERENBURG, Pieter: „Evaluation of the conditions and main problems relating to the contribution of historical research to the understanding of crime and criminal justice“, in: Council of Europe (Hrsg.): *Historical research on crime and criminal justice*. Strasbourg 1985, S. 51-95

STETTEN, Wolfgang von: *Die Rechtsstellung der unmittelbaren freien Reichsritterschaft, ihre Mediatisierung und ihre Stellung in den neuen Landen. Dargestellt am fränkischen Kanton Odenwald* (= Forschungen aus Württembergisch Franken, Band 8). Schwäbisch Hall: Historischer Verein für Würtembergisch Franken 1973.

STROMER, Wolfgang von: „Reichtum und Ratswürde in Nürnberg“, in: Stromer, Wolfgang von (Hrsg.): *Oberdeutsche Hochfinanz 1350-1450*. Teil II. (= Vierteljahrschrift für Sozial- und Wirtschaftsgeschichte, Beiheft 56). Wiesbaden: Steiner 1970, S. 220-460.

STROMER, Wolfgang von: „Die Metropole im Aufstand gegen Karl IV. Nürnberg zwischen Wittelsbach und Luxemburg. Juni 1348 – September 1349“, in: *Mitteilungen des Vereins für Geschichte der Stadt Nürnberg (MVGN)* 65 (1978), S. 55-90.

STURM, Friedrich: *Symbolische Todesstrafen* (= Kriminologischen Schriftenreihe der Deutschen Kriminologischen Gesellschaft, Band 5). Hamburg: Kriminalistik Verlag 1962.

THOMPSON, Edward P.: *Whigs and hunters. The origin of the black act*. London: Lane 1975.

ULBRICHT, Otto: *Von Huren und Rabenmüttern. Weibliche Kriminalität in der Frühen Neuzeit*. Köln/Weimar/Wien: Böhlau 1995.

UNTHEIM, Carina: „Weißenburg im städtisch territorialen Kommunikationsnetz der Frühmoderne“ , in: Wüst, Wolfgang (Hrsg.): *Frankens Städte und Territorien als Kulturdrehscheibe. Kommunikation in der Mitte Deutschlands. Interdisziplinäre Tagung vom 29. bis 30. September 2006*. Weißenburg in Bayern (= Mittelfränkische Studien, Band 19). Ansbach: Historischer Verein für Mittelfranken 2008, S. 139-160.

VALENTINISCH, Helfried: „Fahndungs-, Gerichts- und Strafvollzugsakten als Quelle zur Alltagsgeschichte des Barockzeitalters,“ in: Pickl, Othmar/Feigl, Helmuth (Hrsg.): *Methoden und Probleme der Alltagsforschung im Zeitalter des Barock* (= Veröffentlichungen der Kommission für Wirtschafts- Sozial und Stadtgeschichte, Sonderband 1991). Wien: Österreichische Akademie der Wissenschaften 1992.

WEBER, Max: *Die protestantische Ethik und der Geist des Kapitalismus* (hrsg. von Johannes Winckelmann) (= Die protestantische Ethik, Band 1). 5. Auflage. Gütersloh: GTB/Siebenstern 1979 [Original: 1905].

WEINGÄRTNER, Helge: „Die Selbstverwaltung der Reichsstadt Nürnberg“, in: Diefenbacher, Michael/Rechter, Gerhard (Hrsg.): *Vom Adler zum Löwen. Die Region Nürnberg wird bayerisch 1775-1835* (= Ausstellungskataloge des Stadtarchivs Nürnberg, 17). Nürnberg: Stadt Nürnberg 2006.

WESENER, Gunter: „Prozessmaximen“, in: Erler, Adalbert/Kaufmann, Ekkehard (Hrsg.): *Handwörterbuch der deutschen Rechtsgeschichte*. 5 Bände. Berlin: Schmidt 1971-1998, Band 4, S. 55-62.

WEXLER, Paul: „Languages in contact: Rotwelsch and the two Yiddishes”, in: Po-chia Hsia, Ronnie/Lehman, Hartmut (Hrsg.): *In and out of ghetto. Jewish-gentile relations in late medieval an early modern Germany*. Cambridge: Cambridge University Press 1995, S. 109-124.

WÜST, Wolfgang: „Grenzüberschreitende Landesfriedenspolitik: Maßnahmen gegen Bettler, Gauner und Vaganten“, in: Wüst, Wolfgang (Hrsg.): *Reichskreis und Territorium: die Herrschaft über der Herrschaft? Supraterritoriale Tendenzen in Politik, Kultur, Wirtschaft und Gesellschaft. Ein Vergleich süddeutscher Reichskreise. Tagung der Schwäbischen Forschungsgemeinschaft und der Forschungsstelle Augsburg der Kommission für Bayerische Landesgeschichte in Kooperation mit dem Institut für Europäische Kulturgeschichte (Universität Augsburg) und dem Stadtarchiv Augsburg in Irsee vom 5. bis 7. März 1998* (= Veröffentlichungen der Schwäbischen Forschungsgemeinschaft bei der Kommission für Bayerische Landesgeschichte: Reihe 7. Augsburger Beiträge zur Landesgeschichte Bayerisch-Schwabens, Band 7) Stuttgart: Thorbecke 2000, S. 153-178.

WÜST, Wolfgang (Hrsg.): *Die „gute" Policey im Reichskreis. Zur frühmodernen Normensetzung in den Kernregionen des Alten Reiches*. 5 Bände. Berlin: Akademie Verlag 2001-2011.

WÜST, Wolfgang: *Die „gute Policey" im Fränkischen Reichskreis. Zur frühmodernen Normensetzung in den Kernregionen des Alten Reiches*. Band 1: Die „gute" Policey im Schwäbischen Reichskreis unter besonderer Berücksichtigung Bayerisch-Schwabens. Berlin: Akademie Verlag 2001.

WÜST, Wolfgang: „Das inszenierte Hochgericht. Staatsführung, Repräsentation und blutiges Herrschaftszeremoniell in Bayern, Franken und Schwaben", in: Ackermann, Konrad/Schmid, Alois/Volkert, Wilhelm (Hrsg.): *Bayern vom Stamm zum Staat. Festschrift für Andreas Kraus zum 80. Geburtstag* (= Schriftenreihe zur bayerischen Landesgeschichte, Band 140). Band 1. München: Beck 2002, S. 273-300.

WÜST, Wolfgang: *Die „gute Policey" im Fränkischen Reichskreis. Zur frühmodernen Normensetzung in den Kernregionen des Alten Reiches*. Band 2: Der Fränkische Reichskreis. Berlin: Akademie Verlag 2003.

WÜST, Wolfgang: „Überterritoriale Werte- und Vertrauensbildung: Geheimnisse, Gesetze, Ordnungen und Satzungen im Austausch", in: Wüst, Wolfgang (Hrsg.): *Frankens Städte und Territorien als Kulturdrehscheibe*. Kommunikation in der Mitte Deutschlands. Interdisziplinäre Tagung vom 29. bis 30. September 2006, Weißenburg in Bayern (= Mittelfränkische Studien, Band 19). Ansbach: Historischer Verein für Mittelfranken 2008, S. 161-186.

WÜST, Wolfgang: „Entscheidungsnot und Konsenssuche – zur Arbeit frühmoderner Kreiskonvente in Schwaben, Franken und Bayern", in: Wüst, Wolfgang/Müller, Michael (Hrsg.): *Reichskreise und*

*Regionen im frühmodernen Europa – Horizonte und Grenzen im spatial turn. Tagung bei der Akademie des Bistums Mainz, Erbacher Hof, 3. - 5. September 2010* (= Mainzer Studien zur Neueren Geschichte, Band 29). Frankfurt am Main: Lang 2011, S. 319-340.

ZULLIGER, Hans: *Horde, Bande, Gemeinschaft. Eine sozialpsychologisch-pädagogische Untersuchung*. München: Kindler 1966.

# Anhang

**Abbildung 1:** Augsburger Holzschnitt: *Räuber töten einen Reisenden im Wald* (1539)

(HARTMANN 1998, online)

**Abbildung 2:** Vagantengesetzgebung: Reichsstände & Reichskreise

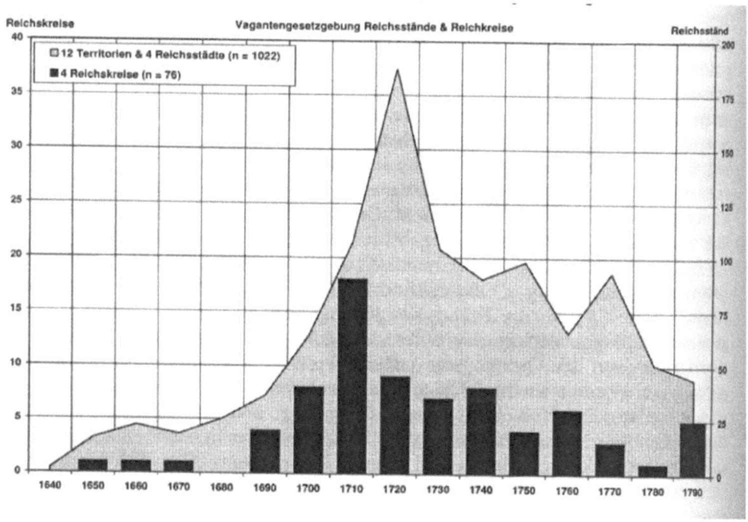


(HÄRTER 2011, S. 222)

**Abbildung 3:**

Nürnberger Achtbücher

(StAN, Rst. Nbg. Amts- und Standbücher 211, Nr. 213-235)

Acht Buch
Darinen alle am Leben gerecht=
fertigte Persohnen, Vnd derselben
Vrgichten beschrieben worden=
seyen, von 7. Februarij A°.
1588. biß Vff 28 Junij
Anno 1593.

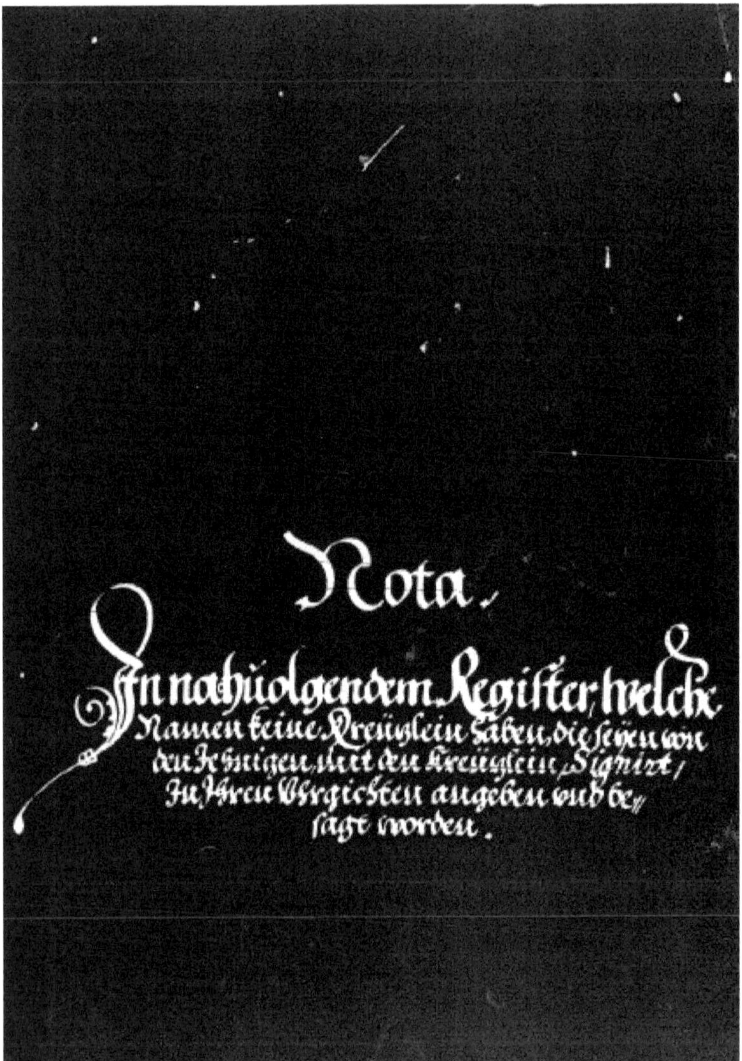
Nota.
In nachuolgendem Register, welche
Namen keine Kreüzlein haben, die seyen von
den Jenigen, mit den Kreüzlein, Signirt,
In Iren Urgichten angeben und be=
sagt worden.

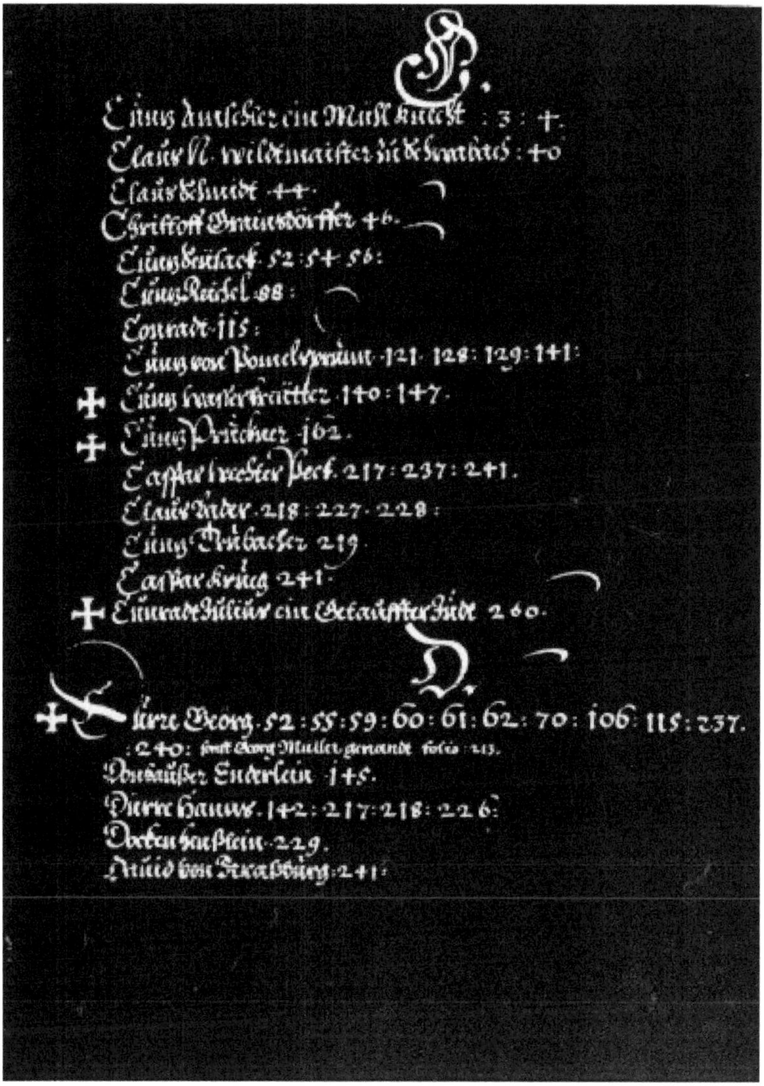

C.

Cuntz Dautscher ein Mül knecht : 3 : 4.
Claus N. weldtmaister zu Schwabach : 40
Claus Schmidt 44.
Christoff Breunsdörffer 46.
Cuntz Beütlach 52 : 54 : 56 :
Cuntz Reichel 88 :
Conradt 115 :
Cuntz von Pomelsprunn 121. 128 : 129 : 141 :
✠ Cuntz Haller Krautler 140 : 147.
✠ Cuntz Prückner 162.
Caspar Wesster Peck 217 : 237 : 241.
Claus Rüder 218 : 227 : 228 :
Cuntz Rübacher 219.
Caspar Krüg 241.
✠ Conradt Julius ein getauffter Jüd 260.

D.

✠ Dürre Georg 52 : 55 : 59 : 60 : 61 : 62 : 70 : 106 : 115 : 237. : 240 : sonst Georg Müller genandt folio 213.
Dorsaüßer Enderlein 145.
Dürre Hanns 142 : 217 : 218 : 226 :
Doten hanßlein 229.
David von Straßburg 241 :

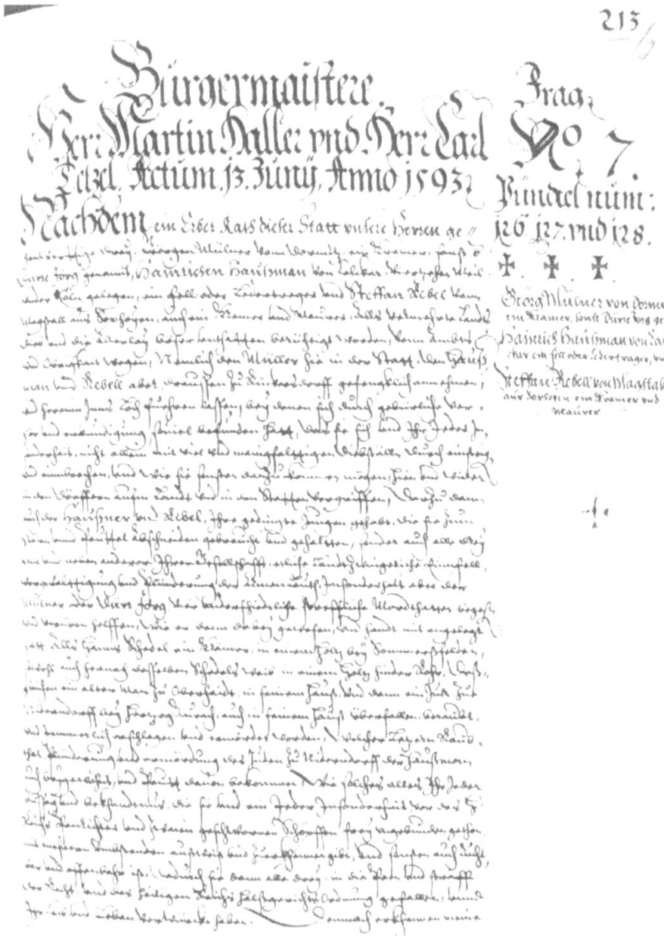
213

Burgermaistere
Herr Martin Müller und Herr Carl Fetzel. Actum 13. Junij. Anno 1593.

Frag.
No 7.
Bundel num: 126 127 und 128.

Nachdem ein Erber Rath dieser Statt unsere Herren ge[illegible]

Georg Müllner von Dornim ein Kramer, sonst Birne Jorg genant
Hainrich Hausman von Cal[?]ckar ein Fell oder Ledertrager, und
Steffan Rebell von Magstall auf Dorfhofen ein Kramer und Maurer

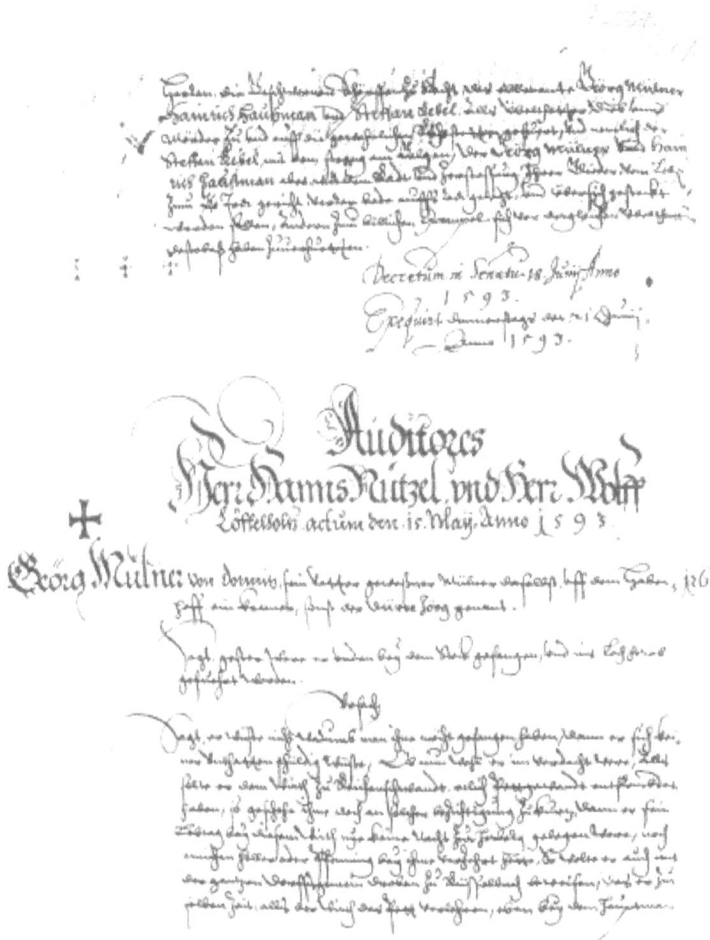
Decretum in Senatu 18. Junij Anno 1593.

Auditores
Herr Hanns Nützel vnd Herr Wolff Löffelholz actum den 15. May Anno 1593

Georg Mülner

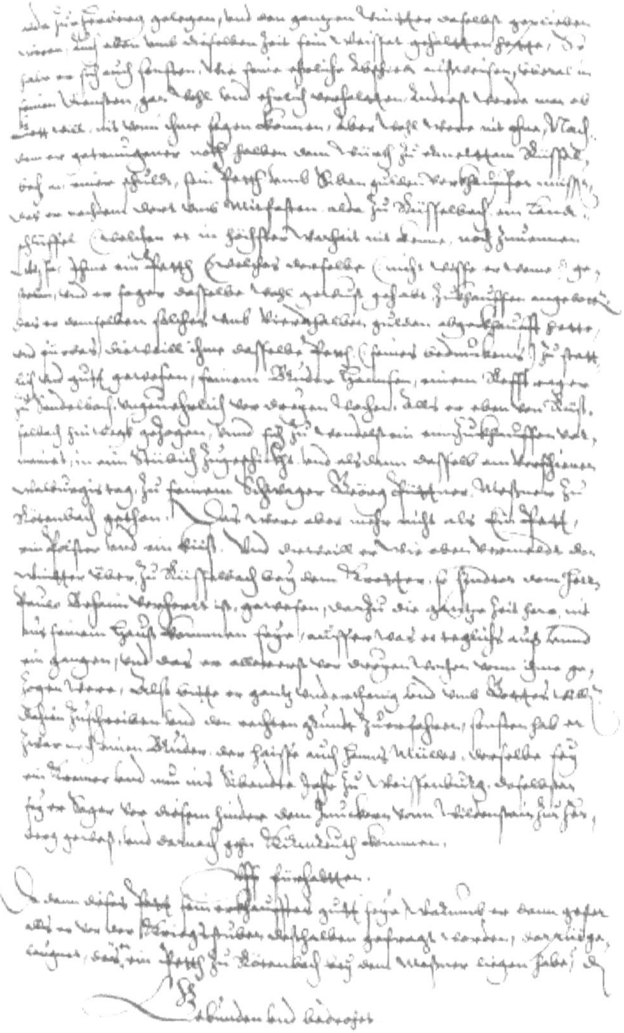

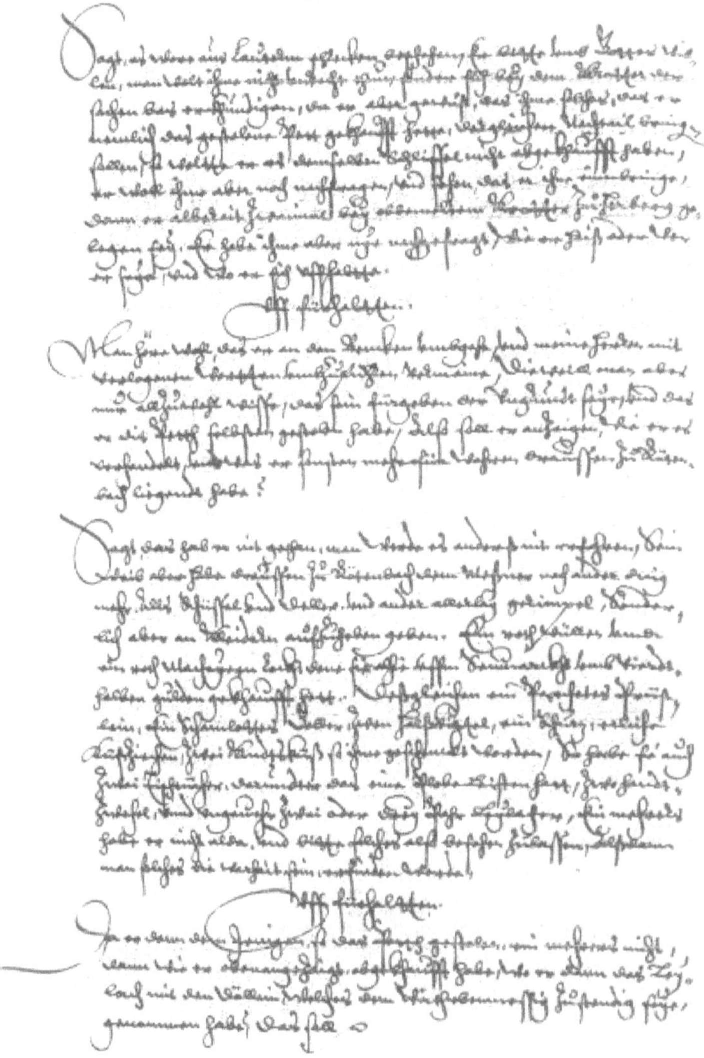

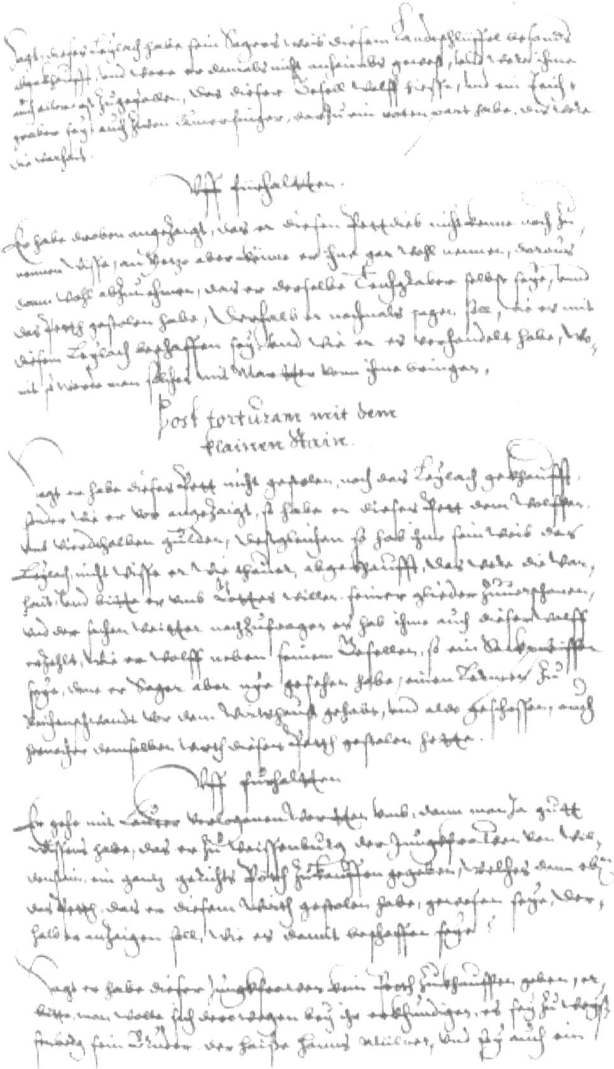
Uff fürhalten

Post torturam mit dem klainen Stain.

Uff fürhalten

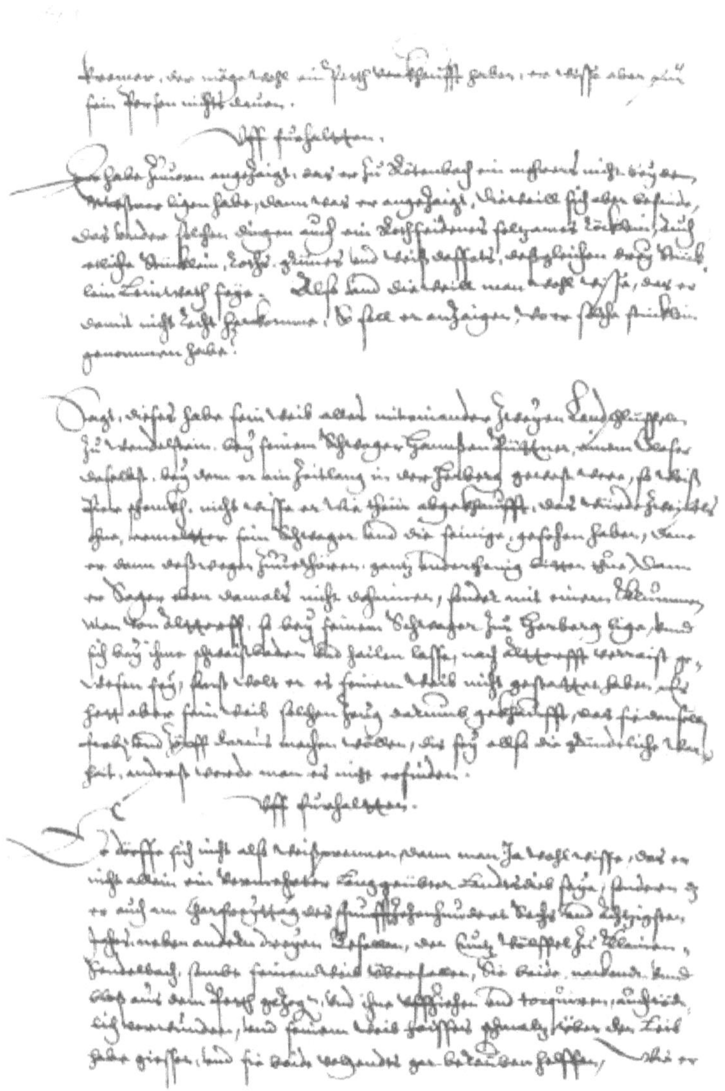

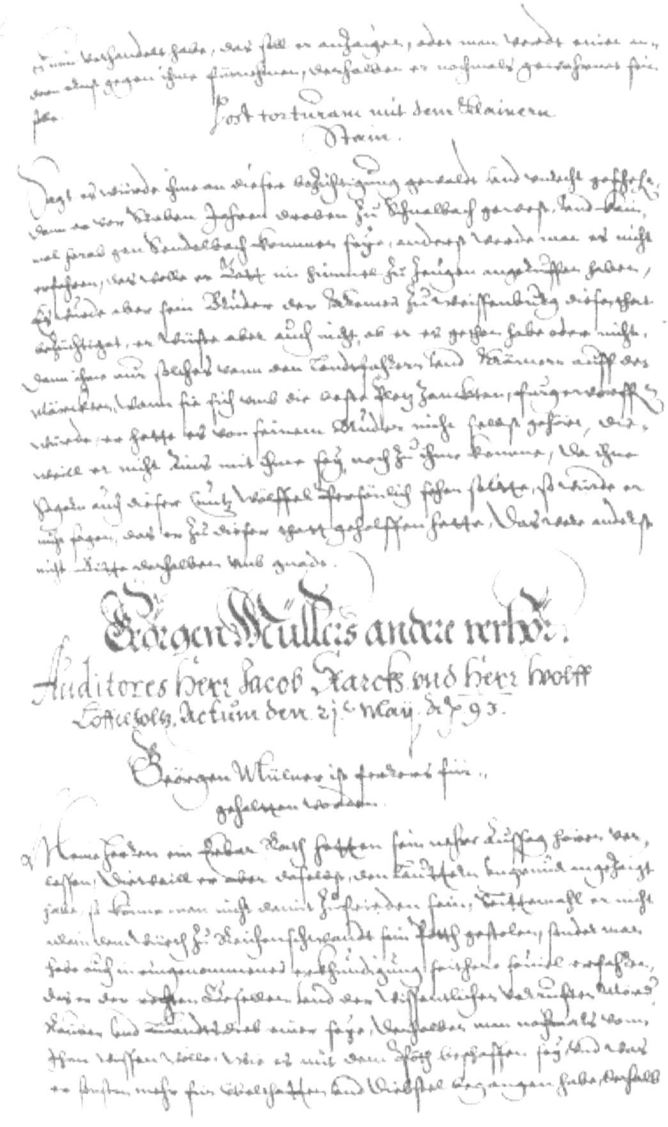
Post torturam mit dem Klainern Stain.

Jörgen Müllers ander verhör.

Auditores Herr Jacob Karck und Herr Wolff Löffelholz, Actum den 27. May A. 93.

Jörgen Müllner ist fürderns für gehalten worden.

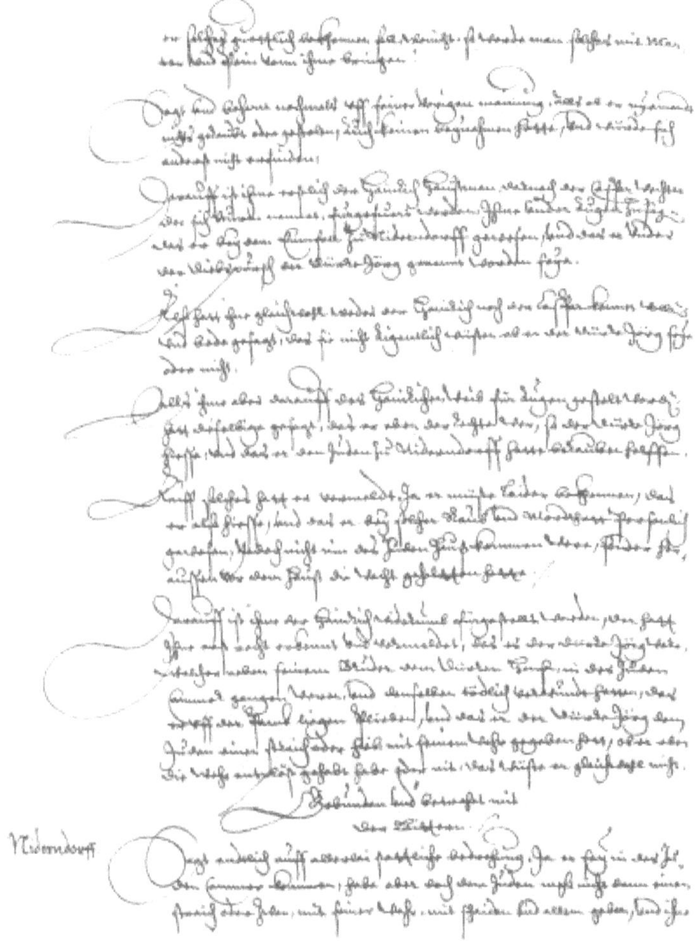

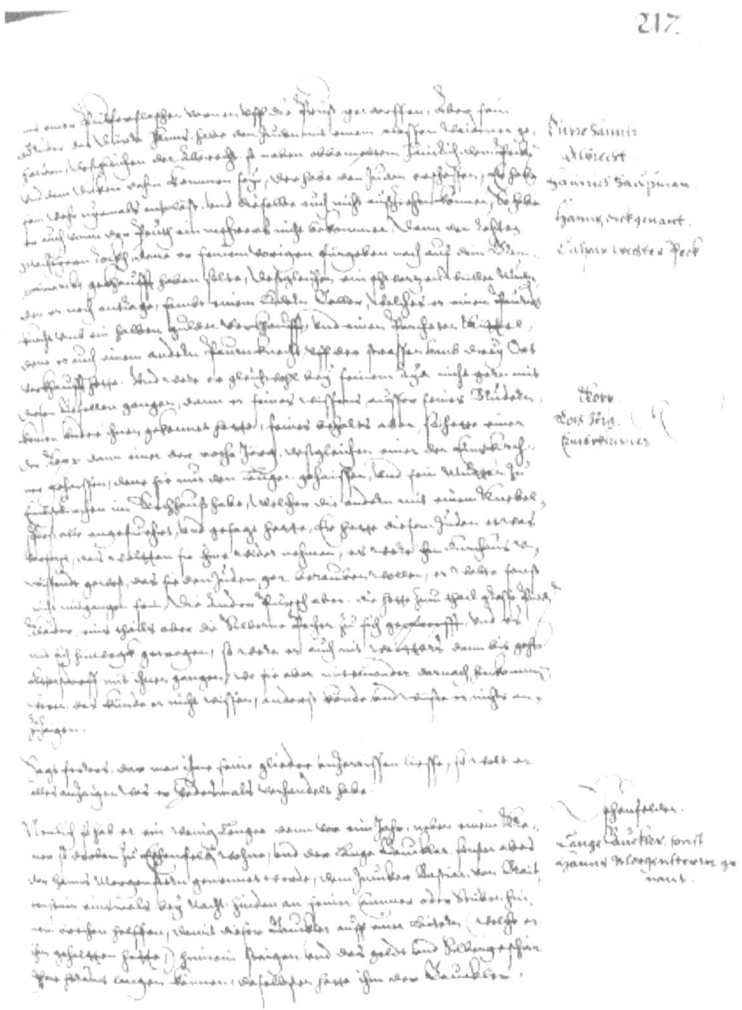
217

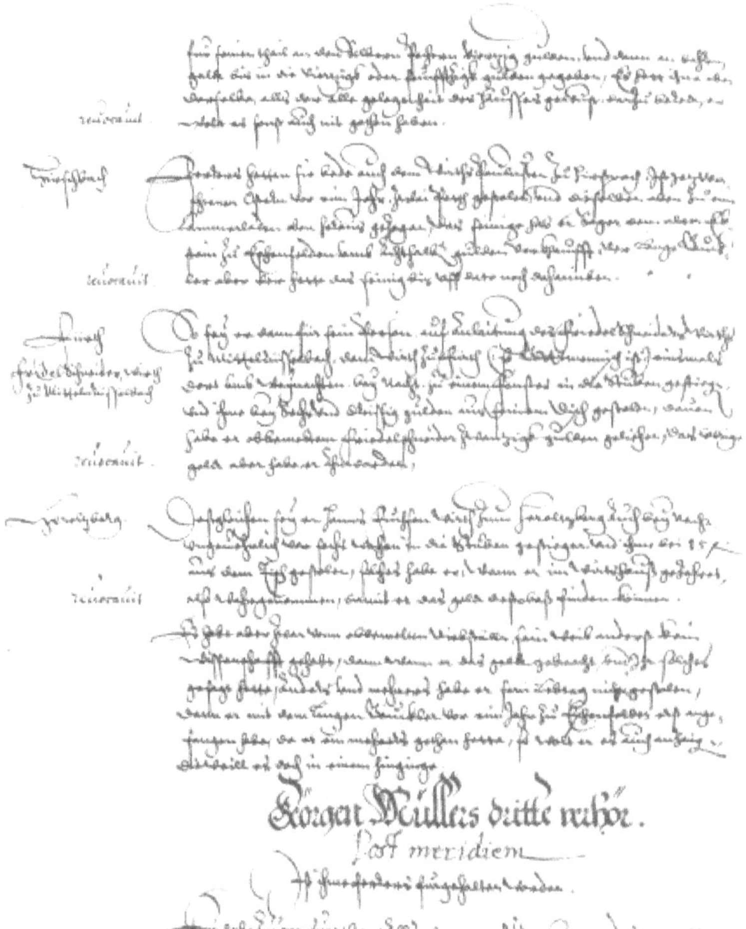
Georgen Müllers dritte verhör.
Post meridiem

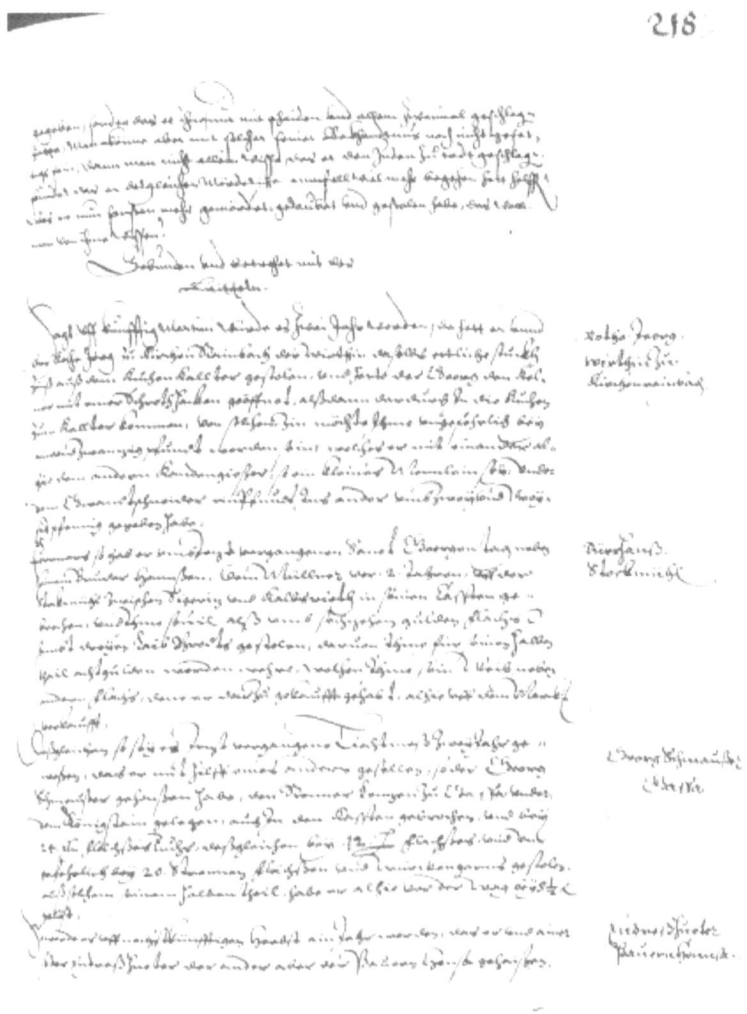

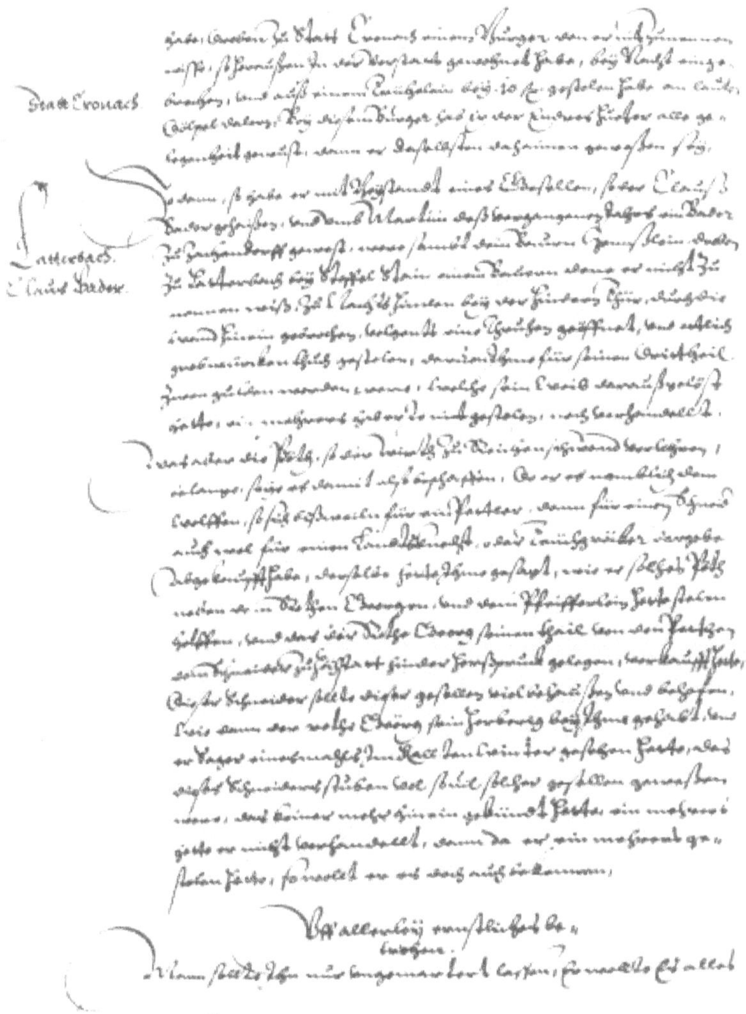

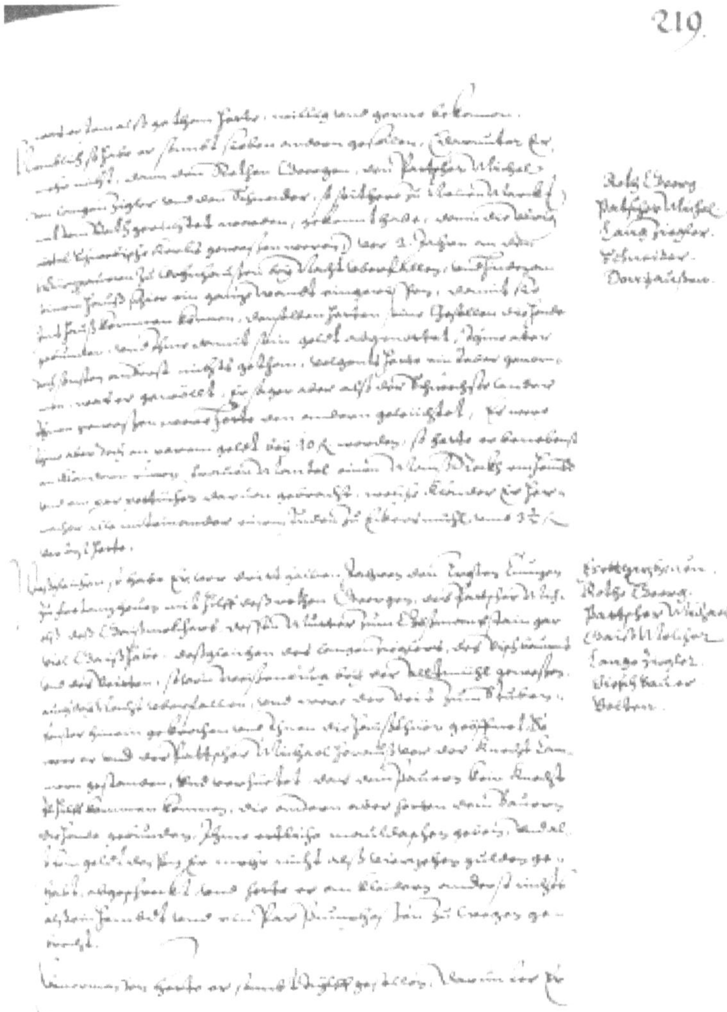
219

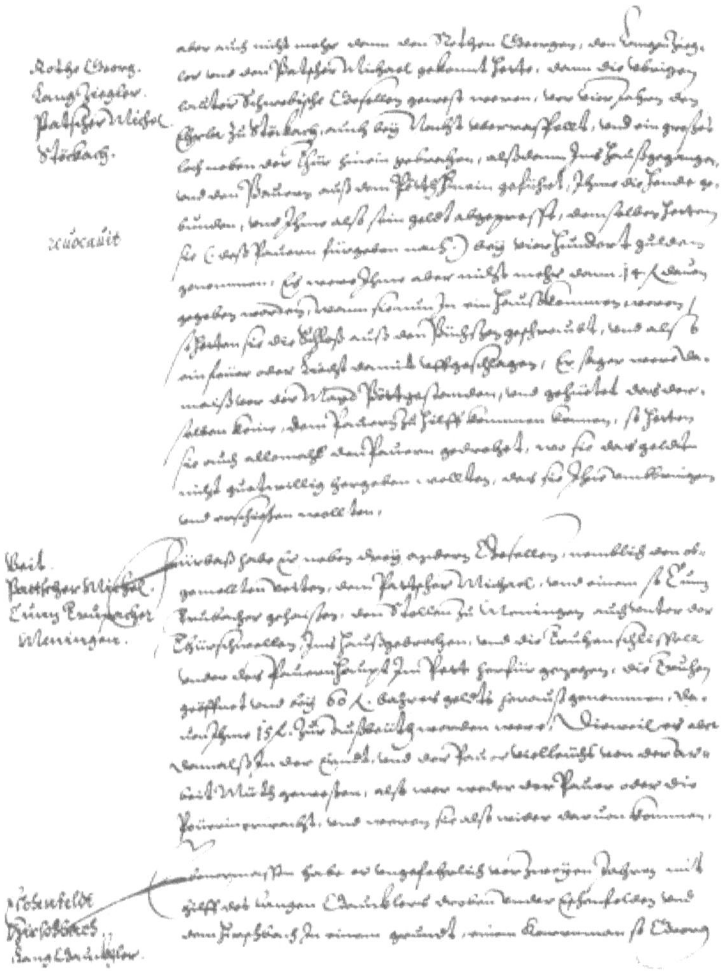

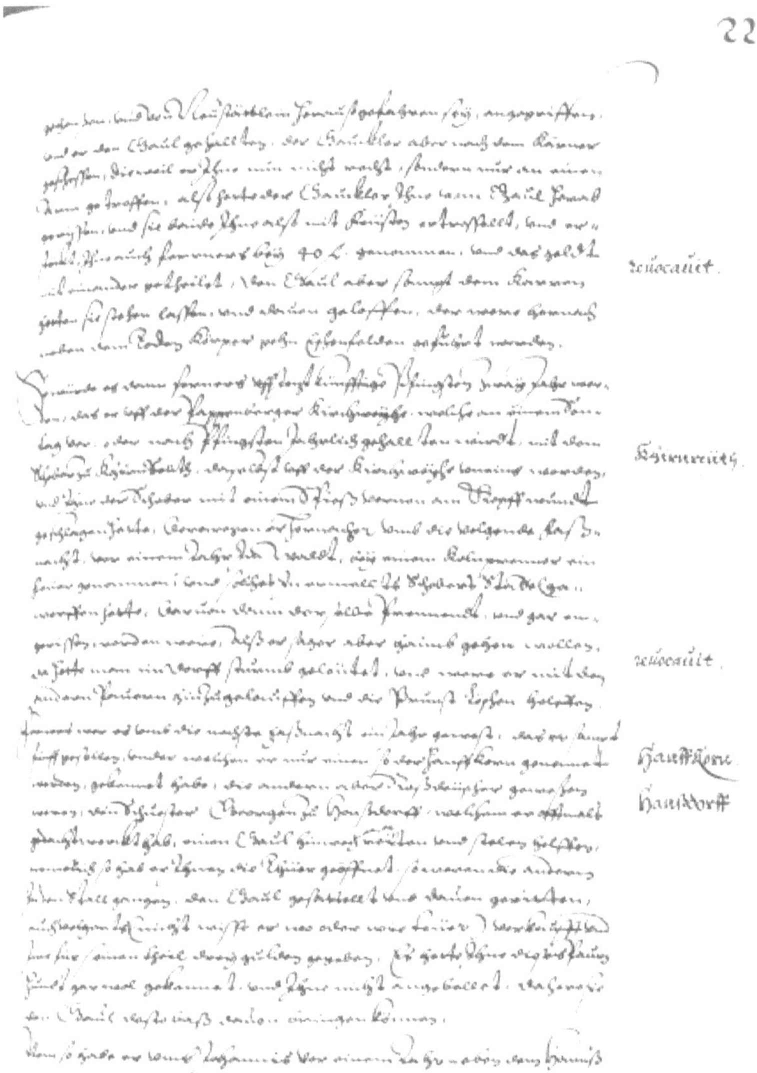

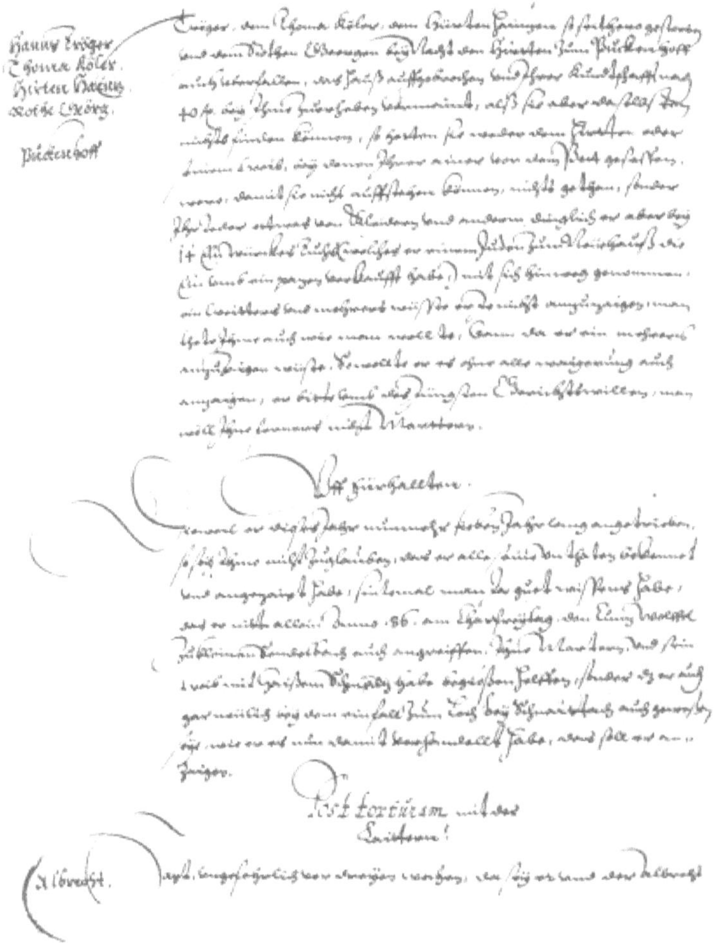

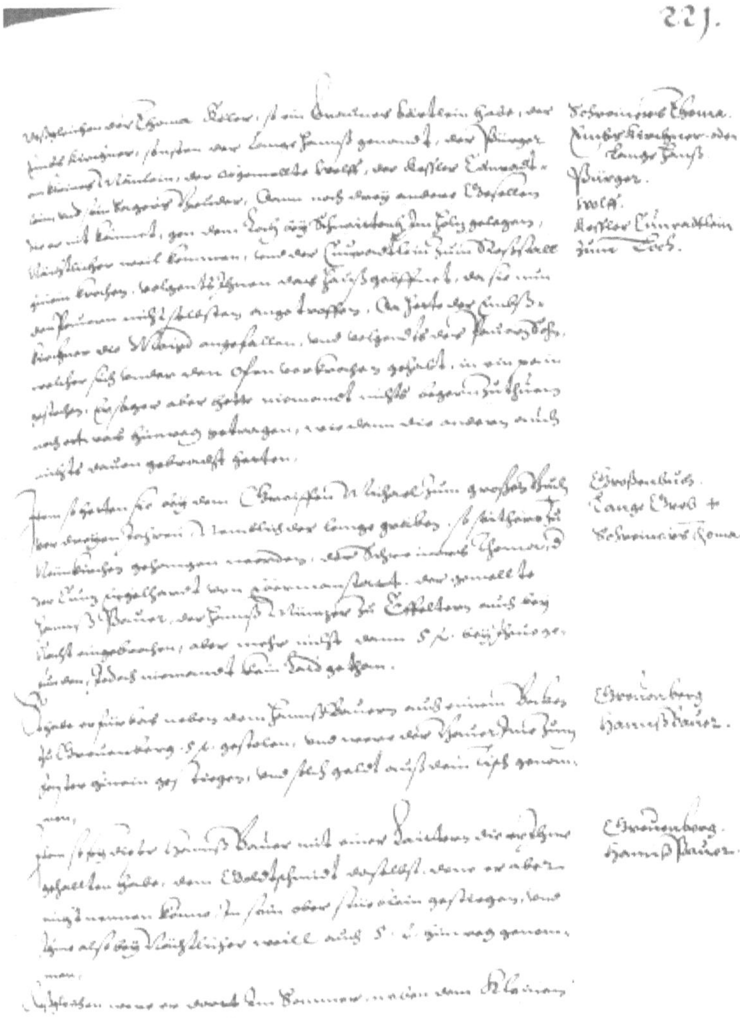

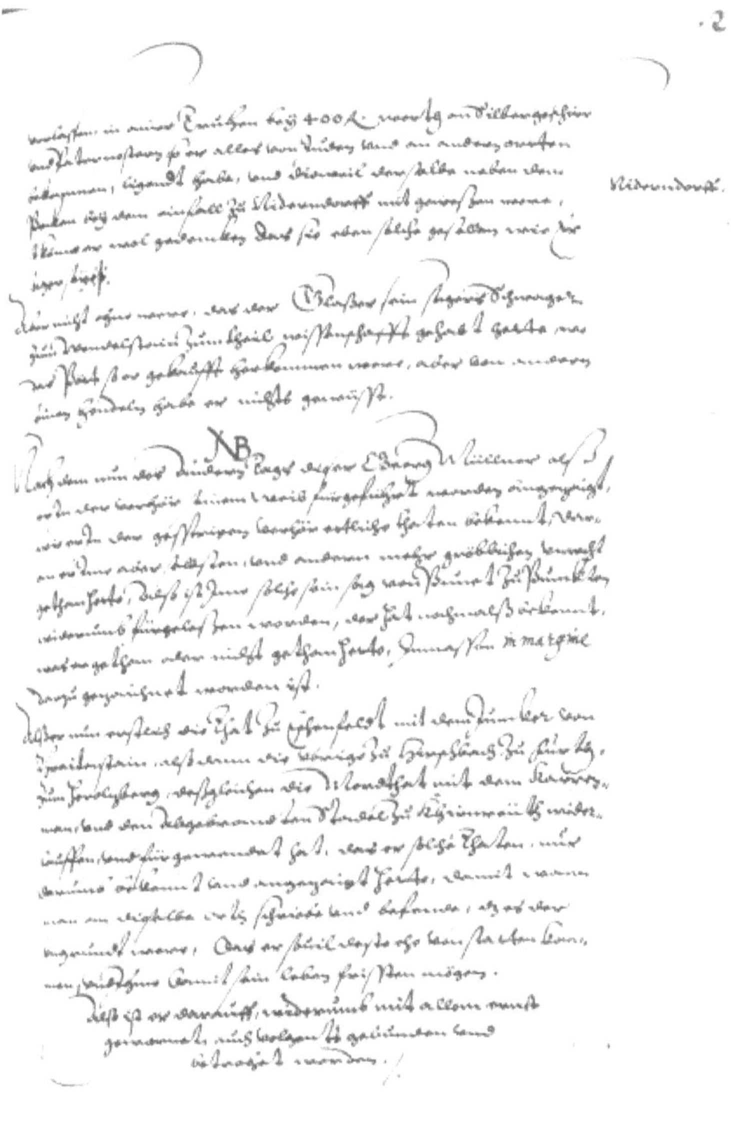

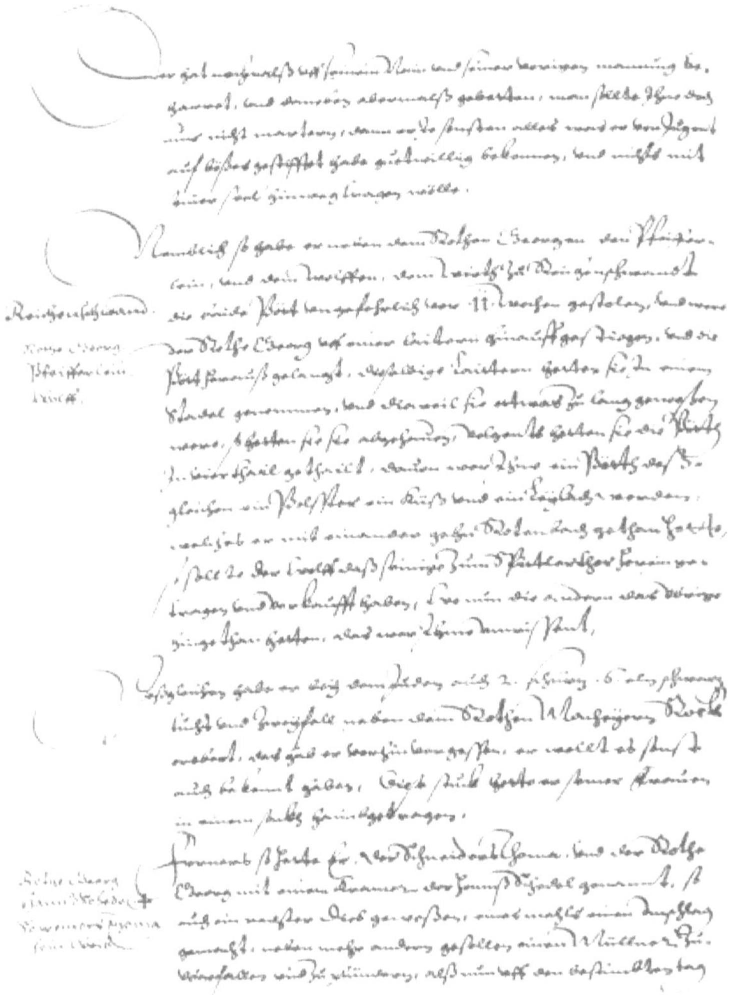

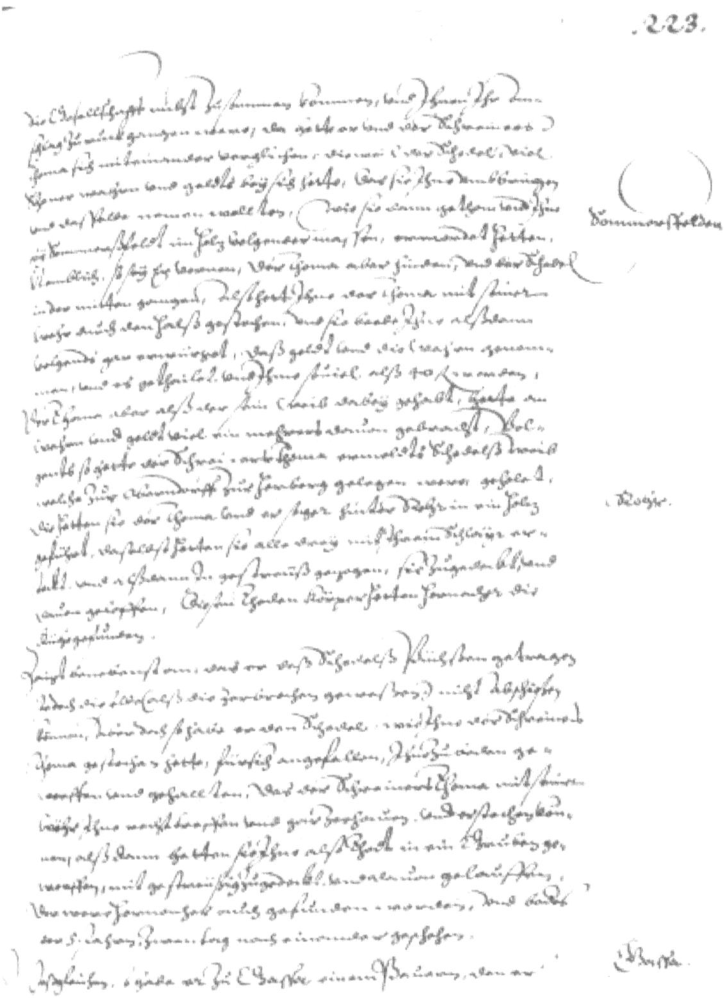

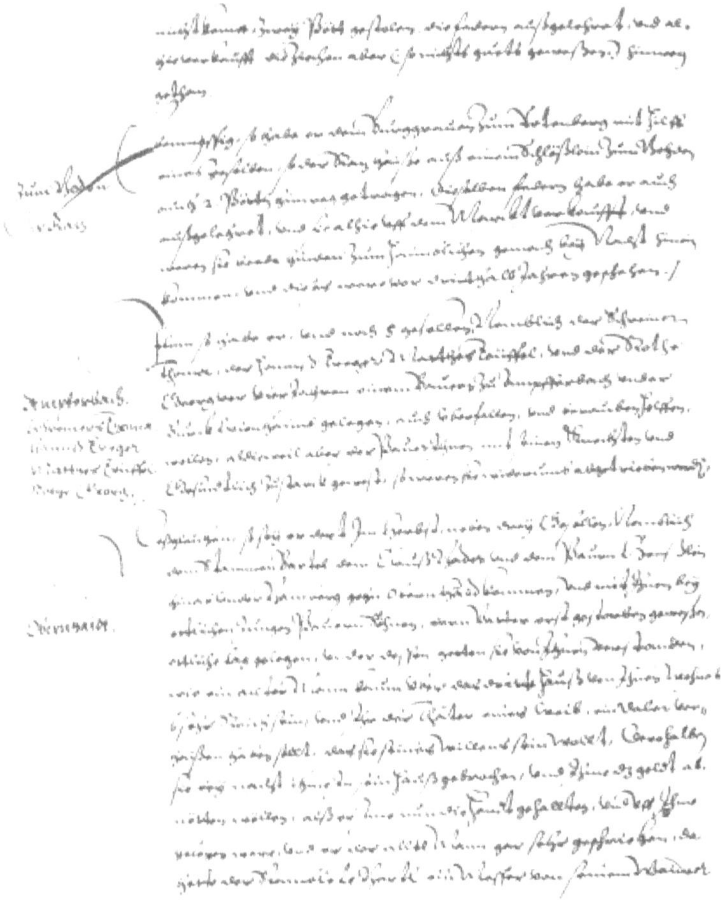

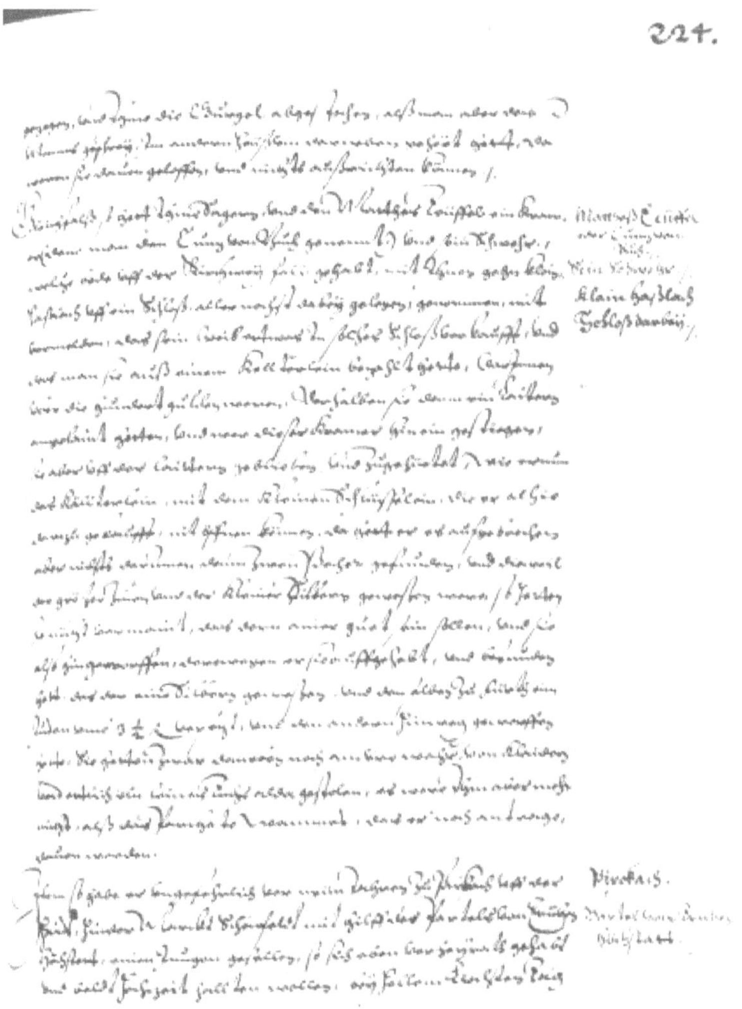
224.

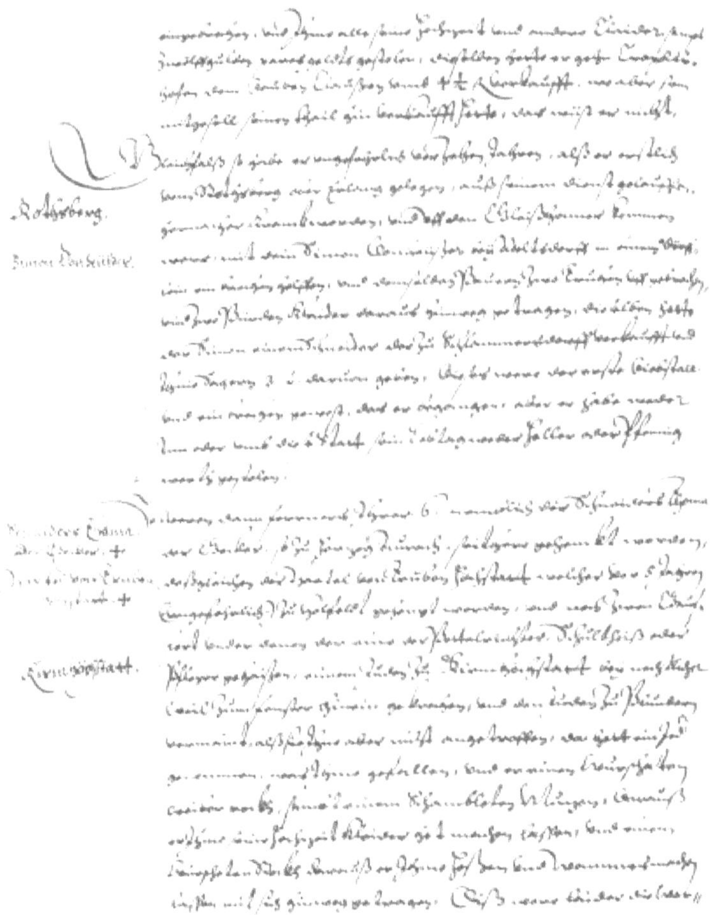

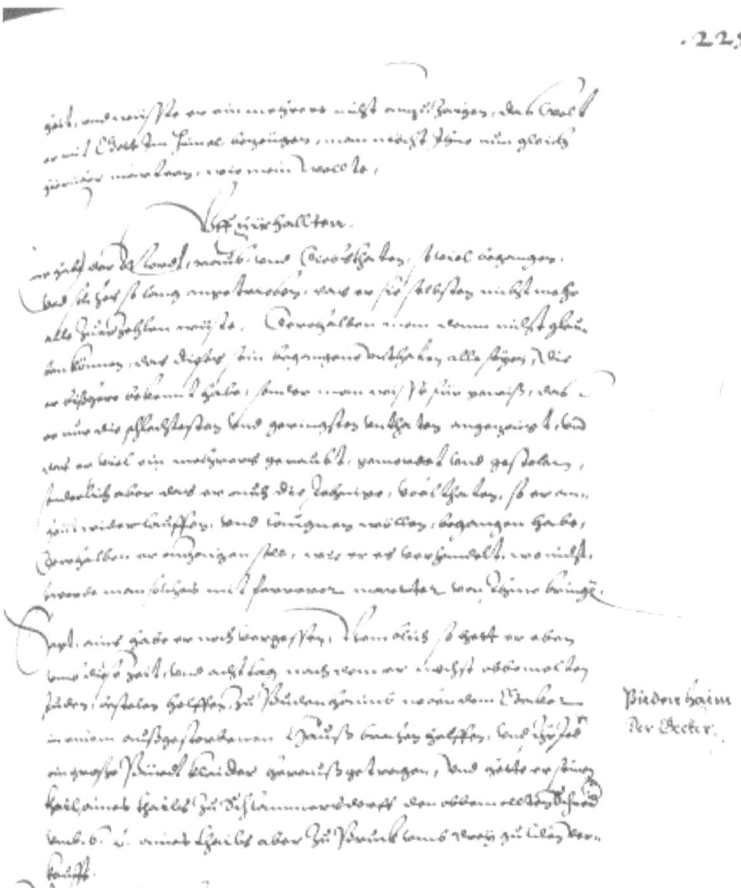

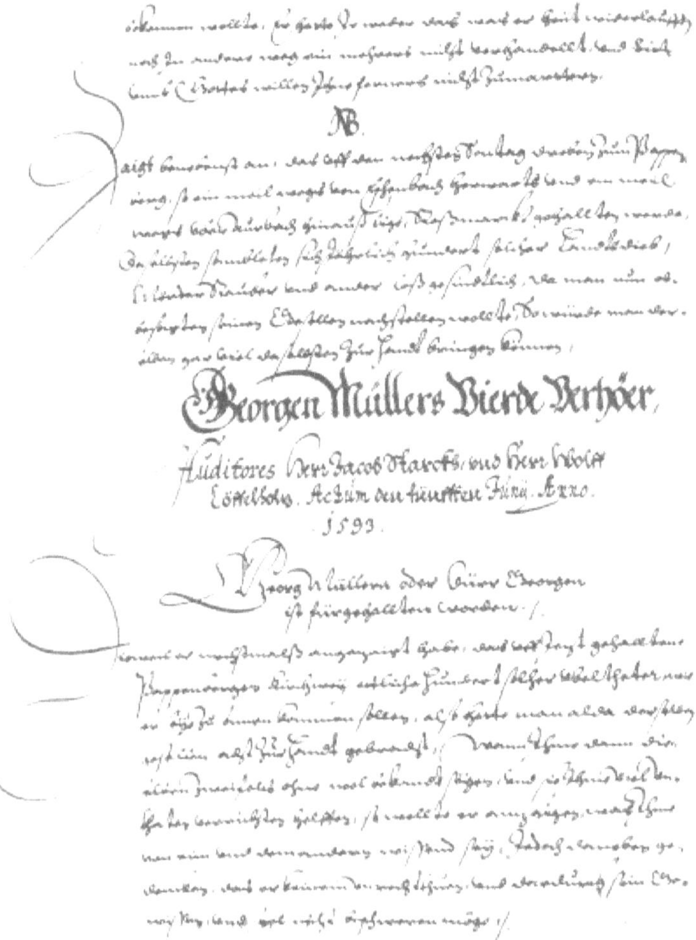
Georgen Müllers Vierde Verhöer,

Auditores Herr Jacob Starcks, und Herr Wolff Löttelbeis. Actum den neunten Junij. Anno.

1593.

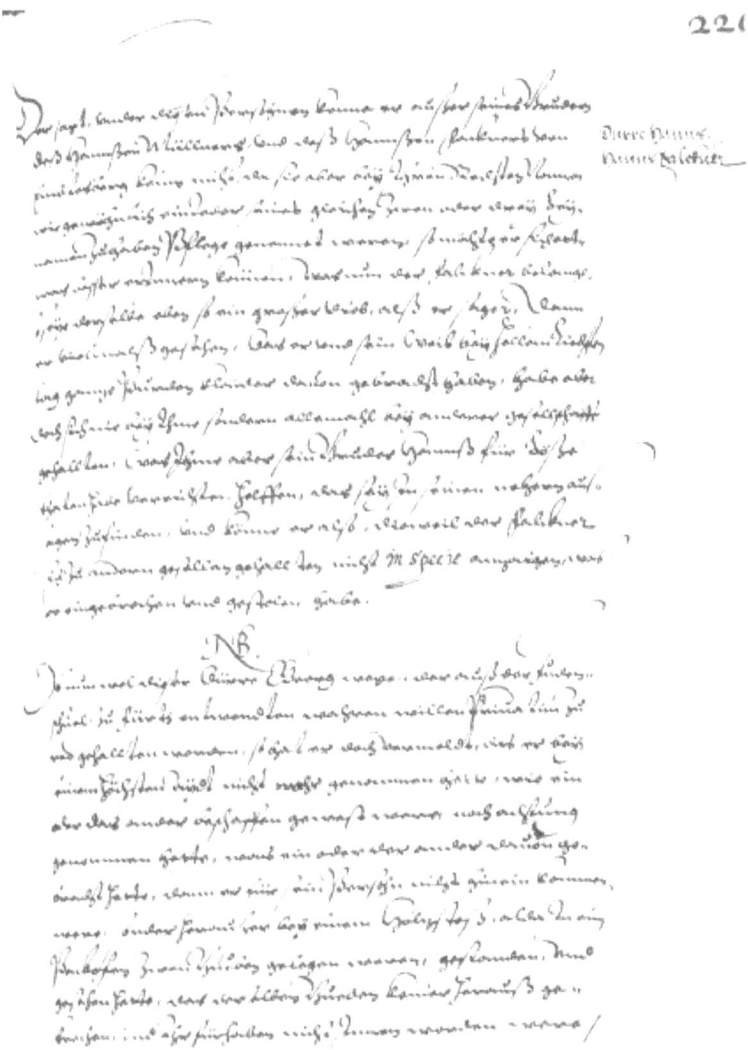

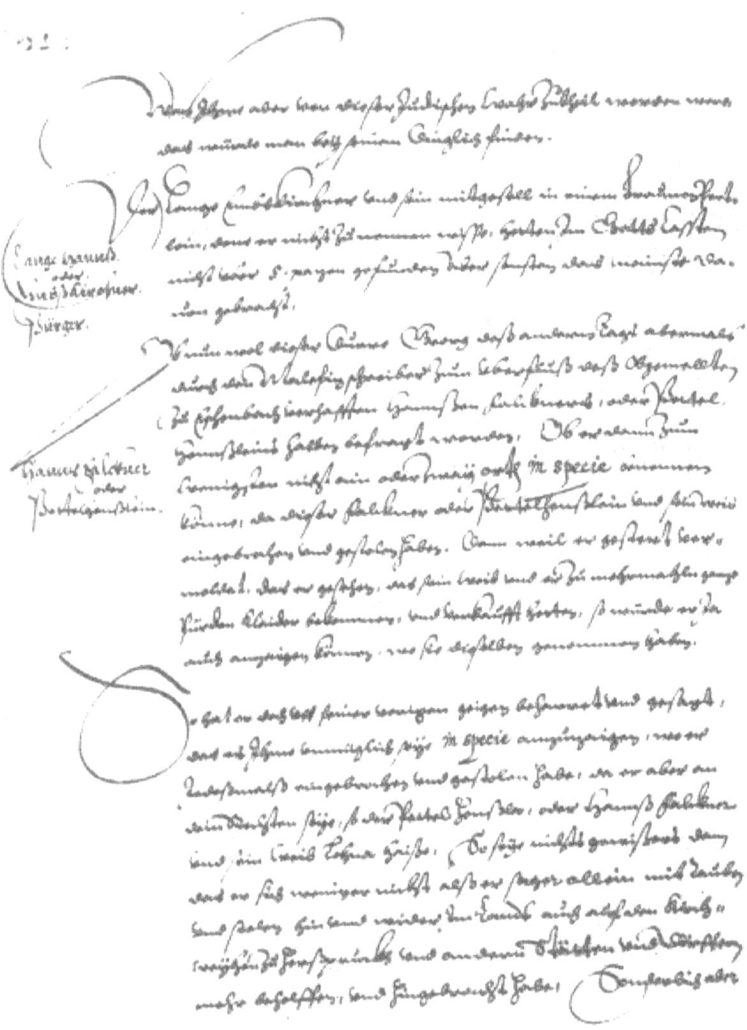

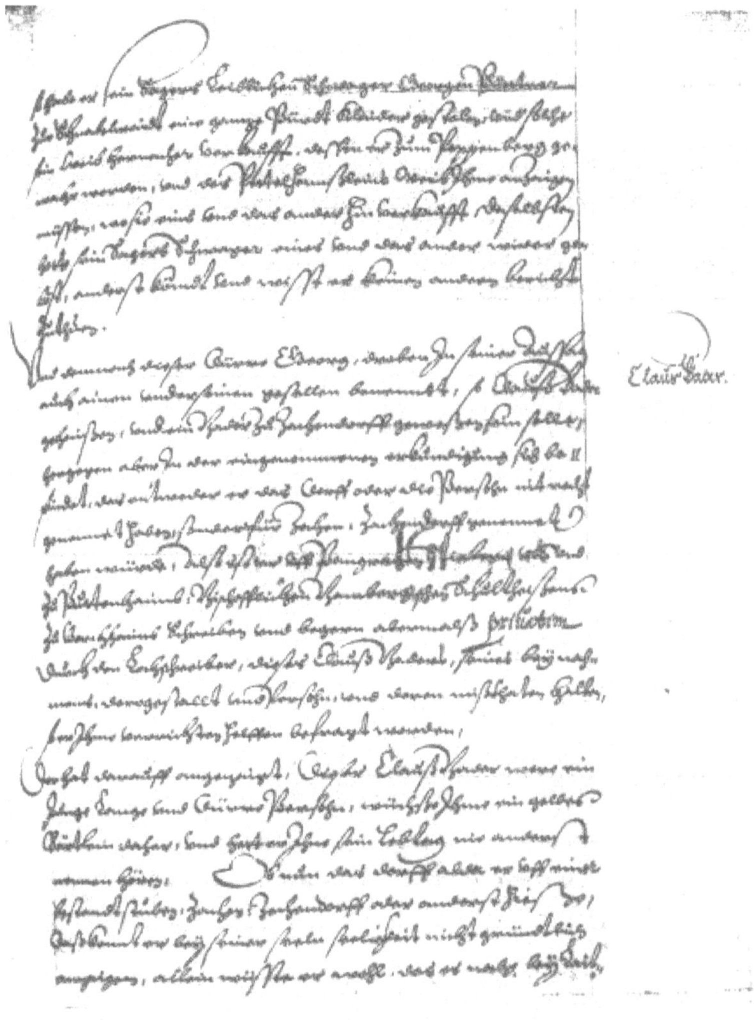

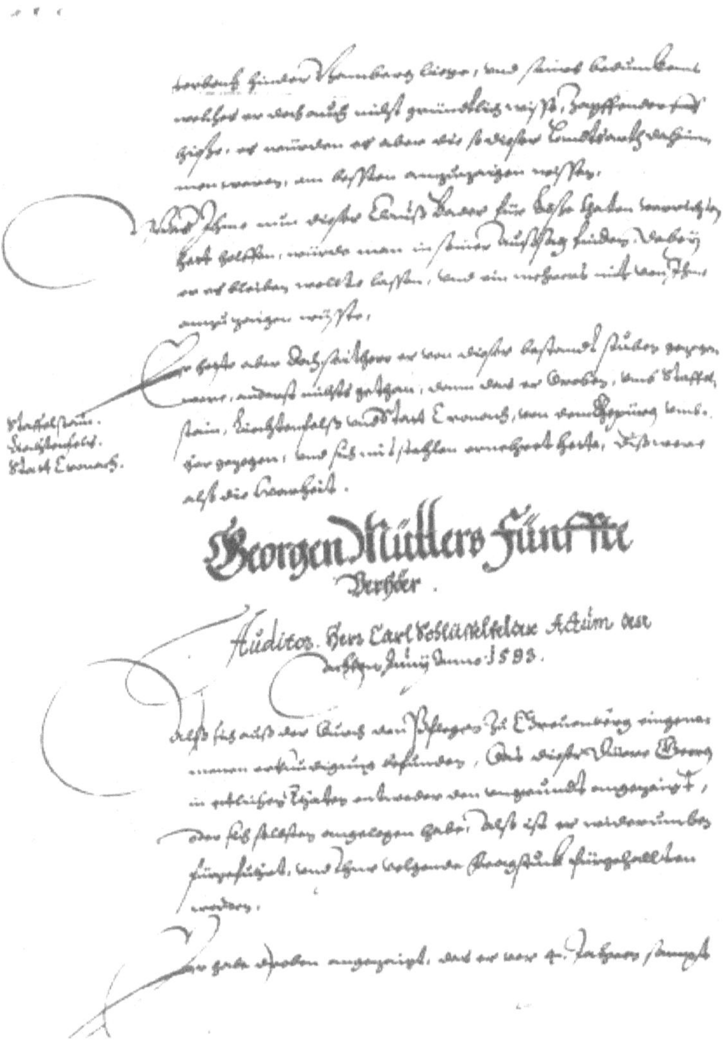
Georgen Müllers Fünffte Verhör.

Auditor. Herr Carl Voßlaufelder Actum den … Junij Anno 1593.

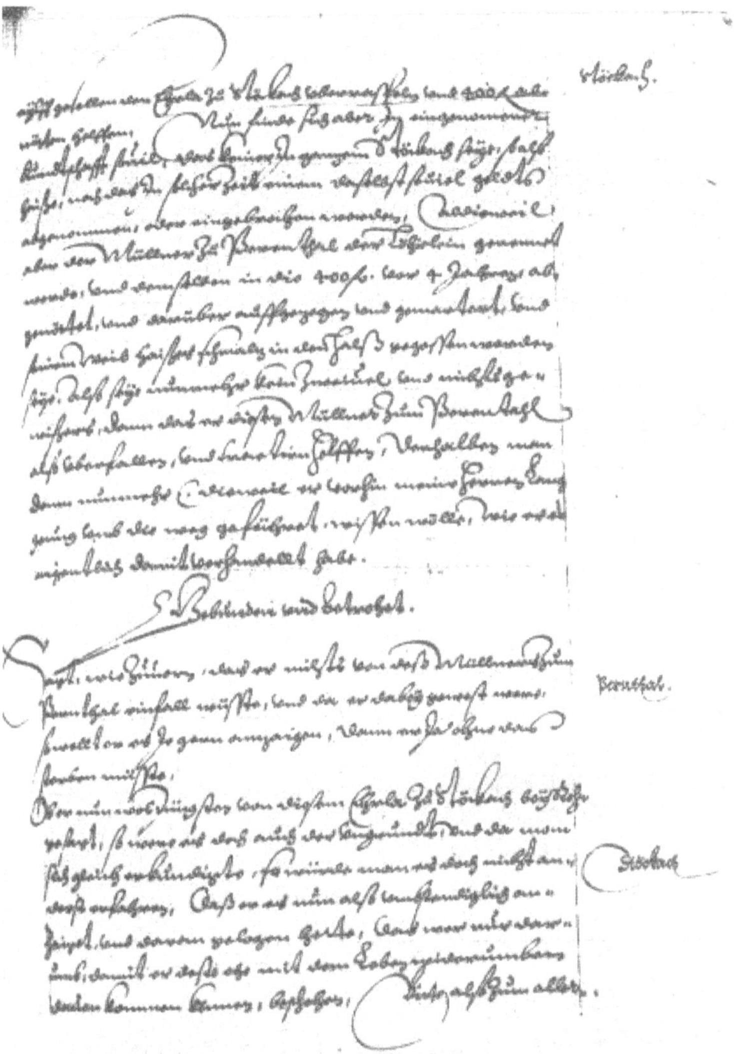

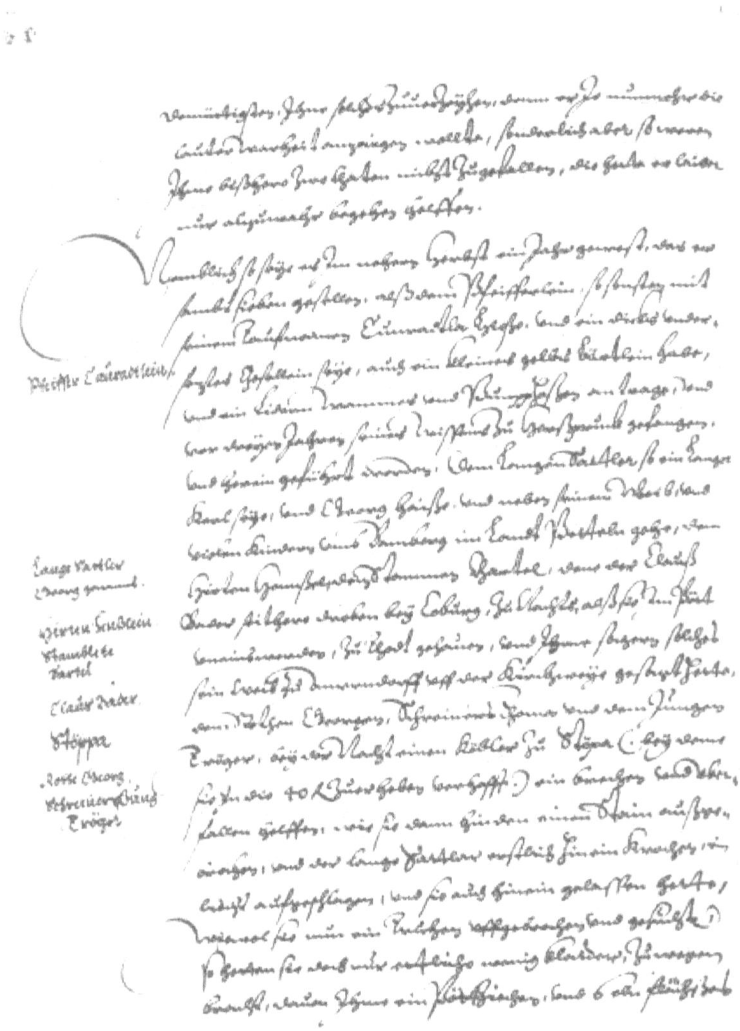

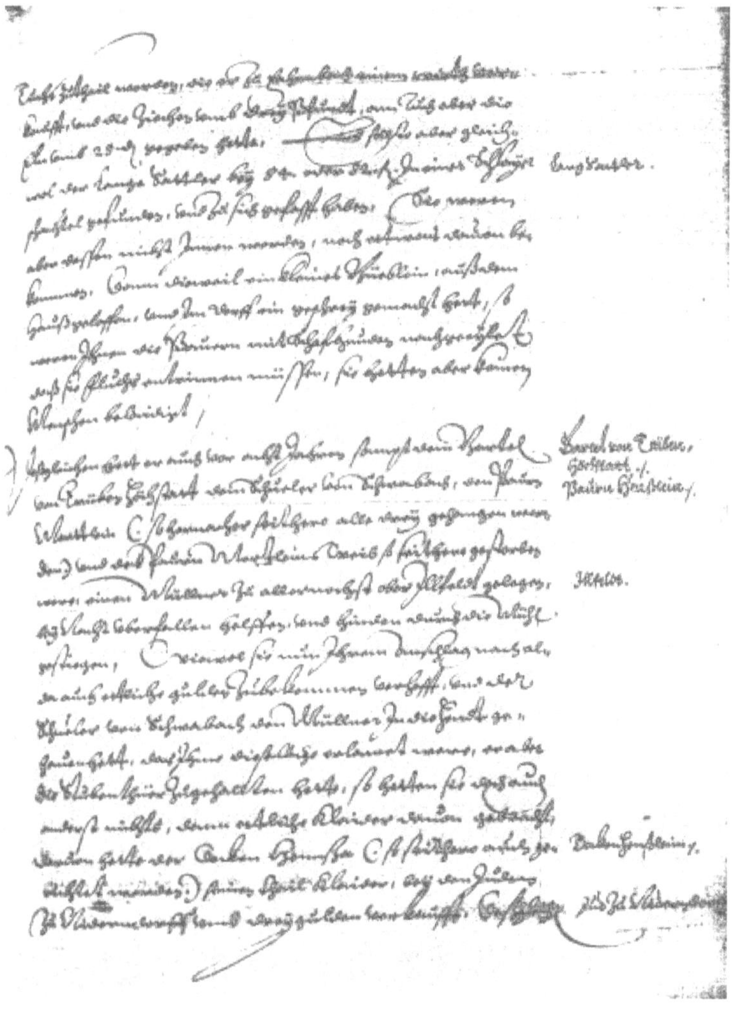

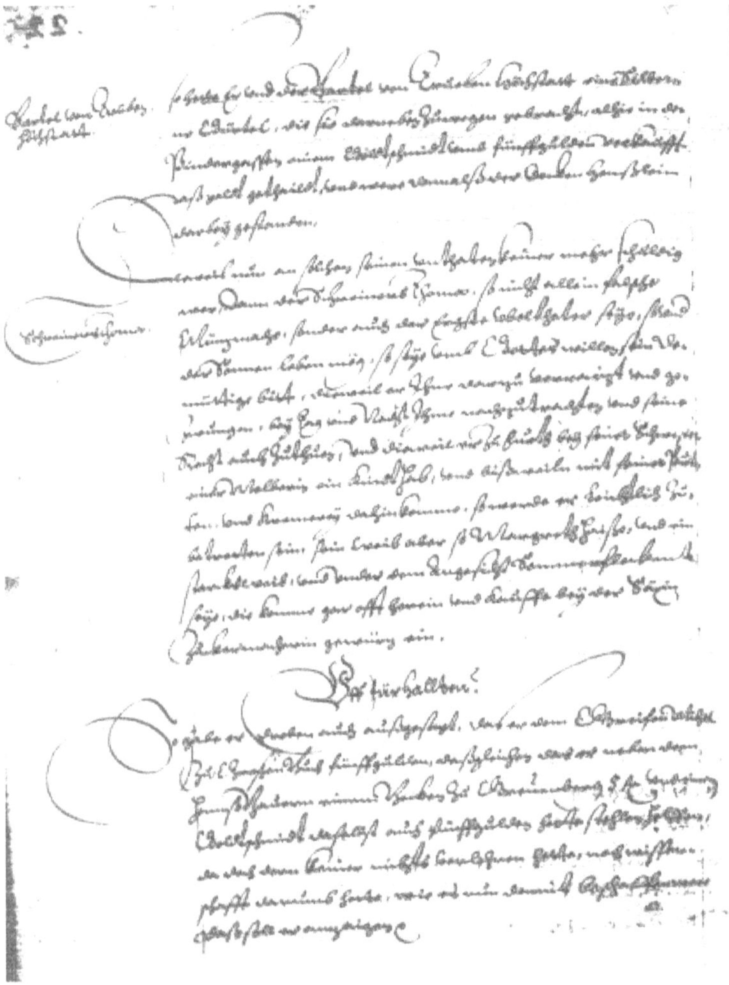

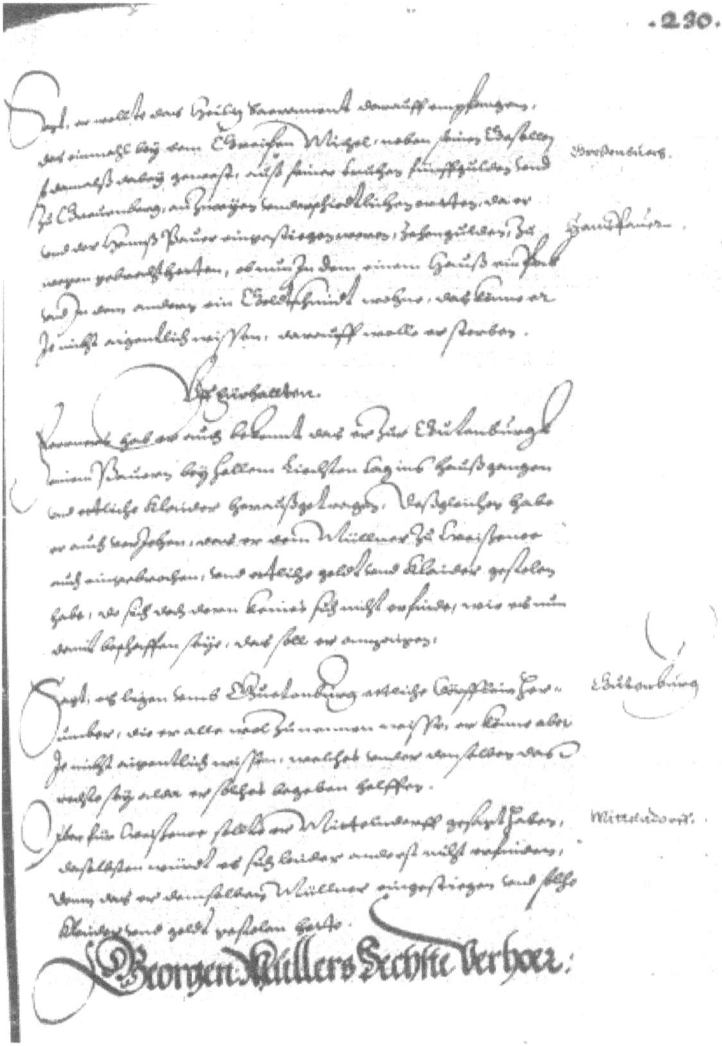

.230.

Georgen Müllers Sechste Verhoer:

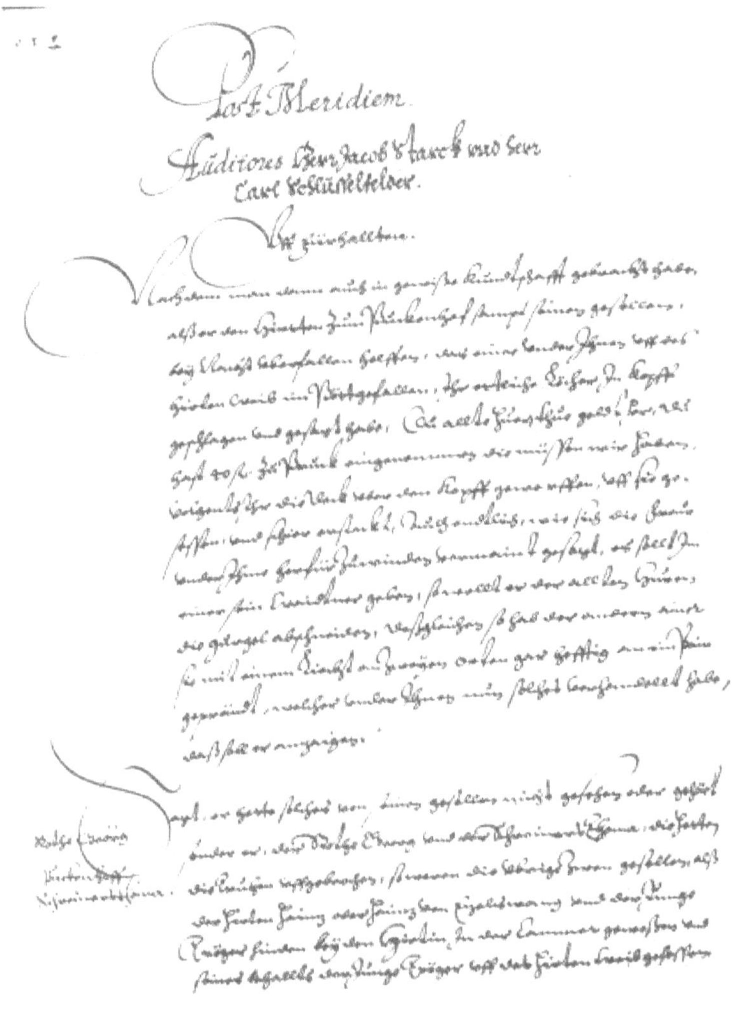
Post Meridiem.

Auditores Herr Jacob Starck und Herr Carl Schlüsselfelder.

Ist fürgehalten.

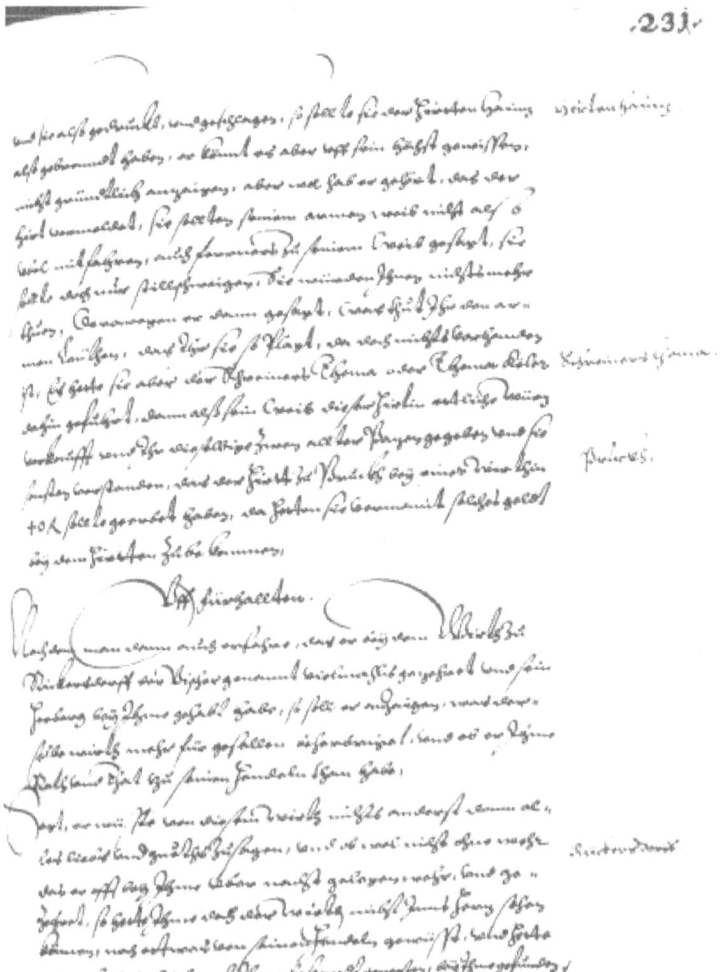

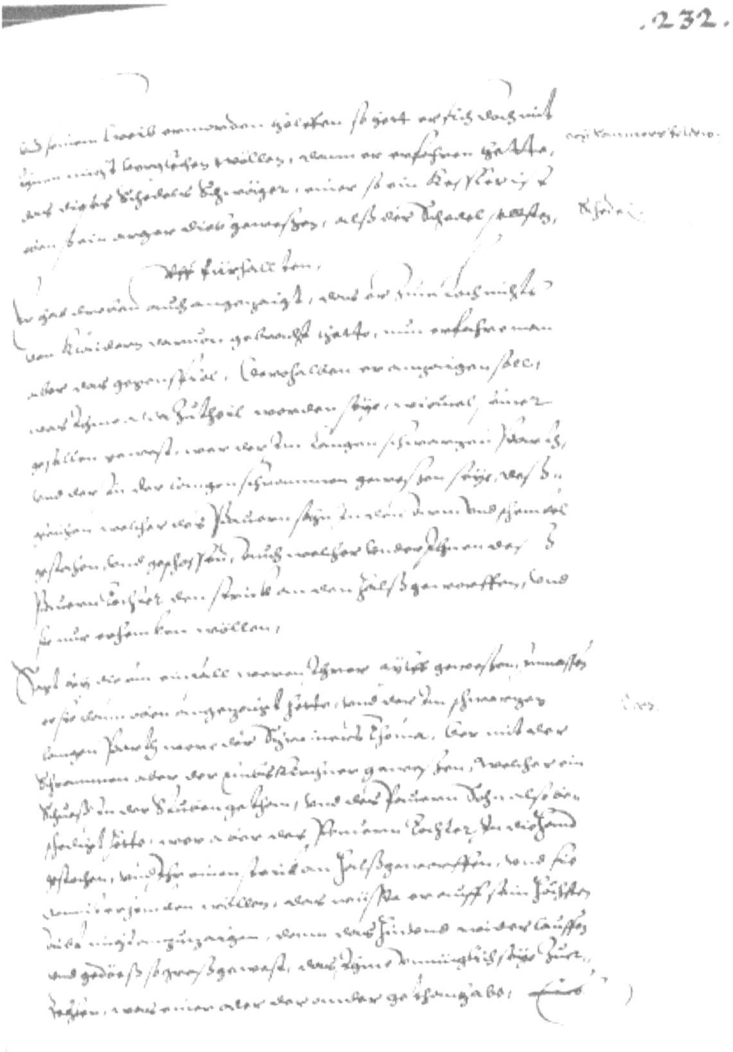

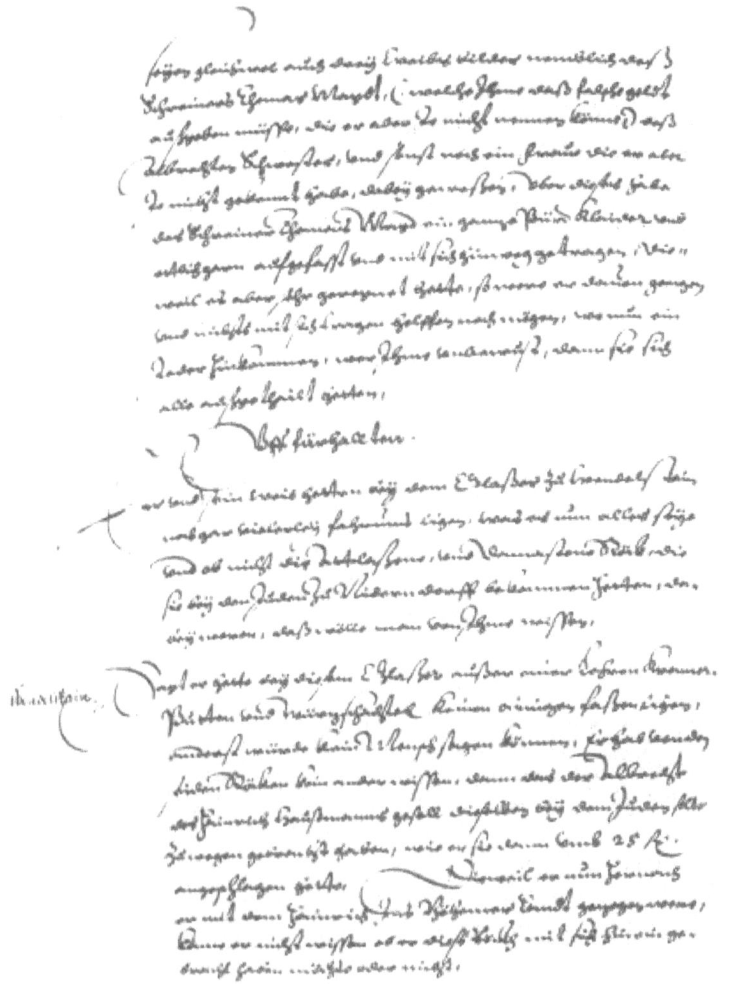

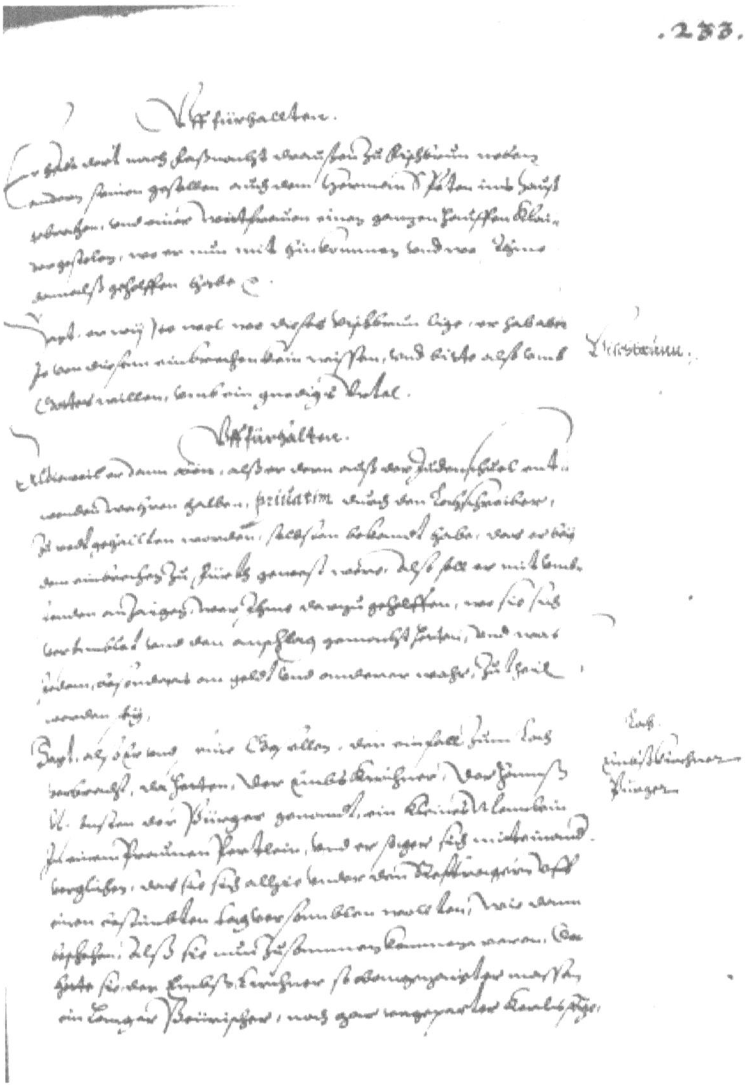
.233.

Ist fürgehalten.

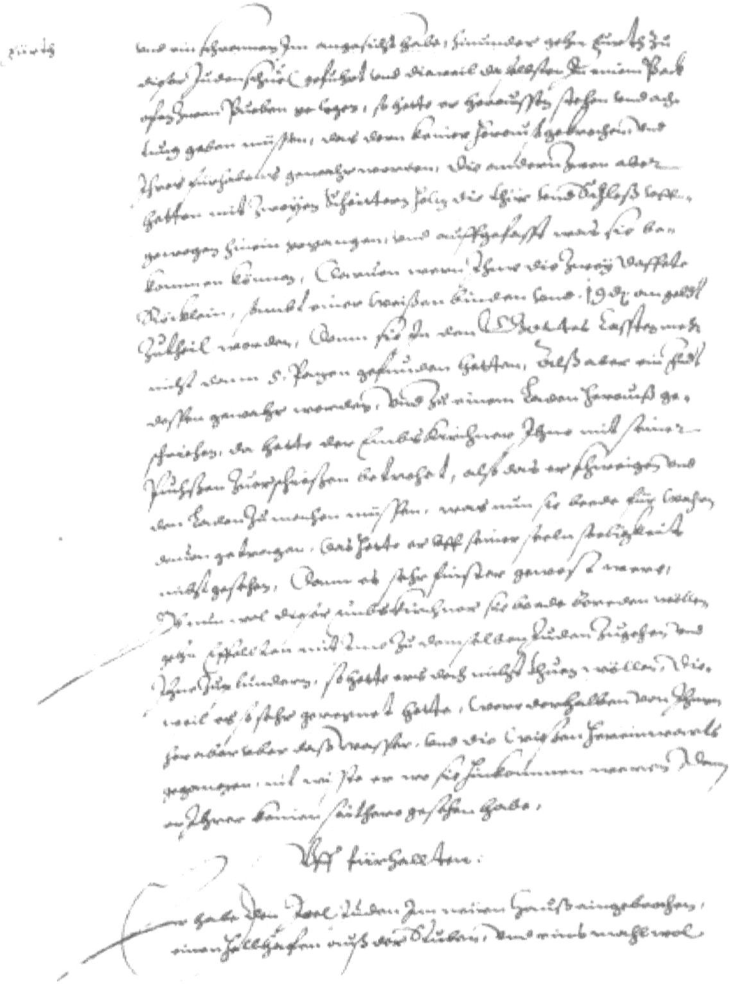

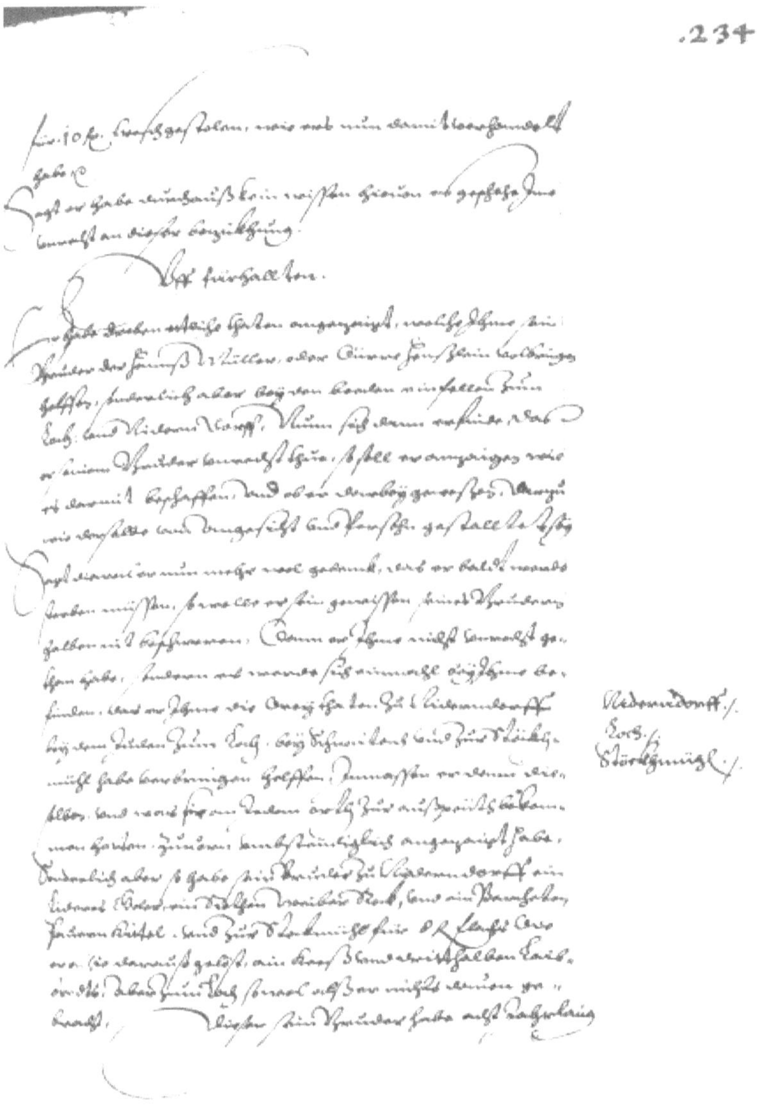
.234

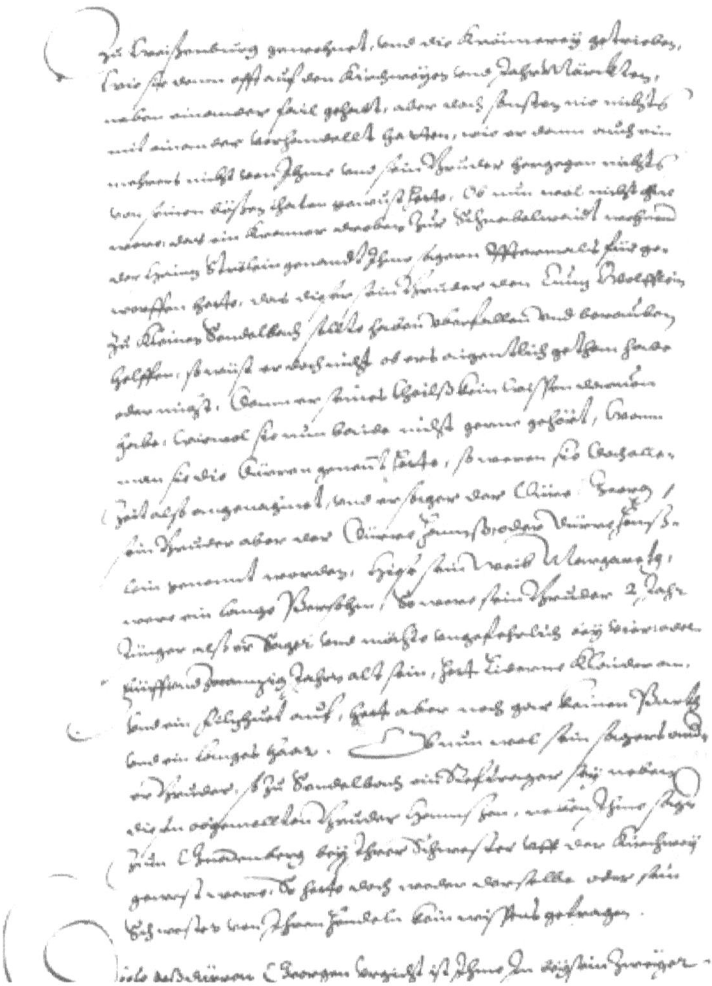

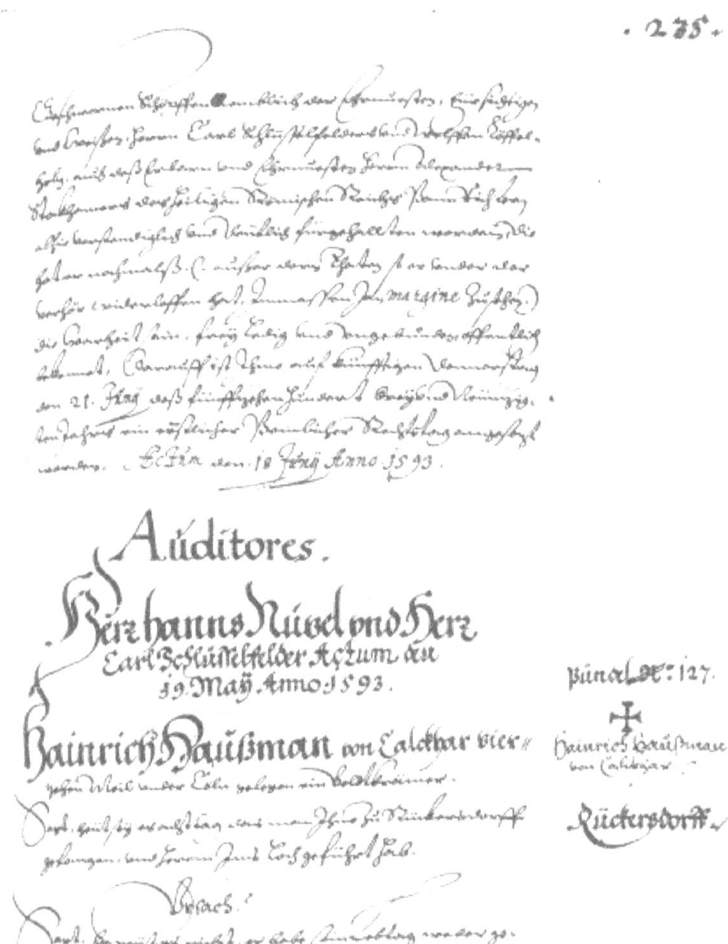

·275·

Auditores.

Herr hanns Nüwel vnd Herr Carl Schlüsselfelder Actum den 19. Maij Anno 1593.

Hainrich Haußman von Calchar vier

Rückerstorff